|教育家文丛|

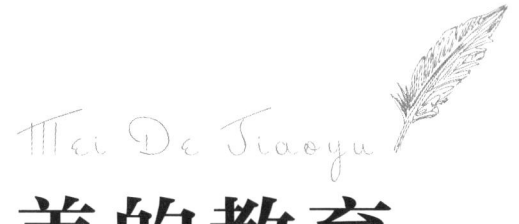

美的教育

汪昌兵 /著

北京师范大学出版社

图书在版编目(CIP)数据

美的教育/汪昌兵著. —北京：北京师范大学出版社，2018.7（2020.1 重印）
（教育家文丛）
ISBN 978-7-303-23067-9

Ⅰ.①美… Ⅱ.①汪… Ⅲ.①美育－研究 Ⅳ.①G40－014

中国版本图书馆 CIP 数据核字(2017)第 289877 号

营销中心电话	010-57654738 57654736
北师大出版社职业教育分社网	http://zjfs.bnup.com
电子信箱	zhijiao@bnupg.com

出版发行：北京师范大学出版社 www.bnup.com
北京市西城区新街口外大街 12-3 号
邮政编码：100088

印　　刷：	北京玺诚印务有限公司
经　　销：	全国新华书店
开　　本：	730 mm×1092 mm　1/16
印　　张：	23
字　　数：	290 千字
版　　次：	2018 年 7 月第 1 版
印　　次：	2020 年 1 月第 2 次印刷
定　　价：	49.00 元

策划编辑：郭　翔	责任编辑：王艳平
美术编辑：焦　丽	装帧设计：焦　丽
责任校对：段立超	责任印制：陈　涛

版权所有　侵权必究

反盗版、侵权举报电话：010-58800697
北京读者服务部电话：010-58808104
外埠邮购电话：010-58808083
本书如有印装质量问题，请与印制管理部联系调换。
印制管理部电话：010-58808284

序　言

让教育工作有些超脱

余清臣

有学者说，教育工作不是发明一种想法，而是如何把已有想法种入人的头脑中。我想这类观点的社会本位取向让教育工作有不少沉重感，但这种沉重不可否认地构成了教育的一个基本方面。然而，仅有这样的沉重，教育工作也会缺乏必要的跨越动力和可能。教育工作需要得到更全面的认识和理解。

合作从事学校文化建设实践已经十多年了，现在每多一次这样的经历，就要再多问自己一句：我现在到底在干什么？学校和教育真正需要这些吗？在曾经的合作中，确实存在着对学校文化建设的追求：让学校有花样，让学校有面子，让学校有牌子……如果只是这些追求，那这类工作作为一个项目偶尔从事一下就可以了。但是，如果还要长久地从事这个工作，就要明白这项工作的意义在哪里，学校文化建设工作需要深刻的价值定位和努力的方向。在经历刚开始参与学校文化建设工作的新鲜感之后，我越来越意识到这项工作本身就是学校教育工作的一部分，学校文化建设工作的全部意义存在于学校教育意义的大局中，学校文化建设对学校教育的独特意义在于用积极的精神引领教育工作。

今天的学校教育工作确实很沉重。在很多场合，不少教育实践者同行都会说："素质教育是很重要，也确实是教育应有的追求，但没有应试教育没有分数，学生毕业之后怎么办？"确实，以考试为指向的教育工作是非常沉重的，这种状况不仅是在中国，很多其他的国家也是如此。但是，教育实践者同行的这个说法还忘了一点：那种指向素质的教育工作经常也是沉重的，也需要不断认真投入地计划、执行、评估和改进。可以这么说，教育工作本身就有一种内在的沉重，面对成长中的学生以及学生成长本身的实在性，都让这个工作不能接受虚假和浮空，教育工作者必须以切实的追求和踏实的态度来做事。

然而，沉重的教育工作也有一种危险。在现实中，沉重的教育工作会让教育工作者在方式上取向刻板，在精神上走向压抑，在追求上偏向低端。这些都是经常出现的现象。虽然社会发展在突飞猛进，但是学校教育工作还是展现出不合时宜的"稳定性"。虽然"得天下英才而教育之"可以看成人生乐事，但是今天的教育工作者不堪重负的不少。虽然教育完全可以"面向未来"，但是紧盯现实的教育工作依然占据主流。这些都让我们意识到，教育工作的沉重感并不能独立支撑富有希望的教育大厦，教育工作需要立足沉重的一些超脱。

何谓"超脱"？顾名思义，"超脱"就是超越和脱离，超越和脱离那些消极的和负面的方面。当今教育工作所需要的"超越"并不是"全面的"，因为有很多沉重的方面是教育工作的必需部分，也是教育工作整体立足的基础。但是，如前所言，教育工作有些方面的沉重会带来危险，这些构成了需要超脱的方面。让教育工作有些超脱，就是让教育工作避免走向刻板、压抑和固守低端，要用一些新鲜的思路和追求改变教育工作在这些方面的指向，从而让教育工作厚重而不失灵动、坚实而不失弹性。

汪昌兵校长曾是我学校文化建设工作的"合伙人",更是思索与实践教育工作的"本土专家"。汪校长的办学理念总体上是专业派和实践派的融合,用专业的思维和项目做引领,又用实践的思路和手段来推动。在一个偏重知识教育的教育阶段认真做美育,不是有美的追求的校长很难坚持下来。我想这就是对初中应试教育的"一些超脱",也是赋予教育灵动和弹性的创造。后来,汪校长的工作从美育特色发展到"美的教育"。有一次非正式交流,我有些玩笑地说:"美的教育就是追求把教育工作做得漂亮一些。"我想,这里的"漂亮"不仅是一种外在的表现和效果,更是那些内在的为"漂亮工作"而作出的创意和筹划。虽然作为曾经的"合伙人",我对汪校长本人很熟悉,但是从教育思考和情怀来看,每个用心的教育工作者都是新鲜的,我需要不断地认识和理解。

自 序

有一条路，叫"美的教育"

一转眼，从事教育工作已经三十年了；再一转眼，人生已跨过五十个春秋。回眸远望，身后有一串深深浅浅的、连续不断的脚印，看上去大致是一条路。我给这条路起了个名——"美的教育"。

一直觉得自己不适合做教育工作，更不会想到在教育路上会与美结缘。造物主既然没有赋予我美的禀赋，为何又要让我承受与美相伴的尴尬与艰难？

可生活往往就是这样，和你"左"着来，或许只有这样"苦其心志"，最终才能让你大彻大悟。不然，怎么能"踏平坎坷成大道"！大道还在远方，我要回过头看一看、想一想，再出发。

（一）

包河区教体局局长陈雪梅女士曾在一次校长培训会上朗诵过一首诗："我不相信，没有种子植物也能发芽；我心中有对种子的信仰。让我相信你有一颗种子，我等待奇迹。"

这些年来，我一直在想，我有一颗什么样的种子。有一天忽然顿悟，有一颗"美"的种子伴随着我三十年的教育实践，抑或是我五十年的人生经历。这颗种子在故乡美丽而温暖的土地上生根萌芽，在数十年庞杂的阅读里获得养料，在大学殿堂里探寻秘籍，在每一次教育行走中寻觅方向……就这样，这颗种子在我心里慢慢长成了一棵有信念的树，就是"美的教育"。

从教三十年，在"美的教育"路上，筚路蓝缕，一路追寻，"众里寻他千百度"，"衣带渐宽终不悔"。

1987年，我从师范学校毕业，来到一所乡村学校从事语文教学工作。我常想，如果不是在30岁前就当了校长，自己会不会成为一名好的语文教师。一直都觉得自己更适合做一名语文教师。不管怎样，我都很怀恋和感恩教语文的日子，那些有关课堂的记忆总是顽强地影响着我对教育的思考和实践，并且我觉得那是自己30年教育生涯里最真实、最愉快的时光！

　　1995年年底，我走上校长工作岗位，经历了一段人生最艰难的岁月。夜深人静的时候，在不到十平方米、低矮的"披栅"里思考学校怎样才能在困境中突围。苦苦寻思中，惊喜地发现深埋在记忆缝隙中的一颗艺术的种子，于是"精心育桃李，冰雪凝成花"，艺术的花儿开了。

　　2004年8月，我奉命到包河区教育局负责教育督导等工作。那时，教育督导工作的窘况让我苦闷。什么样的教育评价才能让学校受益并欢迎？美的教育以真与善为基础，而协商是通往真与善的一座温暖的桥梁。于是，在协商中起步，在协商中发展，三年督导工作成为我一段难忘的生命历程。

　　2007年，虽然督导工作已渐入佳境，但经过反复思考，我觉得自己更适合在学校工作，更喜欢校园生活。2007年6月8日我受命创办合肥市阳光中学。在众多不理解，甚至是误解的眼光中我又回到了学校工作。幸运的是，在这期间我遇到了教育生涯中两位重要的引路人，一位是《教学美学》的作者、杭州师范大学的汪刘生教授，一位是"自育自学论"的创立者、合肥本土教育家何炳章先生。在他们的精神和智慧的指引下，我实践"美的教育"的信念更加坚定、更加理性、更加自觉。四年后，阳光中学就成为合肥市美育特色学校、合肥市首批素质教育示范校。

　　2012年3月9日，一场学校文化建设的"头脑风暴"在阳光中学多功能厅举行，学校文化建设拉开帷幕。在北京师范大学专家团队，特别是在余清臣老师的指导下，通过诊断、梳理、分析、提炼，形成了"美丽阳光"文化理念体系和实践体系，学校发展从美育特色走向"美的教育"。每每想起学校文化建设过程中那些美好而有价值的故事，我就会觉得像阳光中学六月里的栀子花一样香甜。余清臣老师是我行走在"美的教育"路上的向导，是我教育生涯中第三位重要引路人。

2015年，包河区与华东师范大学合作启动学校发展规划项目。阳光中学的规划就是绘制"美的教育"蓝图，用认认真真的思考和切切实实的行动把"每一位师生绽放美丽阳光"的愿景变成现实。

但我仍然有困惑，仍然在思考，学生的人生幸福、教师的职业成长、学校的长远发展，原动力在哪里？学校发展过程中所出现的各种问题，源头在哪里？"美的教育"怎样才能持续获得养料，永不老去……思来想去，得出的答案竟然是"阅读"，于是，我又走上了推广阅读的路。我和一些志同道合的伙伴成立了"心阅四方"读书联盟、包河区校长读书会等组织，之后我又担任包河区初中阅读项目牵头人。

一路走来，我们深深地感动着。我们之所以能够成为惺惺相惜的旅伴，是因为我们有共同的性格、志趣、境遇。我们互相爱护、同情、支持，所有这些都因为阅读。一路走来，我们也深怀感恩，感恩我们依然还有对书的热情，感恩在行走的路上还有同伴，感恩给予我们温暖的每一个人……

我们总是企望有一个圆满的结局，我们也欣然于每一次新的开始。2016年，随着合肥市阳光中学四川路校区的建成，"美的教育"有了新的开始。

（二）

在漫长而艰辛的教育生涯中，我渐渐地悟出这样的一些认识：美对教育有非常重大的意义；美的缺失是当前教育的严重问题。这就是我对"美的教育"的基本主张。

在"美的教育"之路上，虽说有不少偶然的相遇，但仔细一想，却也是必然的归宿。

我对这个必然性的认识源于马克思的一句精辟论述："人也按照美的规律来建造。"教育的本质是育人，教育者当然需要了解和运用"美的规律"来践行教书育人的事业。

我对这个必然性的认识还源于檀传宝先生对当前教育的一个基本判断："美学是未来的教育学；全部教育的审美化，必将成为当代教育获得真正救赎的必由之路。"我非常认同这一观点。

人类对教育、对美的认识几乎伴随人类整个历史，但把教育和美结合起来认识和实践的时间却并不算长。18世纪末，德国文学家、思想家席勒用书信体写成了《美育书简》，第一次系统地论述了美育的意义；20世纪初，蔡元培先生提出"以美育代宗教"，成为中国倡导美育第一人。两百多年来，美育以不可替代的作用逐渐被人们接受和认同，但仍然没有像德育、智育、体育那样得到应有的重视。人们对美育规律的认识仍然比较肤浅，实践层面也大都处在探索之中，而从学校层面来践行"美的教育"的做法更是少之又少。

对于像我这样微不足道的、普通的基层教育工作者来说，无法、无力去开创教育历史的新篇章，但这不妨碍我有主张并为其努力。

这里需要厘清的是，我所说的"美的教育"，不是狭义上的艺术教育，而是从学校的视野，把美的规律运用到学校工作的各个方面和各个环节，视野的余光还应关注教育主体——教师和学生的生活和人生。

（三）

那么，什么是"美的教育"呢？首先，我们要弄清楚什么是教育。

许慎在《说文解字》中这样解释："教，上所施，下所效也；育，养子始作善也。"大意是，"教"就是上面做，下面效仿，解释了怎样培养人；"育"就是自始至终让孩子向善，培养什么样的人。这个解释指出了教育的两大根本任务。

先说培养什么样的人。新课程确立的三维目标"知识与技能，过程与方法，情感、态度与价值观"，这里面有没有一个"教育的价值秩序"问题？如果有，哪一维应该放在首要位置？我认为在基础教育阶段，首先需要关注，或者说首先需要解决的是"情感、态度与价值观"，这不仅是我们教育的核心目标，也是完成其他目标的前提。因此，在教育实践中我一直强调"教育大于教学"。其次需要解决的是"过程与方法"，所谓"授人以鱼，不如授人以渔"。这两个问题解决了，才能最终解决"知识与技能"的问题。

"情感、态度与价值观"是中性词，那么，教育目标应该指向什么样的"情感、态度与价值观"呢？"育"字说得很简洁、很清楚，那就是"善"。甲骨文中的"善"从羊，从目，意即眼神安详温和。《说文解字》这样解释，"善，吉也，从誩，从羊"，意即言语祥和亲切。又云，"此（善）与义、美同意"，意即"善"的意思和"义""美"相同。这些解释都表明"善"的核心意思是"友好"和"美好"，而这两点却在现实的教育中被有意无意地忽略了。

再说怎样培养人。"教"字的本义告诉我们，最基本的是"上行下效"，就是教师做给学生看，即发挥榜样的作用，行"不言之教"。

所以，教育的价值追求在于"与人为善"，最基本、最重要的方式是为人师表。

既然我们倡导"美的教育"，那就一定会有美的规定性。我对美的理论认识大都来自于李泽厚的《美学三书》，对"美的教育"的理解，是用教育者的眼光探寻这本书在论述美的规律过程中的几个关键点。

其一，自然的人化。人是按照合"目的性和规律性"去"化"客观世界的。因此，"美的教育"一定要关注人，特别是要关注教育主体（教育者和受教育者）的价值取向，把"情感、态度与价值观"放在首要位置；也一定是按规律办教育，不盲从，不蛮干。这样的教育才会是"美的教育"。

其二，实践。"美的教育"一定是重视社会实践的教育。言胜于行，不能总是"坐而论"，重要的是"起而行"，学生对美的体验、美的认知、美的追求、美的创造都是在不断的社会实践中获得的。

其三，积淀。教育是慢的艺术，"美的教育"一定要重视"累积效应"，先"积"后"淀"，沉淀下来的才会是"美"的。无论是知识的积累，比如阅读，还是对人的教化，比如学困生转化，都要从一点一滴做起，有足够的耐心，有宽阔的胸怀，坚持再坚持，直至从量变到质变，呈现出美的状态。

其四，美是自由的形式。当我们的教育达到了合规律性（真）和合目的性（善），我们才能走对路子，才能进入游刃有余的自由状态，才能呈现出教育之美。为所欲为不是自由，只看眼前利益不是自由，"美的教育"一定是沿着正确的方向（合目的性）在轨道上（合规律性）驰骋。

美学作为哲学的一个范畴，与教育融合，给教育带来理性思考和感性体验，"美的教育"是一种教育哲学观，是审美化的教育理论和实践。

（四）

对于"美的教育"，我也只是一个探索者，而且一开始还是一种无意识的状态。尽管后来阅读了一些理论著作，得到了一些专家的点拨，但在我力所能及的范围内，却未能找到可借鉴的例子，也未能找到行走在"美的教育"路上的伙伴。

所以，我所能呈现的那一串深深浅浅、歪歪扭扭、连续不断的脚印，看上去艰难而又执着……"美的教育"对我来说是"太遥远的相爱"，但我知道，只有不停地走才有可能与她更接近。

于是，美的学生、美的教师、美的课程、美的教学、美的管理、美的环境……越来越多的想法在我的脑海中浮现。"美的教育"即用"美"和"教育"两只眼睛观察，用"美"和"教育"两条腿走路。敢问路在何方？路就在脚下。

法国思想家帕斯卡尔有一句名言："人是一枝有思想的芦苇。"人的全部尊严就在于有思想。"美的教育"一直让我思来想去。或许是因为教育、生活和人生都离不开美，叫我如何不想"她"；或许是因为"美的教育"需要在不断地思考中得到充实和完善。而且，一个教育者对教育问题的不断思考，也应是"美的教育"的一个特征——我思故"美"在。

"人，诗意地栖居在大地上"，诗意栖居是一种生活态度，也是追随"美的教育"应有的心境。

课余，只要得空，我就会来一场说走就走的出行。我常去人迹罕至的地方，感受那里的宁静和神秘，常有物我两忘之感。身处闹市，我也常会闭门谢客，品茶下棋，鼓琴自娱……并不是刻意要"大隐隐于市"，只是觉得教书人需要，也快意于超然物外的心境。

我们期待爱情的甜蜜，我们更渴望亲情的温暖，无论你身处光荣或屈辱之境，亲情永远和你相伴，美的教育、美的生活、美的人生，都离不开亲情的支撑。

其实人生就是一场修行，只是每一个人修行的方式不一样罢了。对教育者来说，教书育人就是我们修行的方式。当然，日常的生活也是很重要的修行，往往体现一个人的真性情、真味道。

（五）

所以，《美的教育》不是理论专著，而是实践者的行动记录；不是用美或教育"单眼瞄准"，而是美和教育"双眼聚焦"；不是以单一理性思维来抽象概括，而是通过感性形象描绘来表达；不是精致的工艺品，而是稍加整理的原材料。关于"美的教育"，学者专家的理论研究不少，基础教育实践探索却不多。因而，这本书既可以给同行者作借鉴，也可以给研究者当素材。

全书共分五章，每章的主要内容如下。

第一章："美的教育"之源。美的源头在于"故乡蕴美""书中读美""一路撷美""大学问美"。"美的教育"思想的形成，抑或任何一种教育思想的形成，这四个方面都是必需的和主要的。

第二章："美的教育"之路。从教三十年，在"美的教育"路上，筚路蓝缕，一路追寻。培育艺术教育之花，探索发展性评价，创建美育特色学校，建设"美的教育"文化，滋养"美的教育"土壤，开辟"美的教育"新天地。这条路有其内在的逻辑——由浅入深，由低到高，由点及面。

第三章："美的教育"之行。行胜于言。对于一所学校而言，学生、教师、课程、教学、管理和环境，这六个方面都是教育的基本问题、学校管理的基本要素，至关重要，不能回避。"美的教育"需要认真地思考，更需要慎重地实践。

第四章："美的教育"之思。"美的教育"需要在不断地思考中得到完善和深化，而且思考本身也逐步深入，从教育到人生，从现象到本质。"教育哲学""生命价值""青春意义""人生智慧"……"美的教育"是厚重的。

第五章："美的教育"之境。"诗意栖居"是一种生活态度，既是追寻"美的教育"的必然结果，也是践行"美的教育"应有的心境。"山水之乐""亲友之情""生活之味"，看似闲笔，实很重要。

（六）

美的教育、美的生活、美的人生是我的教育理想，也是我的人生理想。

《庄子·知北游》中有："天地有大美而不言，四时有明法而不议，万物有成理而不说。""美的教育"及其规律是客观存在的，需要我们去思考，去探索，去发现。

《美的教育》是一个普通基层教育工作者教育生涯的总结，是对生命的纪念和感恩，感恩生命能够结出这样一颗小小的果实，奉献给浇灌我生命的人们。

《美的教育》的出版是我人生最美好的事，对于千千万万和我一样的普通教育工作者来说，也是一种鼓励和慰藉。

2017年6月16日于巢湖之滨

目 录

第一章 "美的教育"之源 …………………………… 1
 一、故乡蕴美 …………………………………… 1
 二、书中读美 …………………………………… 9
 三、一路撷美 …………………………………… 25
 四、大学问美 …………………………………… 39

第二章 "美的教育"之路 …………………………… 58
 一、培育艺术教育之花 ………………………… 58
 二、探索发展性评价 …………………………… 68
 三、创建美育特色学校 ………………………… 83
 四、建设"美的教育"文化 …………………… 101
 五、滋养"美的教育"土壤 …………………… 128
 六、开辟"美的教育"新天地 ………………… 142

第三章 "美的教育"之行 ………………………… 153
 一、阳光少年 ………………………………… 153
 二、美丽园丁 ………………………………… 171
 三、多彩课程 ………………………………… 194
 四、活的教学 ………………………………… 208
 五、人本管理 ………………………………… 225

六、优美环境 ………………………………………… 255
第四章 "美的教育"之思 ……………………………… 269
　　一、教育哲学 ………………………………………… 269
　　二、生命价值 ………………………………………… 282
　　三、青春意义 ………………………………………… 291
　　四、人生智慧 ………………………………………… 300
第五章 "美的教育"之境 ……………………………… 310
　　一、山水之乐 ………………………………………… 310
　　二、亲人之情 ………………………………………… 320
　　三、生活之味 ………………………………………… 337
后　记 …………………………………………………… 349

第一章 "美的教育"之源

你有一颗种子，我等待奇迹

包河区教体局局长陈雪梅女士曾在一次培训会上为我们朗诵过一首诗："我不相信，没有种子植物也能发芽；我心中有对种子的信仰。让我相信你有一颗种子，我等待奇迹。"

这些年来，我一直在想，我有一颗什么样的种子。在不经意间发现我有一颗"美"的种子，这颗种子伴随着我三十年的教育实践，抑或是我五十年的人生经历。

只是，奇迹尚未发生，但我相信奇迹总有一天会发生，因为我心中有对"美"的信仰。

一、故乡蕴美

我对这片土地爱得深沉……

有人说，一所学校总会带有校长的志趣和气质，而一个人的志趣和气质又总会有童年的影子。

对我来说，美的种子，或许是在我很小的时候就撒落在故乡倒映着蓝天白云的十五里河清幽幽的水里，那房前屋后、又白又香栀子花的花瓣上，家乡"小道戏"韵味十足的乡音里，过年写门对子的红纸上散发的淡淡的墨香中……种子就是在这片美好而温暖的土地上，渐渐生根萌芽。

（一）写给失去的故乡

记忆中的故乡虽不富庶，但也绝不会让你饿着。在饥荒年代，初春，我们去钓泥鳅、汆黄鳝。五月，一望无际的红花草既是很美的风景，也可聊以充饥。每到雨季，大家就结伴去圩埂捡"地菜皮"，"地菜皮"炒鸡蛋真是好吃！天热了，可以去河沟里抄虾、打刺梨果。一年四季，家家前场后院都会有桃子、枣子、橘子、柿子什么的，免不了你请我送（当然"偷"来的会更好吃）。即使是冬天，趴在"大盆"上在水塘里"摸冷"（冬天摸鱼），那才叫"烈"……就是因为有了这片土地，勤劳勇敢的故乡人，六百年来生生不息（如果真有人饿死，估计是遇到比天灾更可怕的人祸了）。所以，故乡也叫故土，就是那一片养育你的土地。一位诗人说："为什么我的眼里常含泪水？因为我对这土地爱得深沉……"

小时候，我常在故乡的十五里河边戏水、放鹅。那时天很蓝，水很清，草很美。也曾在夏夜和小伙伴们睡在"大场地"上，看萤虫飞舞，听青蛙欢歌，闻十里稻香……待到上学了，就在离家只有几步远、祠堂改建的教室上课，故乡的血脉便透过青砖红瓦和乡音浸润到你的血液中。老师和同学都是一个村子的，祖孙同堂，叔侄同桌都是很平常的。同姓同宗，小时候的玩伴儿，长大后的同学，这个世界还有什么感情比这更深厚的呢？月是故乡明，人是故乡亲啊！

故乡的年味儿也是很足的，从腊月二十三年头开始，每天都有讲究，新正月见面都会说声"拜年喽！""新年好！"，平时的恩怨就会瞬间化为烟云。平时忙得见不着面的亲戚们也会在正月里相互拜望，大家都知道越走越亲。"礼有五经，莫重于祭"，在故乡，一年之中的清明、阴历七月十五、冬至和大年三十都要上坟祭祖，其意在"教民追孝"，学会感恩。黄土青草，田野苍茫，仪式肃穆，不由得你不入情境，不受熏陶。家乡的"小道戏"也很得味，那音、那味儿也只有自家人唱得出，听得懂。难怪段祺瑞执政时期，有"会说合肥话，就把洋刀拷"一说。这些或许就是我们常说的文化吧。

中国的乡村社会一直有很浓厚的宗亲观念。历史上，曾国藩的"湘军"和李鸿章的"淮军"正是以乡情为纽带建立起来，进而成为晚清重要的军事和政治力量。如果你有什么事要帮忙，自然而然会想到村里在外边有出息的人，而能帮上忙是有出息的人的责任和荣耀，也是其有出息的佐证。所以在外边遇到姓汪的，也会觉得异常亲近，"天下无二汪，我们是一家人"。无论你走到天涯海角，乡人永远都是一种更值得信任、可以依靠的力量。

"倦鸟终归巢，落叶终归根。"故乡，不仅是生长之地，也是养老安眠之所。不管你在外如何漂泊，不管你在外官做得多大，到老了总得落叶归根，葬在故土，如此家乡合肥才有了包公墓，李鸿章享堂，刘铭传故居等。故乡有熟稔的土地，有长眠于此的亲人，有虔诚守望的后人。还记得那首诗吗："故乡是一方矮矮的坟墓，我在外头，母亲在里头……"

可是，现在故乡已是一片瓦砾了。

家门前的那棵大桂花树没了，这棵树见证了几代人的悲欢离合，不管风再大，雨再猛，它都忠实、坚定地站在那里！祖先的长眠之地桃树园没了，迁到几十里外、几个乡合并在一起的公祭堂。祭祀时节像赶大集似的，哪还有心情"慎终追远"？那个祠堂改建的小学校也只剩下残砖碎瓦，再与"同桌的你"去看母校时，已是"往事无踪影"了。

维系乡情的是故乡，维系民族感情的是祖国。现在，到处都在兴建富丽堂皇的居所，我们却找不到心灵的栖息地。身处高楼大厦和茫茫人海之中，仍觉孤独，虽为邻居，却形同路人。中国乡村及其文化的陨落带来的危机日渐深重。

我们应该着眼于保护，而不是一味地破坏，翻新往往不如修旧。更不必推倒自家的墙，搬来人家的房（现在到处都是稀奇古怪的洋建筑）。即使确因建设需要，也应尽量保留其历史遗存，那些拆建回迁的小区可以保留原来的村名，甚至可以保留一点老房子，存放一些乡志村史，放在城市中央，也很别致动人！再不行，就请留一点可以回忆的东西吧，哪怕是一口老井、一棵古树，甚至只是一个地名……

"世界上无论天涯海角，我都走遍，但我仍怀念故乡的亲人，和那古老的果园……"一曲《故乡的亲人》，常让我想起失去的故乡。

（二）我的艺术情结

2011年，我有幸听了中央音乐学院副院长周海宏教授的《走进音乐的世界》，享用了一场听觉盛宴。周老师提出了"人格宝鼎"和"感性文明"的理念，强调艺术在人生幸福和社会文明中不可替代的作用，颇有道理。进而联想到在华东师范大学学习时，解放军艺术学院教授周荫昌老师震撼人心的课堂，艺术给予生命力量的强烈印象和感动至今不能忘怀。回家后，发现妻正在读《丰子恺人生小品》，拿过来翻翻，读了其中《图画与人生》《音乐与人生》等文章，对于艺术和教育、人生的关系自然产生联想和思考。

我不搞艺术，但喜爱艺术，因为在我之前四十年的人生道路上，艺术给了我宝贵的生命滋养。

我母亲务农，父亲从商，家庭并没有给我多少艺术上的熏陶。没有上过幼儿园，更没有上过艺术兴趣班，艺术对我的哺育是自然而亲切的。小时候，文化生活很贫乏。曾跑十几里路和小伙伴们去看《红灯记》《沙家浜》等革命现代京剧；也曾跟着母亲看家乡的"小道戏"，《老先生讨学钱》的滑稽、《秦雪梅观画》的幽情，里面的唱词至今还能哼上几句。还记得冬日里众乡亲围坐在一起津津有味地听安徽大鼓，娶新娘闹洞房时说唱的"日落西山，好！正是闹房时，好！革命青年来闹房"……回想起来，心中依然涌起亲切和快意。这些东西或许并没有给我带来多少"实惠"，但却让我真切地感受到有一种和物质生活不一样的东西，给我的童年带来很多乐趣。

长大一点，认识几个字，文学作品给了我真正的、重要的人生启蒙。我清楚地记得，有一年冬天从同学那里借来一本破损不全的《红岩》，在牛棚里用五天的时间一口气读完。革命者坚强不屈和勇于牺牲的精神，至今仍然是我在人生困难时期最重要的支撑。上师范的时候，我畅快地在中外古今经典著作中漫步徜徉，在浩瀚广阔的文学作品里认识世界，懂得生活，理解爱情……直至现在，《老子》中的境界、《论语》中的智慧、《红楼梦》中的人情世故、《复活》中聂赫留朵夫的精神蜕变等，都仍影响着我。这些书放在床头，每每品味，都让我更深层次地思考人生、思考教育。文学是人生的教科书，我们每个人都受到过文学艺术的启迪，文学是我们生命中不可或缺的养料。

我对书法艺术的喜爱，源于上小学五年级做作业的时候。我的一位亲戚当着众人的面说我的字写得很丑，当时我觉得自尊心受到了伤害，于是就下决心练字。我在父亲任职的供销社的废品收购站翻到一本破旧的《大唐三藏圣教序》影印本，便在废报纸上"照葫芦画瓢"。及至上初中，我已是举"村"闻名的"书法家"了。春节时，乡邻、亲戚几十家门对都是我写。虽然，父亲为此要贴很多墨汁和纸张，但我看得出他的得意。现在，写字依然是我们的生活工具，也是教师的职业基本功。书法能够让我们的生活态度更加淡定、从容。据称，练书法的人更易健康长寿。

音乐方面，我可以说是个杂家。吹过笛子，拉过二胡，弹过钢琴，水平却都很一般。至于声乐，最辉煌的时期是混到合肥师范学院的声乐队。虽然级别不高，但正赶上中央讲师团来校，得到中央广播说唱团老师的亲传。一位音乐家说:"音乐是灵魂的避难所。"2010年上半年人生的困难时期,我就在贝多芬的《命运交响曲》中汲取力量,一位朋友推荐给我的杰克逊的《拯救世界》(Heal The World)也给了我很大的安慰。早晨,听着音乐开车上班是我一天最快乐的时光;课余时间,偶尔也去卡拉OK,吼上几嗓子,放松疲惫的身心。据我所知,著名的科学家爱因斯坦是小提琴好手,而伟大的革命家列宁是贝多芬的粉丝。音乐对人心态的调适作用已得到理论和实践证明,据称,某座城市因为经常播放舒缓的经典音乐,犯罪率也下降了。

我没学过绘画,但喜欢欣赏。中国画意境深远,令人心驰神往,西方油画我喜欢印象派画家的作品,或许这些是滋养我理想主义和浪漫情怀的源泉。事实上,我也很喜欢现实主义作品,比如列宾的《伏尔加河上的纤夫》、罗中立的《父亲》等都让我深刻地体验到劳动者的苦难和我们今天幸福生活的来之不易。

此外,像电影,现在看电影的人少了,大家都躲在家里看电视或在电脑上看,缺少电影院里的"共鸣"。像戏剧,在华东师范大学学习时,我在上海戏剧学院旁边的小剧场看了好几场话剧,也曾和朋友在北京国家大剧院看话剧,那些戏剧冲突和经典台词总会在我心里激起涟漪,让人玩味。还有朗诵、摄影、雕塑、园艺等,也是我喜欢的艺术形式,虽然大都只是偶有涉猎,却使我的生活充满乐趣。

今天,社会的发展让我们拥有了越来越多的物质财富,我们拥有了幸福的条件。可是,我们却常常感觉不到幸福。我们的生命并没有因为物质财富的增多而变得崇高,更有尊严,反而常常觉得活得很卑微,没意思。于是便把太多时间消耗在吃喝玩乐等低层次感官刺激上,甚至有人通过吸毒来填补精神上的空虚。原因在于我们缺乏高层次的精神生活，或者是对高层次的精神生活缺乏感知能力。艺术正是引领我们走向高层次精神生活的媒介，也是引领我们感知人生幸福的途径。而且，人生是在追求至真、至善、至美的历程中不断完善自我人格的。我们不仅要有求真的智慧、向善的道德，也要有美的滋润，而艺术正是把我们引向"美的人生"的重要资源。

教师的工作决定了我们不可能拥有很多的物质财富，我们必须学会在丰富的精神生活中感受幸福，完善自我。所以，具有一定的艺术修养会让我们的教育人生更加崇高、充实而有情趣。教师的工作还决定了我们的使命就是要教学生追求真善美，这就要求我们首先要有真善美的人格力量。所以，具有一定的艺术修养是教育工作者必须具备的素质之一。

周海宏教授说："我的一个愿望就是让喜欢严肃音乐的人像喜欢喝酒的人一样多。"我想，呼吁提高全社会的艺术水准，也应该包括我们教育人在内。

(三)年复一年，我在等你

2007年夏日的某一天，我第一次来到尚未建成的阳光中学，第一眼就看到了教学楼和办公楼两边的花坛里栽种的是栀子花。

栀子花在故乡是很常见、很普通的花，但大家对栀子花的感情却不一般。我的妻子郭士应曾写过有关栀子花的文章，她说："喜欢的花肯定有很多，但有深深感情的唯有栀子花了。"

又是一年栀子花开

郭士应

喜欢的花肯定有很多，但有深深感情的唯有栀子花了。

小时候，没见过什么五颜六色的花。水田环绕的村庄，泥墙草顶，茅檐低小，只有栀子花，待在家家户户门前屋角。

第一眼看到的是栀子花，喜欢她，便永久地喜欢了。无论她的色、形、质、味——色白，形美，质如凝乳，香气浓郁又不失淡雅，众美集于一身而不妖娆。

栀子花蕾在冬天就开始孕育，蕴育久远因而香气浓郁。小小的青色的花蕾藏在长长的花萼里，慢慢长大，变成白色的花蕾，绽放。好像一个女人的一生，从婴儿开始，各个时期都是美的。

栀子花在插秧时节开放，给忙碌的人们带来欢笑，带来喜悦，那伴着栀子花忙碌的、欢快的劳动场面，一年又一年累积在脑海里。

那时我家有两棵大栀子花树，每天早晨一起床就看到桌上放着一个筛子，满满一筛子的栀子花，随后会不断地有人来要。栀子花不是在枝头炫耀，而是在人们的发间，衣襟前，衣袋里，枕头边，蚊帐上……

也想清晨去摘花，但总是没有父亲起得早，记忆中也有那么一两次清晨去摘花，攀着带露水的枝叶，迎着花叶的颤动，怀着喜悦的心情。

栀子花不像有的花拿腔拿调的难繁育以显示高贵，扦插压条都可以。插秧时，花开了，你剪下带花的枝条往秧田里一插，不用管，到割稻时移栽就可以了。

现在知道栀子花有好几种，但我还是喜欢重瓣大朵的栀子花。

我钟情于栀子花，和钟情于妻子一样，第一眼看到了栀子花，"喜欢她，便永久地喜欢了"。

世上的花很多，有的花很好看却不香，我喜欢有香味的花。栀子花的香不一般，从冬季就开始孕育，直到近夏才会绽放，含苞期越长，花香越久远。我喜欢栀子花，"不是我轻浮，是花儿太香"。

不仅如此，栀子花色如凝脂、朴实温润，栀子的叶也是经年在风霜雪雨中翠绿不凋，蕴涵着朴素、美丽、坚韧、醇厚的生命本质。

"光阴好像流水飞快，日日夜夜将我们的青春灌溉。栀子花开啊开，栀子花开啊开，像晶莹的浪花盛开在我的心海；栀子花开呀开，栀子花开呀开，是淡淡的青春纯纯的爱……"每到栀子花开时节，就是一年的毕业季，阳光中学校园的门前、楼后、花坛中、楼顶、步道旁，到处都能看见栀子花露出大方和幸福的笑脸，空气中弥漫着栀子花淡淡的、绵长的芬芳。

后来我写校歌《阳光之歌》，就有了"栀子飘香"的歌词；再后来，我又在学校大门前、木栈道的旁边及楼顶上也栽上了栀子花；再再后来就有了"栀子花文化节"，一群"阳光美少女"很正式、很慎重地把栀子花采下来，镶嵌在制作精美、写着温馨寄语的卡片上，送给老师；最后，栀子花就成了阳光中学的校花了。

栀子花的花语是永恒的爱与约定。栀子花开花落，学生你来我往，年复一年，我在等你……

二、书中读美

书中自有"美"如玉。

我无法表达，书对于我的工作、生活和人生的意义，但可以肯定的是我的生活中不能没有书。在一次论坛上我说过，如果用一个自然物来比喻书，那就是水，是伴随我们终生的生命养料。

我的阅读比较庞杂，教育、文学、历史、哲学、宗教、书法、音乐、地理、地方志、建筑、植物、围棋等。尽管很多阅读和"美的教育"没有直接关系，但我觉得那些都是萃取"美的教育"的原材料。当然，也有几本与"美的教育"有密切关系的案头书。

(一)结缘《教学美学》

我一直在寻找理想中的学校,寻找美与教育实践的结合。一个偶然的机会,我在书店看到《教学美学》,如获至宝,爱不释手。这也许是幼年时散落下的美的种子,经过美学的神秘指点,对"美的教育"的追求一下子变得异常强烈,渐而成为一个使命。

书中作者在前言中讲了两个故事,让我沉思很久。第二次世界大战后期,美国在日本扔下两颗原子弹,整个国家满目疮痍。两个外国记者来到日本,看到大批平民流离失所,风餐露宿,而搭建的茅屋里却传出孩子们的读书声。两位记者赞叹,在这样艰难困苦的条件下,日本人首先想到的是教育,这个民族有希望。果然,战后日本依靠教育培养人才,经济迅速崛起。

另一个故事是:第二次世界大战结束不久,德国一片废墟,很多人都住在地下室。两个美国人看到每家每户的桌子上都放着一瓶花,很是感慨。这个民族的人民在这样阴暗的环境中,还没有忘记美,一定会很快重建家园。后来战后的德国人民的确很快过上了美好的生活。

对教育的重视、对美的追求为人类塑造了一个美好的世界,给了我们美好的生活。那么,如果教育与美联姻,会是怎样的美好啊!

《教学美学》共十六章、四十九节,论述了美与教学美、教学美与全面发展教育、教学美学的基本原理、教学主体美、教学环境美、教学氛围美、教学内容美、教学过程美、教学方法美、教学语言美、教学节奏美、教学敏感美、教学灵感美、教学心境美、教学意境美、教学情景美等内容。作者在前言中写道:"我的这本《教学美学》绝不是心血来潮之作,而是孕育了、探讨了、思索了、积累了30年之久的艰难问世之作。"

美的教育

南京师范大学班华教授在序中说，这本书"既能帮助我们学习教学美学的系统理论，形成教学美学思想、观念，又能对审美化教学的具体操作提供具体的要求、方法"。

我觉得，该书题为《教学美学》，内容几乎涵盖教育教学的各个方面，一位校长可以以此书为蓝本来审视和推进学校的教育教学工作，一名教师也可以以此书作指导学习教学艺术，判断教学得失。

该书的作者是杭州师范大学汪刘生教授，汪教授是安徽宿松人。因为对"美的教育"的渴望，也因为同是安徽老乡，而且我和汪教授是同姓，所以当我在网上搜到汪教授的信息时，就激动地给他发了邮件。没想到汪教授很快就回信了。后来在电话中时常会听到汪老师用乡音给我讲他的教育人生，他的《教学美学》，那味道现在回味起来，真是很美。

我到阳光中学工作不久，就给全校老师每人发了一本《教学美学》，图书馆还预留了一些给后来的老师。《教学美学》成了阳光中学践行"美的教育"的指导书。阳光中学之所以能在建校短短四年就成为合肥市美育特色学校，北京师范大学的专家之所以为我们指出走向"美的教育"的方向，应该说和这本书有着密切关系。

2010年，汪教授邀我去杭州师范大学教育学原理硕士班讲学，对我的接待非常周到，饮食起居都亲自过问，来时给我接风，走时为我送行。我和汪教授在杭州师大草坪上的合影，成为追求"美的教育"路上一段美好的记忆。

《教学美学》之所以在我心里有如此分量，如此魅力，与汪教授的学识与人格是分不开的，汪教授是为师者学习的榜样，也是我践行"美的教育"的动力。

班华教授在《教学美学》序言中第一句话是："美的教育，美的生活，美的人生。"这正是我的教育理想，也是我的人生理想。

（二）徜徉《美学三书》

《包河教育》杂志曾让我推荐两本书，《美学三书》便是其中之一。我在推荐词中写道：

"美学是未来的教育学。全部教育的审美化，必将成为当代教育获得真正救赎的必然之路。"我认同檀传宝先生的这一观点。马克思说："人也按照美的规律来建造。"教育者当然需要了解和运用"美的规律"来践行教书育人的事业。李泽厚的《美学三书》是《美的历程》《华夏美学》《美学四讲》三本专著的合订本，是"引导读者步入金碧辉煌的美学殿堂"的经典著作。

参加工作不久，我在一家旧书店里淘到了这本书。对这本书一开始的兴趣是以语文教师的眼光，关注书中对文学艺术作品的评述，作者的语言，宏大深邃而又精致优美，这在学术著作中所见不多。后来知道这是一本美学专著，便由此而生发对美学的关注和兴趣。我对美学著作的阅读通常是碎片化的，唯有这本书是整本书阅读，而且是反复地研读。

《美学三书》中的第一本是《美的历程》，这本书"是对中国数千年的文学艺术所作的鸟瞰式的宏观美学把握"。"从远古图腾谈起，一路走过五千年文明，触摸青铜之美，感受楚辞汉赋，聆听盛唐之音……"犹如一次美的旅行，让我们领略从远古到现代漫长历史的美景，这样的旅行非常重要，让我们对美有了感性的认识。书中有大量的引用，也有不少理性的解读，作者的博学与深刻令人赞叹。

第二本是《华夏美学》，这本书"比前书更为深入地谈论了华夏文化强调理欲交融的非酒神型特征"。"酒神型"文化表现为激情，而非强调理性。作者在该书的前言中解释说："这里所谓的华夏美学，是指以儒家为主体的中华传统美学，我以为，儒家因久远深厚的社会历史根基，又不断吸取、同化各家学说而丰富发展，从而构成华夏文化的主流、基干。"

第三本《美学四讲》，该书"通过'积淀''文化心理结构'等话语，阐释了马克思的'自然的人化'观，构建作者本人的人类学本体论哲学，回应了国外各派美学思想"。作者系统地回答了"美学是什么""美是什么""美感是什么"这些根本性问题。我觉得《美学四讲》可以作为美学理论的普及读本。

这三本书各有侧重，又互为补充，共同构成一部风光旖旎的美学大片。20世纪80年代《美学三书》出版，一时洛阳纸贵。"每个学生宿舍里，总能翻出我的《美的历程》。"李泽厚先生咧着嘴笑，不掩自豪地说。

李泽厚先生成名于20世纪50年代，在与朱光潜、蔡仪等学者的美学论战中确立了他在美学界的地位。美是主观的，还是客观的？两者是对立的，还是统一的？李泽厚以马克思主义哲学为理论依据回答了美学的这些根本性的、不可回避的问题。

李泽厚的美学思想有几个重要的、颇有趣味的关键词。我没有系统地读过经典的美学原著，对美学的认知不够深刻，以下仅仅是我从教育学的视野解释这些概念的内涵。

实践。如果单方面地说，美是主观的还是客观的，显然是站不住脚的。但是如果说美是主客观统一的，大家或许都会赞成。但李泽厚认为所谓的"主客观统一"这个概念"并不很清楚"。关键是这个"主"指的是什么，如果单纯地指个体人的情感、意志、精神及心理，很容易陷入主观派的窠臼。如果这个"主"是指人类的实践活动，"一种人类整体作用于众多的客观对象（如大自然）的物质性的客观活动"，才是真正的客观论。我赞成主客观统一论，对"主"的理解，我认为是由对"人"的理解派生出来的，即人的自然属性和社会属性。这两种属性是客观存在的，强调任何一方，都可能造成对另一方的忽略。马克思主义理论认为"人是社会关系的总和。"因此，基于马克思哲学的李泽厚美学观，强调人类的社会实践就显得自然而然，顺理成章。当然，李泽厚的实践美学不是对主客观统一论的否定，而是强调了人的社会性。他后期的美学思想走向"情本体"，或许是对过去忽略的弥补。所以他曾自嘲地说："有人说我强调总体，忽视个体；然而又有人说我强调个体，忽视总体。"

李泽厚的实践美学思想诉诸教育，会给我们很多启示。"美的教育"作为人类复杂的实践活动，离不开人类的整体作用，即离不开人类在漫长历史长河中达成的对美的共识，离不开教师、学生、家长和社会的共同努力，离不开学校师生对美孜孜不倦的追求和行动。美不是口号，不是标签，是切切实实的行动。当然，也不能忽略个体对美的理解、兴趣和专长，从而塑造一个"既有统一意志，又有个人心情舒畅"的"美的教育"天地。

自然的人化。自然的人化是实践美学的进一步延伸，我们之所以能够从美的角度欣赏自然，是因为人类的实践改变了自然与人之间的关系，使本来与人相对的自然变为人的自然，这就是"自然的人化"。

李泽厚在论述"自然的人化"的时候，引用了马克思关于美的一个精辟、重要的论述，这个论述对我追求"美的教育"起着决定性作用，这句话就是，"人也按照美的规律来建造"。人类要生存与发展必须按照客观世界本身的规律来改造自然和社会，这个经过改造、符合人类的利益的客观世界才是美的。

既然人是按照美的规律来建造，而教育的功能是塑造人，那么教育就也必须可以按照美的规律来育人，这样推论是符合逻辑的。

美是真与善的统一,"真"就是我们通常讲的科学,就是事物发展的规律;"善"就是有好处,是利益所在,是我们奋斗的目标。因此,美既合规律性,又合目的性,而这正是教育的根本。

所以,一个教育者不去研究美的规律,不按美的规律做教育,必然是一种遗憾和损失。

积淀。作为一名教育者,我很喜欢"积淀"这个词,所谓"教育是慢的艺术""静等花开"……我写过一篇文章《等待很美》,也是在表达"积淀"是教育的一个重要规律。

李泽厚在探索美的规律时,同样使用了"积淀"一词。在探究"自然的人化"的过程中,提出了"自然的人化"包括外在自然的人化,即人类改造山川大地等自然的成果还有内在自然的人化,这个内在是指人本身。"一个孩子如果不经过教育,不经过社会环境的塑造,就不能成长为人。"

很多年以后,我在阐述教育本质的时候提出"教育就是人化"的观点,教育就是让人成为人——从原始人到现代人、从孩子到大人,是"自然人"到"社会人"的转化。当然,这个过程是漫长的,需要长时间的"积淀"。

现在,中国教育一个非常大的问题就是急功近利,教育新名词令人眼花缭乱,假教育、恶教育泛滥成灾。但是,真正的名校,往往是厚积薄发的,像"最中国的学校"苏州十中,积淀"质朴大气、真水无香、倾听天籁"的文化精神。真正的教育理论从来都是简单质朴的,像何炳章先生的"自育自学"论,同样是倡导慢慢积淀,静等花开。

教育之美在于积淀,美的教育需要积淀。

美是自由的形式。自由总是那么令人向往,原来自由与美相关。

自由就是对客观世界必然性的认识和把握。美学家高尔泰说："美是自由的象征。"这一观点是基于一个"三段式"推论，其一，马克思认为，美是"人的本质的对象化"；其二，人的本质是追求自由；其三，所以美是自由的象征。

李泽厚认为，美是自由的形式，"象征"并不是美的本质和美的根源。但两位美学家在美是合"规律性"（真）和合"目的性"（善）这一点上的认识是一致的。

这一认识对"美的教育"实践有着强烈的现实意义，又有着浪漫精神的启迪。教育的根本问题在于培养什么样的人和怎样培养人，也就是要符合教育目标，把握教育规律，而我们恰恰在这两个根本性的问题上缺少冷静的考量。而只有培养目标符合人们根本长远的利益，而且所采取的教育方法符合育人的规律，教育思想和行为才会从"必然王国"进入"自由王国"，这样的教育才是"美的教育"。

世界是物质的，物质是运动的，运动是有规律的，规律是可以认识的。辩证唯物主义这些基本的哲学思想给予我们认识世界、改造世界的理性和信心。它告诉我们，"美的教育"的实践永远在路上，但"美的教育"离我们也并不遥远。

（三）深耕《何炳章教育文选》

何炳章先生是我敬仰的、对我影响很大的合肥本土教育家，他创立了"自育自学论"，是我践行"美的教育"的一个重要的理论源头。

在众多的教育理论当中，我没有看到像"自育自学论"这样坚持了三十年的实验，遍及数百所学校、数万名教师，让数十万名学生从中受益。

"自育自学论"具有理论性，深耕传统教育肥田沃土，汲取现代教育清泉细流；"自育自学论"具有系统性，涉及教育的方方面面；

"自育自学论"具有操作性,每一个方面都有具体的操作"说明书",有的还提供素材。

《何炳章教育文选》是我的案头书之一,特别是集"自育自学论"精华于一书的《从原点出发》,我更是手不释卷。

值得一提的是,我到合肥市阳光中学工作不久,聘请何先生作为学校办学顾问。何先生送给我们一份珍贵的礼物,专门为学校艺术教育写了《每生自学一样乐器,提高艺术素养》(《何炳章教育文选》4卷)一文,此文后来成为"自育自学实验"的一个子课题,成为阳光中学践行"美的教育"的一个支点,成为"美的教育"的一个成功案例,引来众多关注。

更重要的是何先生对教育真理执着追求与坚守的性格,尤其是他不随波逐流,乃至反潮流的精神,令人感动和敬佩。他在《何炳章教育文选》的扉页上写着:"知我者,谓我心忧;不知我者,谓我何求。"洋溢着一位教育人的精神之美。

阅读一部著作,其实质在于领会作者的思想,在于学习作者思想形成的精神因素。《何炳章教育文选》蕴含着极其丰富的教育思想,更是他"钟情教育、执着追求""勇于实践、勤于思考、重在创新"的精神写照。作者不仅具有可贵的理论深度,而且有难能可贵的理论勇气——他的反潮流精神。

1972年,在极左路线占统治地位时,何先生居然讲"不抓教学的领导不是好领导"。在那个抓政治保险,抓教学危险的时代是需要极大的勇气的。

70年代中后期,合肥同全国一样,过早地提出市区要普及高中教育。他针对当时超越客观条件,盲目发展高中,"严重影响了全市学生在小学和初中打好基础"的现象,提出要"坚决收缩高中,加强初中和小学"。随着"两基"教育水平的普及与提高,1996年他又根据教育的发展和人们的需求提出"普通高中要适度发展"。

"两基"实现不久，有人提出现代化时，何炳章先生指出，"提办学条件高标准，教育教学高质量，比过早提现代化更符合市情、省情"，这表现了他不跟风走、实事求是的工作态度。

70年代末，素质教育理论尚未提出，针对"合肥市各中小学普遍按照学生的现有成绩分快慢班"的现象，他明确表示不赞成把学生分成快班和慢班，提出"不能抓了快班丢掉慢班"；针对不少学校"认为现在的首要任务是抓智育，至于体育则可以放一放"，他提出"为了下一代的身体健康尽到我们的责任"，"体育教学不能忽视"；针对当时（现在又何尝不是）"在中小学，被称为'副科'的音乐、美术、体育课，近年来出现偏废现象"，提出"'副科'不可偏废"，他认为中小学的音乐、美术、体育教育属于基础教育的一部分，应当把它们放到本来的位置……何先生这些反应试教育潮流的论述，闪烁着素质教育的思想光辉，为素质教育观的确立发出先声。

进入21世纪，面对应试教育的汹涌大潮，何先生居然提出"确保睡眠，吃好早餐，平常心态，不争第一"。

综观《何炳章教育文选》，我感到何先生的反潮流精神是一以贯之的。

何炳章教育思想比较集中地体现在他的"教育十二论"上，这些教育理论的提出和形成，无不体现着反潮流精神。比如，多年来，在教育界内外，人们往往只看到教育上缺人、缺钱、缺物，但他认为最紧缺的是正确的教育观念，他认为"观念可生金"，"思路即出路"，进而形成了他教育"基建"上的"观念紧缺论"。

再如，人们常说，教师像蜡烛，照亮了别人，毁灭了自己。他说："不，教师完全可以在尽心'照亮'别人的同时，积极地'照亮'自己，而不是消极地'毁灭自己'。"从而形成了他教师成长理论上的

"自我造就论"。

在教育观念上，何先生以追求真理为己任，敢于逆潮流而动，逐步形成具有创造性的教育思想。在教育微观操作方面，他也不人云亦云，总是提出自己的见解。如课堂教学，时下流行的、所谓的"满堂问""启发式教学"，煞是精彩好看，何先生却倡导"自育自学"，认为教师应尽量少讲，直至不讲，从而达到教育的最高境界。

即使在日常生活中，何先生也常常不习惯很多人的习惯。他在《大声说话与教育》一文中，针对人们习惯大声说话联想到课堂教学中的"喉咙比赛"，提出"用适度声音说话，提高个人涵养，滋润民族素质，事关国人形象，不可等闲视之。"

难能可贵的是，在人生态度上，何先生也很有个性，他不以退而休为潮流，而是"笑谈人生六十后，乐为教育从头越"，要"补小学的课，转为正式'小学生'"，"补大学的课，成为'副研究生'"，"继续'沉底'，走具有合肥乃至安徽教育特色之路"，"继续笔耕，继续写点有感而发的文章"……

人们常说，要顺应潮流，似乎顺潮流才是出路。而实际上，顺潮流者往往只能随波逐流，真正逆潮流而动的弄潮儿，往往是正确思想的先驱者。不以时尚潮流为标准的冷静和理性，正是一个思想家之所以能产生正确思想的必要的，也是最为重要的品质。

何先生在长达五十多年的教育人生中，有着"简直是与生俱来的对教育事业的赤胆忠心"，不唯书、不唯上、只唯实。他是教育的智者，更是勇者，他的反潮流精神是何炳章教育思想形成的一个重要原因，是一位教育家给予我们宝贵的精神财富，引领着我们更加冷静、理性地思考纷繁复杂的教育现象，走向真理的殿堂。

（四）参悟《红楼梦》

我给《包河教育》推荐的另一本书是《脂砚斋重评石头记》，写了如下一段推荐词：

> 这部书充满了中华传统文化的精华，"读古经书不如先读《红楼梦》"（周汝昌），教育者需要汲取这些精华；"我常常从《红楼梦》中发现了人生，发现了爱情、政治、人际关系、天理人欲……的诸多秘密"（王蒙），教育者也需要发现这些秘密；"《红楼梦》是可以读一辈子的书；处处都是慈悲，也处处都是觉悟"（蒋勋），教育者更需要有这样的慈悲和觉悟！

我觉得《红楼梦》可以作为教育学著作来读，也可以作为美学著作来读，你会从中认识社会，感知人性，参透人生，厘清人的本质力量来自哪里，又去向何方，从而让我们的教育走向更真、更善、更美的境界。

"读你千百遍也不厌倦"，我常常深陷于《红楼梦》的文字之中，探寻秘密，汲取精华，心生慈悲，时有觉悟……

潇湘馆里的竹子

阳光中学太湖路校区有个地方叫"竹韵长廊"，一百多米的道路两侧栽种的都是竹子。每到月华如水之时，地上就会落下斑驳的竹影。竹竿摇曳，竹叶婆娑，风一吹会发出沙沙声，十分幽雅清静。每当此时，我就会想到潇湘馆里的竹子。

《红楼梦》中对潇湘馆的描绘始于第十七回，贾政领着贾宝玉和一帮清客为刚建好的大观园题对，"忽抬头看见前面一带粉垣，里面数楹修舍，有千百竿翠竹遮映……后院墙下忽开一隙，得泉一派，开沟仅尺许，灌入墙内，绕阶缘屋至前院，盘旋竹下而出"。贾政感叹："这一处还罢了，若能月夜坐此窗下读书，不枉虚生一世。"试想，月光盈盈，竹林幽幽，泉水潺潺，在此抚卷沉思，何其雅致、惬意。真是读书的好地方！

宝玉给此处的匾额题了"有凤来仪"四个字。《尚书》有云："箫韶九成，凤凰来仪。"箫韶，舜谱鸟的音乐，分九章。每次演奏之后，凤凰就款款而来配合起舞。凤凰乃是百鸟之王，凤为雄，凰为雌。大观园是为身为贵妃的贾元春省亲而造的，"有凤来仪"用得恰如其分。后来贾元春并未在此居住，那谁能配得上如此高贵的居所？

宝玉又题了一副对联："宝鼎茶闲烟尚绿，幽窗棋罢指犹凉。"宝鼎是煮茶的工具。茶闲之时，宝鼎煮茶，水汽如烟。"烟"怎么会绿呢？原来是屋外翠竹映照的结果。幽静窗下，下完棋后，手指为何还凉？原来是竹荫之下，清冷所致。脂砚斋评道："尚绿""犹凉"四字，便如置身于森森万竿之中。此联，"竹"不着一字，然"竹"意尽显，堪称映衬之绝唱。非身临其境，哪会有此灵感，得此妙词佳句？那谁会是这里的主人，喜欢这里的清幽寂静，还有煮茶下棋的雅兴？

元妃省亲之时，谦虚地把"有凤来仪"改为"潇湘馆"，命宝玉作诗吟咏。宝玉诗曰："秀玉初成实，堪宜待凤凰。竿竿青欲滴，个个绿生凉。进砌防阶水，穿帘碍鼎香。莫摇清碎影，好梦昼初长。"首联写竹之高洁（练实为竹子开花后结的果实，因凤凰非梧桐不止，非练实不食，非醴泉不饮）；颔联写竹之清幽；颈联写竹之浓密，浓密得可以防止泉水溅落台阶，阻碍穿帘而来的鼎内的香气；尾联写竹之意镜——不要打破这里的平静，这里的主人好梦正初长呢。

元妃游幸过大观园后，料定大观园会被贾政封锁，如此岂不寥落？就下了一道谕，命姊妹及宝玉等人进去居住。宝玉高兴得不得了，看见林黛玉便问："你住哪一处好？"林黛玉心里正盘算这事（脂批：颦儿亦有盘算事，拣择清幽处耳，未知择邻否，一笑!)忽见宝玉问她，便笑道："我心里想着潇湘馆好，我爱那几竿竹子隐着一带曲栏，比别处更觉幽静。"宝玉听了拍手笑道："正和我的主意一样，我也要叫你住这里呢。我就住怡红院，咱们两个又近，又都清幽。"（脂批：择邻出于玉兄，所谓真知己）

一部《西厢记》拨动了这对少男少女的心，某日，贾宝玉来到一处院门前，只见"凤尾森森，龙吟细细"，竹林茂盛，风吹竹林发出如箫笛一般悦耳的声响，此处正是潇湘馆。贾宝玉将脸贴在纱窗上，耳内忽听得细细的一声长叹："每日家情思睡昏昏。"……此情此景，一个情窦初开少女的心思也犹如潇湘馆的竹子一样，自然、悄然地生长着。

后来宝玉挨打，黛玉痛彻心扉，哭得气噎喉堵，两个眼睛肿得桃儿一般。宝玉很担心，就叫晴雯以送手帕为由看看黛玉，黛玉看到"半新不旧的两条绢子"，体会出了里面的深意，感泣万分，却又生出种种疑虑，遂研墨蘸笔，在手帕上写了三首绝句，称为《题帕三绝》。第三首："彩线难收面上珠，湘江旧迹已模糊；窗前亦有千竿竹，不识香痕渍也无？"——哪根彩线能收完我的泪珠？谁还能记得湘妃令人心驰神往的故事？潇湘馆前也有竿竿翠竹，可没有人知道我的心事，也就看不见我的泪滴。

是日，黛玉独立花荫之下，远远眺望贾宝玉居住的怡红院，待了半日，才在紫鹃的劝说之下，回到潇湘馆，只见满地"竹影参差，苔痕浓淡"，"窗外竹影映入纱窗，满屋内阴阴翠润，几覃生凉"。黛玉每年春分、秋分之后，就会咳嗽，这天日落时分，淅淅沥沥下起雨来，雨滴竹梢，更觉凄凉，她作《秋窗风雨夕》一诗："寒烟小院转萧条，疏竹虚窗时滴沥……"潇湘馆的竹子，犹如黛玉婀娜动人的身姿、孤傲高洁的品性，与她心性交融，衬托出她的凄凉、幽怨与不幸。

潇湘馆里种的竹子也不一般，名叫斑竹，又叫湘妃竹。湘妃竹散生，茎上有紫褐色斑点，为著名观赏竹。这里面有个动人的故事：潇湘是湘江的别称，传说尧有二女，长曰娥皇，次曰女英，姐妹同嫁舜为妻。舜父顽，母嚚，弟劣，曾多次欲置舜于死地，但舜终因娥皇、女英之助而脱险。舜继尧位，娥皇、女英为其妃，后舜至南方巡视，死于苍梧。二妃往寻，泪染青竹，竹上生斑，因称潇湘竹或湘妃竹，娥皇、女英也死于湘江之间。故《红楼梦》三十七回探春和林黛玉开玩笑："当日娥皇女英洒泪竹上成斑，故今斑竹又名湘妃竹；如今她住的是潇湘馆，她又爱哭，将来她想姐夫，那些竹子也是要变成斑竹的，以后都叫她做'潇湘妃子'就完了。"可是，黛玉的眼里"能有多少泪珠儿，怎经得秋流到冬尽，春流到夏？"

我曾在老家的老屋前栽种两棵斑竹，数年后长成一大片，远远望去，也颇有凤尾森森之感，这些竹子陪伴我们度过一段平淡而亲切的日子。现在先人已逝，孩子也远渡重洋，唯有竹子还长在那里。老屋要拆迁，前几日挖了几个竹根于他处栽种。

除了"竹韵长廊"之外，阳光中学太湖路校区的"冬蕴园"里栽种了几丛水竹，其与三棵雪松、数株蜡梅结成岁寒三友。"清峻园"也有"清流峻石，刚竹碧莲，鱼翔浅底，琴音相闻"的意境。此外，校园中还有紫竹、慈孝竹等。

时而，风声、雨声、读书声，从竹林间轻轻而又坚定地拂过，我会伫立其间，咀嚼体会竹子"本固、性直、心空、节贞"的品性，思考林黛玉的一生和我们的人生。

宝玉挨打的真正原因

贾宝玉挨打是《红楼梦》很精彩的一段，书评家认为此段最能体现人物的思想性格。

宝玉挨打的直接导火索是其结识了忠顺王府家养的戏子蒋玉菡，并与其相见恨晚，互赠汗巾。后蒋逃离忠顺王府，不知下落，忠顺王府打听到蒋与贾宝玉有瓜葛，就向贾府索人，贾政震惊。

贾政为何震惊？大家知道，《红楼梦》是一部带有纪实性的文学著作，"借贾雨村言，将真事隐去"。其实，无论是《红楼梦》这部小说中所说的贾家成败，还是现实中曹雪芹家族的兴衰，无不充满险恶的政治斗争。曹家和清皇室有着密切关系，曹雪芹的曾祖母孙氏是康熙的保姆，其祖父曹寅从小为康熙伴读，康熙南巡至少四次住在曹家，可谓尊荣。但曹家也无可避免地卷进康熙立废太子的政治斗争，与众多王室形成复杂的关系。书中贾政深知与王室的关系非同小可，稍有差失就会影响整个家族的命运。

其时，贾政正在寻拿宝玉，正遇惊慌失措的贾环。贾政问何故。贾环说，金钏投井自尽了，原因是贾宝玉强奸未遂。此时贾政已无法控制情绪，遂把贾宝玉绑在板凳上，打得皮开肉绽。

贾环固然是怀着嫉妒心理，添油加醋。但那时宝玉确也由着自己的性子来。平时不喜读书，却喜欢和姑娘丫鬟们打打闹闹，甚至跑到外面去厮混。就拿他与蒋玉菡结识的那个场景来说，可谓是《红楼梦》里最为龌龊的一段。其间薛蟠、冯紫英等人都是纨绔子弟，还有艺伎陪饮，言语之下流，不堪入耳。

但这些都是当时贵族子弟司空见惯的平常生活，甚至是高贵身份的象征，是不足以让贾政把宝玉往死里打的。真正的原因是这件事牵涉到"平时不相往来"的忠顺王府。宝玉挨打的本质是一次政治事件，这才是他挨打的真正原因！

事实上，贾家最后的败落是因为遭到一些对立王室大臣的参毁，但也得到一向有交情的北静王的庇护。看明白了这点，就能解其中味了，或许也会让我们对现实的人生有所感悟。

三、一路撷美

各美其美，美美与共。

每一次教育行走都是令人兴奋的"美"的旅行。以教育者的眼光来看，自然、社会和人生总是有耕耘不完的荒芜，而教育就是装点其间的种子、花朵和果实。每一粒种子都有美的基因和结构，每一朵花都有美的姿态和神韵，每一颗果实都有美的汗水和笑脸……

（一）潍坊之行

2005年10月27日，为了全面提高教育督导人员的素质，尤其是提升教育督导人员的思想认识和教育智慧，包河区人民政府专兼职督学、教育局机关和学校的有关同志驱车千余里来到素有"风筝之都"之称、现在又以教育改革闻名的山东潍坊考察学习。

为了熟悉潍坊地区的教育情况，使考察学习有的放矢，考察组成员在车上围坐在一起，学习讨论《人民教育》关于潍坊市教育制度创新和寿光市（属潍坊市）教育信息化的长篇报道。

第二天上午，我们在潍坊市教育科学研究院会议室与同时到来的天津市教育考察团一起听取了潍坊市教育局的同志关于教育督导、教育科研、基础教育、人事制度改革等方面的介绍，并就感兴趣的问题进行了交流和讨论。潍坊市的同志很大方地馈赠给我们很多珍贵的资料。之后，我们参观了位于潍坊城郊占地1200多亩的潍坊一中新校，其规模之大、建筑之多、标准之高、环境之美、管理模式之新，令人惊羡。已过中午，大家却无饿意，纷纷到潍坊市教育局对面的书店购买李希贵的教育专著《为了自由呼吸的教育》，品尝精神食粮。

下午，又驱车四十多公里来到"蔬菜之乡"寿光市。我们一边听取寿光市教育局主要领导和各科室负责同志的介绍，一边品尝热情的主人为我们准备的当地的蔬果。之后，我们重点考察了寿光市职业学院等三所学校，因为学校规模都很大，我们只能"坐车观花"。这三所学校都是民办公助制学校，这种办学体制目前争议很大，据说在我们安徽是不允许的，而寿光人却办得红红火火，着实让我们领略了什么叫"山东人的政策狠"。

潍坊教育之行给了我们很多启示，感触最深的主要有以下两点：

一是不能没有教育理想。

潍坊教育的成功，或者说李希贵的成功，其根本的原因在于他们坚定执着地追求"自由呼吸的教育"。这一教育思想彰显着"以人为本"的时代思潮，它贯穿于李希贵教育生命的历程中，是潍坊市教育改革与发展的指针。

对于一个地区的教育来说，教育思想就是拔河比赛时那根凝聚人心、力量和智慧的绳子。如果没有这根绳子其结果不言而喻。教育理想是教育思想的催生剂，古往今来的教育大家，无不有大志，有大爱，有大义。孔子颠沛流离，"累累若丧家之犬"而不改其"仁"；陶行知"捧着一颗心来，不带半根草去"；李希贵为了实现教育强市之梦而敢于穿越"雷区"。

如果我们树立了教育理想，就会多一点书生意气，少一点官场作态。就不会为了眼前的利益去牺牲学生的终身幸福，就会认认真真地做一些善事，干一些实事。就不会为无止境的名利所累，就会达到"知者不惑，仁者不忧，勇者不惧"的境界，就会迸发出思想的火花。

合肥市本土教育家何炳章先生说，教育理想"虽不能至，心向往之；力之所系，或可至之；终不能至，必能尽致；果能近之，或能成之"。

二是用机制解决问题。

当前,问题的严重性在于我们很多同志对教育存在的问题熟视无睹,不愿伤脑筋去研究产生问题的根源,更不愿意去捅"马蜂窝"实质性地解决这些问题。在解决问题的方法上习惯于空洞的说教,习惯于使用通报批评、处分等行政手段,习惯于就事论事而不去追根究源其普遍性,以致教育问题越积越多,越积越深,危害越来越大,群众意见也随之越来越大。

善于从教育问题中捕捉教育改革突破口,最后用机制解决这些问题是李希贵的管理特长,也是潍坊教育能够持久发展最为成功的经验。从要专人排放自行车的问题引出在学校全面推动学生自主教育;从一个朋友带着获奖的儿子到公园去玩引出"多一把尺子就会多出一批好学生"的评价制度改革;解决校长办学积极性不高,待遇不公的办法是脱下校长的"黄马褂",实行"校长职级制";解决民办学校生存与发展的办法是把民间资本与公办学校的师资"嫁接"起来;面对千差万别的学校,采取了协商式发展性评估。李希贵说:"热情难医百病。"办学的关键是"制造一杆公平的秤"。这是智慧,更是胆识。

督导是教育工作不可或缺的机制。潍坊市赋予教育督导室很多重要的工作职责,比如为改变对学校"走马灯"式的多头评估、检查、验收及评优等活动造成的对学校正常秩序的影响和人力物力的浪费,采取了检查评比"年审制",并实行归口管理,一次性完成。并且赋予督导室两项"特权":一是对违规、违纪、违反办学规范的行为,有权对当事人给予通报批评;二是让督导部门参与对乡镇教委和学校领导干部的年度考核,赋予其干部任免和升迁的建议权。因此,他们认为督导人员应该有能力,懂业务而又富有开拓创新精神,所以从全市推选的优秀教育工作者中公开竞选督导室主任,并且配备年富力强的督导人员,仅寿光市就配备了十名专职督学。为了加强对教学质量的评估检查,还成立了教学质量评估中心。

在督导过程中,建立督导备忘录,实行跟踪整改制度,增强了教育督导的实效。更重要的是利用好督导评估结果,"不能让督导室白忙乎"。从1998年起,全市每年的先进乡镇、各类先进学校都是由督导室评估选出的;督导评估结果还选出了骨干教师、教学能手、学科带头人、学者型教师以及优秀教学管理人员、优秀教育工作者、师德标兵等优秀人物;校长职级也主要依靠督导的结果来认定。他们采取了督导结果公示制,将县区教育工作的督导结果公布于《潍坊日报》,其力度和胆识的确让人钦佩。他们利用督导手段,让重视教育成为党政领导的"需要",把觉悟变成一种责任。

潍坊市对于教育督导工作的重视是他们教育成功又一个关键性的因素,是他们对教育管理机制的"顿悟",体现了他们对教育事业的远见和敏锐。

理想和机制,看不见,摸住着,但却是做好教育工作的"隐形的翅膀"。最后,摘录李希贵的几则人生感言,与大家共享:

> 让阅读滋养心灵:读书,使我顿悟了教育;教育,使我顿悟了人生。
>
> 让每一个人感到自己重要。
>
> 把简单的事情天天做好,就是不简单。
>
> 既不重复别人,也不重复自己——不重复自己,需要可贵的自省;而不重复别人,则更需要自信。
>
> 把成功设计成一种危机。

(二)一次影响深远的文化之旅

这是一次很重要的教育行走,因为它推进了包河区学校文化建设的进程,拉开了阳光中学建设"美丽阳光"教育的序幕。

2011年10月24—28日,包河区部分学校校长在陈雪梅局长的联系和带领下考察了北京市七所中小学,其间还与北师大石中英等知名教授零距离接触交流,且行且思,感悟颇多。

10月24日上午到北京后,我们稍事休息,中午便赶往北师大。和以往不同的是,这次我们是坐在一间普通教室里和本科生一起聆听张东娇教授讲授教育管理学,恰好讲到的是教育组织结构和权力。我们了解到"矩阵型"教育组织结构中不同组织设计的价值取向及其利弊,教育组织结构的层级与跨度,相对于法定的正式权力,专业学术、人格魅力、阅历威信等非正式权力对于学校领导者的重要意义等问题。教育是一门厚重、系统的科学,对我们这些长期在教育第一线紧张工作的人来说,确实需要不时地停下来,学一学,想一想,增加一点理论思维。就这样,边听,边记,不知不觉几个小时过去了——又找到了做学生的感觉,真好!

晚上,与张东娇教授主持的"学校文化建设"项目组的指导老师和部分项目学校举行餐桌会议,这让我们见识了现代生活的高效率和别样的学习方式。

10月25日上午考察北京丰台区第五小学。学校不大,校舍也很普通,但教学楼物品摆放之整齐、地面墙壁之干净、墙壁装饰之精美,令人惊叹。李磊校长向我们介绍了学校教育价值追求——幸福教育。2007年,学校通过自我诊断,挖掘历史优势,通过多层次、多角度研讨,整合教师对幸福教育的理解,在北师大张东娇教授"学校文化建设"项目组的帮助下,于2009年明确提出"精彩天地,幸福摇篮"的价值追求和办学目标,并从育人环境、管理机制、育人团队、课堂模式、学生实践和校本课程等多方面精心构筑"幸福教育"大厦，学校一跃成为丰台区教育的一面旗帜，在北京市也有一定的影响。

中午，主人热情地送来盒饭，我们在会议桌旁边吃边聊，这种简单而轻松的接待方式，让我们感觉很"幸福"。

下午考察首都师范大学附属小学时，一些学生正背着书包回家，一问才知小学一至三年级下午不上课。（后来了解到根据课程标准，小学低年级下午可以不来上课，教育价值追求不同，各地做法也就不同）运动场上一群孩子在排练一种叫"抖空竹"的民间运动项目。学校建筑命名都以"童"字打头，如"童心楼""童趣楼""童苑楼"等。首师大附小原名东四条街中心小学，学校利用教育资源整合契机，变换的不仅是一个校名，更重要的是学校充分利用首都师范大学的智力资源，提出"童心教育"的教育价值观。回来后我们认真拜读了宋继东校长主编的《必须捍卫童年——童心教育的理念和实践》，宋校长和他的团队对教育的思考基于对教育现状的敏锐洞察，从教育的原点出发，在教育的本质上追根究源，"做最有影响的思考"。更为可贵的是他们不是"坐而论"，而是"起而行"，多年来孜孜不倦地从管理、教学、课程、德育、教师和学生等多方面构建"童心教育"的理论体系，探索"童心教育"的实践路径。

接着考察的是中国农科院附属小学。学校大门旁边的水幕墙很有气势，也很灵动，上面的电子显示屏不停地滚动着"新鲜生活每一天"的字幕，通往教学楼的道路两旁摆放着十二属相石雕，校园里高大树木的四周，是可以围成一圈坐的椅子，洗手池一高一低，为身高不同的学生量身打造——这是一所为孩子们设计的学校。刘芳校长向我们介绍学校的教育价值追求是"生长教育"。学校之所以提出"生长教育"，是因为依托了中国农科院这个得天独厚的资源。

另外学校还充分利用了周边丰富的教育资源，引领着学校始终在高位发展。

晚上与同仁们漫步于后海，谈见闻，谈感受，轻松愉悦中获得很多新鲜的思想。

10月26日上午，我们考察北京市十一学校。我对北京市十一学校向往已久，因为这所著名的学校里有一位著名的校长李希贵。很久以前读过他的著作《为了自由呼吸的教育》，两次实地感受了曾经的潍坊市教育局局长李希贵治理下的潍坊教育。2008年在中国西部教育顾问大会上聆听过已是北京市十一学校校长的李希贵做的主旨报告——《改造我们学校》。他给我们的总体印象是睿智而富有改革创新精神。现在，身临其境，觉得学校建筑环境和设施设备并没有什么特别，但看了学校的宣传片，听了课程与教学研究院负责人的激情介绍、两位学生的亲身感受以及李校长沉着、机智的答问，心里还是受到不小触动。因为这里有156个社团，228门选修课程，所谓"除掉杂草的最好办法就是种上庄稼"。这里学生可以学习马术，设计汽车；这里设置学科教室，学生上课实行"走班制"；这里有新鲜的开学护照；这里有别致的击掌礼、泼水节；这里90%以上的学生考上重点大学。但这些只是"副产品"。这些都在注解十一学校的教育价值追求：适合学生的教育。我还感受到，十一学校和李希贵校长一贯的改革创新精神源自一种更深层次的内驱力，那就是责任，对学生的责任、对社会的责任、对民族的责任！或许这已成为个人的志趣和习惯。

下午，我们来到了冰心的母校——北京第166中学。这是深藏于胡同里面的一所普通的中学。或许是因为普通，学校在特色上做起了文章。比如，在校内根据特长选拔学生，开设"冰心文学班"；比如，争取政策开设"生命科学实验班"。每周一、周五开设两节选修课，所有学生都要参加。学校还开展了不少特色教育项目，比如学校的生物教育已成为东城区的拳头产品，设施堪比大学，师资力量雄厚，教育成绩斐然。后来得知校长是生物学出身，真是有什么样的校长就有什么样的学校。校长王蕾还向我们介绍了一种以区域划分的"教育共同体"，即一定区域内、不同学段的学校组成共同体，这样的共同体有利于打破各个学段的教育分割，有利于做好各学段之间的衔接，有利于实现资源共享。

10月27日上午，我们考察了北京光明小学。光明小学因为刘永胜校长的"我能行"而闻名遐迩。一下车，一道很中式的围墙映入眼帘，大门边是篆体的"光明小学"校牌，大门头上硕大的"寒窗"悬挂着精心设计的校徽。现在的校长是廖文胜，两年前从著名的重庆巴蜀小学来到京城，他是一位美术特级教师。这似乎又在印证有什么样的校长就有什么样的学校。学校的早操很有特色，引入游戏，运动量不小，但孩子们玩得非常开心。学校的大礼堂也很有特色，红叶缤纷，星光灿烂，仿佛就是一个童话世界。学校每一块空间、每一面墙壁、每一个拐角都精心设计，很有档次，很有品位。中午时分，刘校长匆匆从教育部的一个座谈会赶回，和我们共进午餐——也是盒饭。我们边吃边聊，兴味盎然。刘校长说，现在的教育过多地关注技巧而忽视教育者的素质。他在学校实行团队管理，激发组织活力；他把"我能行"教育发展为"光明·我能行，我能行·光明"，这也是他对光明学校教育传统的继承与突破。他慢声细语，连说几次"我还没想好"，"不着急，慢慢来"（但我感到他的内心是很着急的）。是的，教育是慢功夫，特别是在当前复杂的教育环境下，需要我们更加从容与淡定，想好了再做！

下午，我们直奔著名的史家小学。学校大门旁边的建筑物高高悬挂着著名书法家启功书写的校名。一进门，看见一块镌刻着"和谐"的石头(史家小学在 20 世纪 80 年代就提出"和谐教育")。后边便是史家小学标志性的形象：一个老师拉着几个孩子的铜像。学校廊道宛如迷宫，墙壁上布满丰富的张贴画和照片，有温家宝总理和孩子们一起包饺子，有"史家弟子"班禅大师的题字，有著名传媒大腕杨澜的身影等，不一而足；校史馆色彩斑斓，金碧辉煌；现代化的游泳馆里孩子们快乐地嬉戏；综合楼门厅摆放着一架三角钢琴；下沉式广场让校园错落有致，充满自然之趣。哦，这就是史家小学，像一个完美的标本，让人欣赏和赞叹。

10 月 28 日上午我们驱车前往国家教育行政学院。二楼的图书超市里，教育类图书全而新，我们在这里淘了一个多小时，满载而归。还拿了一本书单，准备日后邮购。下午顺道去了香山，正值红叶初绽，漫山红绿相间。一路畅谈，意犹未尽，登高望远，颇多遐思。

晚上，火车上和同伴们漫谈几天来的感想和收获，这几天的经历犹如教育人生的旅途，几多艰辛，又有几分快意……

这次教育考察行程非常紧张，可谓马不停蹄，给我们的感受也是很深刻的，可以用以下几个关键词来概括：

①价值。价值追求决定着学校的发展方向，价值领导是最根本、最有力、最持久的领导。我们考察的每所学校都能够从教育哲学层面、教育的时代要求以及学校的历史和现状认真总结提炼自己的价值追求，而且是坚持做，做到位。这正是我们所缺乏的，正是我们总是在低处徘徊的重要原因。

②校长。有什么样的校长就有什么样的学校。教育的价值追求、学校的管理风格、学校的办学特色，甚至连学校的环境布置无不打上校长个性的烙印。学校教育价值的提炼主要靠校长，因此校长的眼界和境界决定了学校发展的高度，校长的智慧决定了学校发

展的速度和质量。我们所考察的几所学校,校长几乎都是见过世面的人,他们对教育都情有独钟,对教育都有深刻独到的见解,并且都勇于改革创新,可谓是"仁者不忧,智者不惑,勇者不惧"。

③课程与教师。教育价值是依靠课程和教师来实现的。教育价值确定之后,课程与教师就是关键因素。没有相对应的课程,没有教师能够很好地实施课程,再好的教育价值也只是一句空洞的口号。课程包括课程设置和课程实施,现在我们比较重视课程的实施(即所谓课堂效率,当然这也很重要),而忽视了课程设置。我们尚未能开齐开足课程,开发校本课程的意识和能力也是捉襟见肘,更别奢谈像十一学校那样把国家课程校本化了。这样不全面的发展,抑或不适合的发展,效率越高,样子是否越怪?!课程改革任务依然非常艰巨,但却无法回避!同时,我们必须激发教师的学习意识、研究意识和改革意识,克服当前严重存在的"本本主义"和"经验主义",不断提高教师驾驭课程、开发课程的能力。

④文化。这次"文化之旅"让我们更清晰地看到什么是学校文化。就学校而言,文化最根本的就是价值,最主要的是课程,最重要的是教师,而最关键的是校长——他们是否能用专业的姿态在前面领跑。

(三)探访香港中小学图书馆

2016年11月13—19日,我随合肥市包河区学校图书馆老师香港交流团到香港考察中小学图书馆。其间参访了两所中学、六所小学以及香港中央图书馆,聆听了书伴我行(香港)基金会及丰子恺儿童图画书奖的专题介绍。边走边想,感触颇多。说是探访,并非"走马观花",而是参访学校和机构很多,看到的和想到的很多,这里只能说个大概而已。

先说说对香港中小学建设的整体印象。可能是因为香港环山邻海，土地有限，香港中小学校园一般都不大，几乎看不到运动场，有的学校学生跑步就是围着篮球场转圈。学校建筑形体平实，也看不出什么造型和寓意，大门也都很普通。在我们参访的八所中小学都没有见到体育馆、报告厅，也没有看到大型彩色电子屏。从学校占地面积、建筑以及设备来看，我的总体感觉是我们不比香港落后，甚至可以说比他们好。

或许正因为学校占地面积和建筑面积有限，他们在学校空间利用上显得煞费苦心。比如教师办公室附近的廊道都有作业柜，学生把作业放在柜里，老师自己去取，不像我们，教师的办公桌上堆满了作业本；墙壁几乎不会有空白，展示着各式各样的学习专栏、学生作品和"领袖生"风采等；楼顶平台开辟出植物园，甚至篮球场也建在楼顶上；实验室和仪器室合二为一，很多仪器标本就直接放在矮柜上，看得见，摸得着，不像我们，仪器标本都紧紧地锁在柜子里；实验室的墙壁上也都是学生活动的图片、成果展示以及科学知识介绍等；学校的门厅就是学校的荣誉室，而不是像我们，荣誉藏在校史馆里；门厅的拐角经常会看到雨伞，随时供师生借用。

香港中小学在学校空间利用上注重与师生学习和生活紧密结合，充分利用有限的空间发挥育人作用。我想，所有这些，表面上看是空间利用的问题，但最根本的还是意识问题，那就是重视环境育人。

同样，香港的中小学图书馆面积都不大，但空间布置非常精心，利用得非常充分，紧紧围绕"人"和"书"两个核心要素和逻辑起点，不断地寻找沟通二者的有效"支点"。图书馆里一般会有新书推介区、阅读成果展示区、藏书区、自由阅读区、表演展示区、阅读教学区、馆内阅读区、电子阅读区等，有的还有专题展览、休息区和特藏区，功能十分完备。而我们往往只是把图书馆作为藏书的地方。

图书馆的设备很人性化，强调方便、舒适与私密。比如藏书柜通常比较矮，便于学生借取；借阅台的高度都是按照不同年龄段的学生设计建造的，中学和小学的高度都是不一样的，有的甚至呈波浪形、高低状，照顾低龄段学生。很多设备都是多功能的，非常富有个性。比如期刊柜巧妙地设计可旋转隔板，掀开隔板是往期刊物的收纳空间；阅读桌的下面有空格，可以放书；墙上的木桩是学生挂包包的地方；图书馆设置无障碍通道，专供残障人士使用等。总之，几乎每一个空间都被利用上，而且会让你在有某种需要的时候就会有惊喜的发现。

香港中小学图书馆藏书经费来源多元，藏书量没有严格的标准，看上去藏书并不多。但据了解，学校图书馆和社会图书馆有紧密的联系，社会图书馆甚至会主动到校为学生办理"一生一卡"，这一点很值得借鉴。学校图书馆，尤其是中小学图书馆，不可能也没有必要追求大而全，满足一切需要，可以充分利用社会图书馆资源。香港中小学图书馆虽然藏书不多，但看得出每本书都是精心挑选的，质量很高，而且借阅量很大。每本书都贴着不同颜色的分类标签，有的还有等级标签，如弘立书院通过测评把学生的阅读水平分成等级，不同等级的阅读水平可以寻找相应等级的书来阅读。

香港中小学图书馆选书依据是支援学科教学，参与选书的有图书馆主任、学科教师，甚至家长和学生也参与选书。我们学校图书馆藏书的最大问题就是和学科教学结合得不紧密（毕竟学校的主要功能和活动是教学），参与选书的人员类型也不多，再加上我们现在的选书机制还不够灵活，藏书的质量确实还需要改进和提升。

香港图书馆的活动非常丰富，故事演讲、阅读报告、书签设计、征文比赛、作家现场报告、故事阿姨讲故事等，不一而足。为

美的教育

低年级的学生引入游戏元素，比如阅读摊位游戏、眼看·手动活动等，以此增加阅读的趣味性。值得一提的是主题学习以及主题学习报告活动，实际上主题学习是团队学习以及 STEAM 学习的有效载体。在英华小学担任讲解员的图书馆志愿者急切地向我介绍他和家人去加拿大的研学报告，报告的摄影、文字、排版及装帧都很有水准。最难能可贵的是，这些阅读活动都是有秩序、有计划地持久开展。

这次去香港参访，我们被分成五个组，每个组都有一个学习主题。我们第四组确定的主题是"图书馆与教学"。图书馆该如何支援教学是我最关注的，一是在中学，教学抓得很紧，大家对图书馆支援教学的意义认识不够、不明确；二是图书馆如何与教学结合也很茫然。在整个参访过程中，我刻意留心图书馆对教学的支持，特别是到了中学图书馆。

以弘立书院中学部为例。首先，图书馆主任和学科教师共享信息资源，学校把每个教师的教学计划发到学校的内部网站，图书馆主任可以通过网站了解教师的教学计划，而学科教师也可以通过网站了解图书馆资源以及图书馆主任计划。图书馆主任和学科教师根据对方的计划主动联系协商如何开展专题学习，制订具体翔实的阅读计划。是的，图书馆与学科教学的结合最主要的形式就是专题学习。图书馆主任可以为专题学习提供图书、音像等资源，甚至布置一个专题学习陈列室，里面不仅有图书、音像、挂图，还有标本、仿真模型等。

图书馆对教学支援的真正意义是改变了我们的教学方式，改被动学习为主动学习，改个人学习为合作学习，改教师单向传输为教师引导下的多方互动，这正是新课程改革所倡导的学习方式，也是学生核心素养形成的有效载体。当然，这对教师的专业水平和时间精力都是有挑战的。

香港中小学图书馆管理人员的核心是图书馆主任(有的学校配有助理)。据了解,香港规定每个学校都要设"图书馆主任"工作岗位,就像我们要配语文、数学、英语教师一样。家长义工和学生志愿者也是图书馆一支不可或缺的重要力量。英华小学甚至聘请专业的编辑到学校工作,专门推广阅读,出版内部发行的书籍刊物,其水准可见一斑。

此外,香港学校非常干净,干净得像宾馆一样;香港的校园非常安静,安静得不敢大声说话。师生的热情、礼貌、细心都给我留下很深的印象,每到一个学校,校长都西装革履,打着领带接待我们。到中央图书馆参访,他们还特意拿出一本《学习合肥方言》的图书摆在桌子上,让我们既感到中央图书馆藏书的系统全面,又体会到他们的细心周到。从香港归来回到学校时,我对同事们说我有一点不适应的感觉,这种不适应或许就是我们的差距吧。

香港参访的最后一天,我们举行了总结分享会。大家都抢着发言,每个人都有很多话要说,主持人让我站在校长的角度说说心得。我说:"这是我参加的最好的一次培训,整个参访丰富而有深度,紧凑而有条理。"

关于心得,我讲了四点:一是学习借鉴。学习了香港图书馆很多好的经验,我们要结合我们的实际情况认真地借鉴这些经验。二是树立信心。在图书馆建设方面我们有经费和政策优势,包河区小学图书馆建设和"石头汤读书联盟"给我们作出了榜样,很多做法给我们有益的启示。特别是陈一心基金会为我们培养了一批有责任心、比较专业的图书管理员。三是全面动员。图书馆建设和阅读推广需要提高认识,统一认识,需要全体教师、家长、学生和社会各方面的积极性,当然也需要强有力的行政推动——这也是我们的优

美的教育

势。四是重点突破。图书馆建设和阅读推广需要做的事情很多，需要寻找突破口。我的初步想法有两个：其一，和阳光小学等邻近小学建立共同体。阅读是一辈子的事，中小学是关键时期，要有连续性。其二，推进专题学习。前文已说过，专题学习是图书馆与教学结合，培养学生学习能力的有效载体，中学生具备一定的自学能力和组织能力，专题学习也是提高学生学业成绩的需要。

当然，对图书馆建设和阅读推广我也有一点建议。据我所知，国家每年在学校图书馆建设方面投入的资金是很多的，但图书馆建设、管理和使用是很专业的事，全程需要有专业的人员参与。所以，需要制定专业化的图书馆建设、管理、使用和人员配置等方面的规范标准。据了解，我国还没有加入世界学校图书馆协会，国内也没有学校图书馆合作、交流组织。我想，建立区域性学校图书馆协会，并与世界各地学校图书馆协会加强联系，相互交流学习，这不仅是教育创新方面的又一亮点，也是发挥图书馆作用，提高投资回报的迫切需要。

四、大学问美

踏平坎坷成大道……

"美的教育"在我心里神圣而又神秘，我深信其旨意和秘籍一定是藏在大学的殿堂中和大师们的头脑里。这些年，我去了清华、浙大、北师大、华东师范大学、中科大、香港大学、台湾成功大学……像小学生一样懵懂，又如"圣徒"一般虔诚。每次总会有所悟，有所得，总会获得一种自内而外的张力……踏平坎坷成大道，一番风雨又出发！

(一)丽娃河畔

2009年2月底，春寒料峭。我怀着对父亲病情的焦虑、不安和牵挂之情，作为安徽省推荐的两名校长之一，来到华东师范大学参加全国第十四期初中校长培训班。两个多月的时光是丰富的、多彩的。大师的风范、同学的才华、温馨的教室、思想的火花、游学的欢笑……这是我教育生涯中一段重要的经历，这段经历重又点燃我心中的梦想，让我更加自信地踏上"美的教育"征程。

二〇〇九年二月二十三日　星期一

上午8：24，由合肥开往上海的D477次列车终于缓缓起动了。

1月24日（农历腊月二十九）教育局通知我参加华东师范大学全国校长高级研修班，于是，春节期间我一直盼望着通知的到来。大年三十回家吃年饭，我把这个消息告诉了父亲，他很高兴，在他的眼里我的事业是全家人的希望和荣耀。

父亲七十多岁，身体一向很好，只是去年下半年感觉胃不舒服，到医院检查是慢性胃炎。虽然父母和我们离得不是很远，但是一年当中见面很少，偶尔的见面也是匆匆忙忙的。几个月来，父亲苍老了许多，衰弱了许多，我们都以为是胃炎引起的，吃得不好，体质下降。我想，父母年纪大了，应该做全面体检，看看身体有没有问题。

2月12日体检，父亲做完B超后，医生叫父亲出去，叫我进去。医生说发现他的肝上有硬结块，要做CT进一步检查。从医生的神情中，我感到不祥之兆。

2月13日下午，父亲做了CT。

2月14日下午，妻子陪我去拿CT报告，报告上赫然写着"肝脏多发占位，考虑为转移瘤（癌）"。我不相信，决定明天再到医院复诊。

2月15日，找到安医于东风主任（陈小勤校长的爱人），看过CT片后判断为胃癌晚期，转移至肝部，要住院。下午，我回家对父亲说发现胃和肝有点小问题,需要做进一步检查。然后开车陪他到圩里转转,想想这可能是最后一次陪他到圩里转,心中异常的酸楚。晚上,终于控制不住,放声痛哭……

后来几天在医院做各种检查,最后确诊是胃癌肝转移,已失去做手术的时机,医生说父亲的生命只有几个月时间了。我对父亲说,我想放弃这次去上海学习。父亲正色道:"如果你不去学习,我就不看病了。"

2月20日我到教育局辞行,几个人看到我脸色特别难看,那是因为我几夜没睡好觉,又感冒了,更是因为没有照顾好父亲痛悔的心!

就这样,我告别了在生命的最后历程中苦苦挣扎的父亲,在春寒料峭的二月登上东去的列车。

二月的上海没有我想象的那么明丽,灰蒙蒙的。华东师范大学丽娃河畔的垂柳倒露出点点绿意。

傍晚,父亲打来电话要我安心学习。挂了电话,一个人坐在狭小的单人宿舍里,心里空荡荡的。

二〇〇九年三月二十五日　星期三

上午,听了吴志宏教授谈中小学校园安全保障及研究的报告。他从十个方面分析了校园安全问题发生的原因,指出学校应制定哪些保障制度,最后谈了关于校园安全方面的几个法律概念。给我启发最大的是:我们要对健康和生命给予更多的关注。

下午,戚业国教授讲学校发展规划,给我的启发是制订规划要征求多方面的意见,这样才能得到各方面的支持。

晚上,班级举行教育沙龙,回来后我写了一篇感想:

十四期初中校长高级研修班举行"今天怎样当校长"教育沙龙,八位校长用真实的教育故事讲述了他们对教育的真情和感悟,几位组长的点评准确、幽默。最后张俊华老师也叙述了他自己的教育故事,指出我们无论做什么工作,都要有平常心和阳光心态……大家谈得较为随意,毕竟一个月的相处,大家已经熟悉了。

坐在下面,静静地听,静静地想。今天我们谈怎样当校长,其实是在谈怎样做人。如何和领导、同事、老师、亲人、学生以及社会上方方面面的人相处,包括怎样看待我们自己,都是做人方面的最基本的事情。十几年的校长经历,我也深深感受到怎样当校长本质就是怎样做人!

人生的境界有多高,教育的境界就有多高,提升教育的境界首先要提升人生的境界。

二〇〇九年四月十一日　星期六

今天一早,我们驱车近三个小时到达桓仁县。桓仁县与朝鲜接壤,号称高句丽的发祥之地、满族的肇兴之地、易经和国歌的诞生之地。沿途群山连绵,山上树木苍道,山坳里低矮的民居带有很浓郁的北方色彩。

中午一点钟我们赶到桓仁县教育园——很大很气派、很有档次的园子——集宾馆、餐饮、会议、办公及休闲于一体。

下午,先听教育局的介绍。桓仁县的教育特色,也是亮点,就是全县全部实行寄宿制,取消村小和教学点。

然后我们去看学校,在山沟里驱车一个小时,终于来到一个叫二棚甸子乡的地方,看到一个很大气、很现代、很别致的学校。学生们正列队回家,前面的学生举着牌子,一个叫"刀尖",一个叫"摇钱",不知是何意,一问才知道"刀尖""摇钱"都是村庄的名字,学生按照各自所在的村排队。

到学校看了看,设施很先进。然后我们又驱车到一个叫沙尖子的学校。这所学校不仅设施先进,办学理念也很超前。班班有多媒体，太先进了。

感慨桓仁对教育的重视，感慨在这样的农村居然有这么好的教育。

结业的时候我写了一首小诗作为结业感言，没想到这首小诗被收入华东师范大学出版的《感悟　收获　成长》一书，印在书的最后一页。

> 在细雨蒙蒙中走来，
> 又在蒙蒙细雨中离去；
> 丽娃河显得更加宁静，
> 水杉变得更加挺拔。
>
> 在细雨蒙蒙中走来，
> 又在蒙蒙细雨中离去；
> 荒芜的心灵有了新绿，
> 情感从此有了牵挂。
>
> 在细雨蒙蒙中走来，
> 又在蒙蒙细雨中离去；
> 守望不变的情怀，
> 在大江南北，边疆高原开花……

一个教育者如果只是不断消耗已有的知识储备，而不去汲取新的养料，不去播种，不去耕耘，心灵的土壤就会越来越贫瘠，甚至荒芜。2009年，工作了22年的我就有了这种荒芜感。而在华东师范大学的学习培训，让我的心田有了新绿。

这新绿是心灵重归宁静，一个教育者不能浮躁，宁静才能致远,就像丽娃河的水,深邃悠远才能波澜不惊;这新绿是对理想的坚守,一个教育者不能被乱象迷惑,要像水杉,心中只有蓝天,才能直上云霄;这新绿是一份新的情感,是对大师的敬仰,对华东师范大学的留恋,对这一段重归学生时代的怀想……这新绿是那样的富有生机活力,敦促我早点回到学校播种,让校园绿意葱茏,遍地花开。

(二)你有一颗种子,我等待奇迹

2011年起,包河区开办了每年一次的暑期校长高级研修班,一开始每天都要求写心得。我喜欢用日记体来写,觉得这样有感而发,有东西可写,也真实可信,而且想到哪写到哪,感觉是"自由的形式"。

二〇一一年八月十一日

在期待与忐忑中,2011年暑期培训开始了,地点是在巢湖半汤的长乐山庄。坐在车上,翻阅厚厚的每位校长的述职报告,心中涌起一种敬佩,也感到一些压力。

雪梅局长的讲话往往是学术味很浓的报告,今天的动员讲话也是如此。她说,校长的领导力主要表现在学习力、思考力和行动力,而要做到这些就需要有静气。我认同这些观点,但现实的情况却是"树欲静而风不止"。漆书记言简意赅,提出五点希望(要求):坐得住、听得进、思得勤、联得紧、懂得了。

接下来是年度考核汇报,各所学校用PPT展示一年来的工作,有创意,也需改进。我校因为用校歌配乐,与众不同,受到关注。

中午伙食还好,午休睡得也很香,难得能这样有规律地生活。

下午听了何炳章先生的报告《关于学校领导班子自身建设的几个问题》。他从多年的教育行政管理经验中提出领导班子建设"三以""七观"和"八个一"等方面的理念和举措,至今仍是学校抓好领导班子建设的有效抓手，我不由得想起了学校领导班子建设……

晚上，和几位校长漫步于长乐山庄曲折的道路上，侃侃而谈，几分温热，几分清凉。

二〇一一年八月十二日

今天，研修班请来了原北京光明小学刘永胜校长（"我能行"教育的倡导者），给我们讲学校特色建设与文化建设，这正是我当前工作的两个重点。给我印象最深的是关于新学校也要有办学特色的观点和阳光教育的内涵。

阳光中学于2007年创办，建校伊始就重视个性化办学，即特色建设。我一直以为，现在也仍然认为，特色是需要一段时间孕育，逐步积淀的。但刘校长的话还是给了我很大的鼓舞，增强了下半年创建合肥市特色学校的信心。

阳光中学办学特色定位和内涵挖掘，是我经常思考的一个问题。在学校办学章程中，我们确立了美育办学特色，并进行四年的实践和探索。但很多人建议我们做"阳光教育"，今天刘校长也是。听完报告后，我就在想，阳光教育与美育，是在两者之间做出选择，还是将两者融合在一起？我倾向于后者，基本的考虑是把阳光教育作为起点，把美的教育作为终点，即以塑造师生阳光的心态来打造美的教育。回去再听听大家的意见吧。

今天，我提了一个问题，又抢占最后机会上台介绍了学校办学情况，请专家点评，收获挺大。

二〇一一年八月十三日

早上六点起来，回肥，吊唁英年早逝的堂兄先民二哥。八点多又从合肥赶回来听北师大陈锁明院长的报告。

陈院长七月初去过我们学校，那天下午两点多，骄阳似火，非常热。我们在校园转了一圈，又一起爬上顶楼看学校的"空中花园"。我向陈院长介绍，我们准备把几处空中绿化工程辟为生物培植、美术素描、音乐排练、心理辅导等场所，他给予肯定和赞许，说我们想干事。看完之后，因为天热，他浑身湿透。

我猜想陈院长是做心理学的，他的报告从心灵出发，句句如清泉润泽心灵。他阐述的"教育应该怎么做"，都是当今最前沿的观点。下午，以小组为单位进行有关特色学校创建的讨论和展示。

我们组抽到的主题是苏州十中的特色创建。苏州十中我去过两次，他们的"诗性教育"也在报刊上介绍过，他们用"文化润泽"和"情感体验"的方式创建特色值得学习和借鉴。我们组推荐实验学校的叶传平校长代表小组展示我们的研究成果。他讲解深刻、独到，语言流畅、生动，在几乎没有准备的情况下能讲得这么好，令人钦佩。

二〇一一年八月十四日

今天是个特殊的日子，农历七月十五，我的生日。在我们老家，农历七月十五是"逝者的节日"。母亲问我今天是否回来，给去世的父亲烧纸，我说在外地培训回不去。今天是大名鼎鼎的石中英教授的报告，他的报告又是我现在最需要解决的一个问题：校长的价值领导。所以我不想错过。天堂里的父亲一定会理解和支持的，我想。

石中英教授研究教育哲学，他的报告具有很强的理论思辨。上午，他讲了校长的价值领导。石教授不仅在理论上阐述了校长价值领导力，还从实践的层面介绍了校长价值领导的一些做法，受益颇多。我知道了价值观的不同与碰撞是学校矛盾产生的深层次原因，改变一所学校或者要发展一所学校最根本的就是树立共同的价值追求。

下午，石教授出人意料地讲了"教师的同情心及其培育"。他从无数次让人们感动的"泰迪的故事"讲起，他说汤普森老师之所以能这样,"最关键的因素就是同情心被唤醒"。同情是对别人的遭遇或行为在感情上发生共鸣,亚当·斯密认为,正是这种抑制自私和乐善好施的感情,构成尽善尽美的人性。

教师的同情品质是唤醒和形成学生同情品质的重要条件,是形成教师基本价值的基础,是教师在教学活动、班级管理以及其他形式的师生交往中践行正确价值原则、营造良好价值教育氛围的必要条件。

石教授的报告隽永深刻,让我们静静地陷入沉思……

二〇一一年八月十五日

今天的活动是"校长论坛",有两个话题:学习型组织建设和学校特色发展。

大约在八年前,我在五十六中倡导和推动学习型组织建设。那时,我以彼得·圣吉《第五项修炼》为蓝本,为老师们做了一场专题报告,我的观点是建设学习型组织是学校发展的必然选择。

2007年,阳光中学创建四年来,我们也一直把学习型组织建设作为推动学校发展的动力。我们的校训"止于至善"的主要精神就体现了第一项修炼——自我超越;我们制订学校办学章程和发展规划就是在进行第三项修炼——建立共同愿景;在实际工作中,我感到最难的就是第二项修炼——改善心智模式……今天,教体局很正式地推动这项工作,我觉得是有卓见的。

之后,我们观看了这几天学习的PPT。咳!五天时光是如此的飞快,学习生活又是如此的快乐和幸福!

接着,陈局长做了题为《教育成就幸福》的演讲。她阐述了自己的教育价值追求:创造适合每一个孩子的教育,办好每一所学校,教好每一个孩子。她用一首诗来表达了自己的期望:"我不相信,没有种子,植物也能发芽;我心中有对种子的信仰。让我相信你有一颗种子，我等待奇迹。"她最后"我的伙伴们"的呼唤是我第一次听到局长对校长这样称呼，真是意味深长！

坐在返程的车上，我感觉到一种自内而外的张力，我在思考什么是教育者的幸福。我想，幸福是一种追求，也是一种力量……

（三）最受"折磨"的一次培训

这是我参加的不计其数的培训里最受"折磨"的一次，然而现在每次回忆起这次培训，心中却满是感恩，为何呢？

刚从岳西参加完第八届"自育自学"实验论坛暨2015年年会，又东上杭州到浙江大学参加包河区教体局举办的2015年校长培训班。

8月8日，车程还没过半，大概9点左右，突然接到教育局领导电话，说裴娣娜教授要和我交流我们学校的课程建设方案，要我给裴教授打电话。

原来8月3日晚，教育局领导来电话说，裴教授要在培训班讲课程建设，要了解我们包河区课程建设情况，要有学校案例，我校有幸被选中了，同时传过来裴教授提供的两个案例和课程建设纲要，要我们参考。因为时间紧，在岳西开会的时候，白天开会，晚上写方案，终于在学校分管校长和教导主任的共同努力下，8月7日完成任务了。方案传给教育局领导审阅后，他们回复说可以传给裴教授了。于是在8月7日晚9:30左右传给了裴教授，长长地松了一口气，睡了个好觉。

现在，突然打电话不知何事。于是端端正正地坐在椅子上，拨通裴教授电话。裴教授声音清晰、亲切。鼓励我一番后，说她把审阅后的方案发给我了，要我们再作修改。我在火车上用手机打开文件，发现裴教授在我们的方案上批注很多，看得很细致，还摘录很多文字让我们参考，她应该是一早就看方案了。

11点左右刚下火车，又接到裴教授的电话，说写方案如果有问题随时可以给她打电话，她正在家处理一项国家级的科研项目，可以直接打电话到她家，还把她家电话号码发给了我。后来听教育局领导说，为了解包河区教育发展情况，裴教授打了几十分钟的电话，询问得非常详细，说裴教授工作很认真。

过去只是听闻裴教授在学术上的大名，这几天短暂的接触，裴教授严谨的治学精神和亲切自然的为人态度，让我更加敬佩。我想，一个事业上的巨匠，同时也必然是人格上的伟人，这才是真正的大家！

坦率地说，这次来浙大是我暑期校长培训最受"折磨"的一次。在裴老师执着的"挑剔"下，我校课程建设方案大的增删就有五次。短短几天，形成了15000字的文稿，而且要做成PPT。这里面不仅要有大量的数字作为佐证，即便是语言文字上的揣摩斟酌，也既深又细，用合肥话说，"搞怂的了"。

但最受折磨的还是"换脑子"。比如课程结构，我们已习惯于用国家课程、地方课程和校本课程给课程分类，这样便于学校对课程的管理。在学校发展规划时，我们用一个月时间画出了学校的"课程图谱"，觉得不错，很是自豪。而裴教授认为，学校的课程应着眼于学生的成长和不同学生的需要，把课程分为基础性课程、拓展性课程和研究性课程。到第三稿时，我们才不情愿，也不太明白地改过来。对于国家课程我们认为不能轻举妄动，必须严格执行。裴教授认为国家课程实施形式可以根据学生的发展情况和学校的师资实际进行适当调整。这一点，到大会交流的时候，我们都没有改，裴教授当场不留情面地指出了，我说："想改，但不敢改。"

当然，更多的是认同和收获。如学校的课程方案应基于对学情的准确细致的分析，学校的课程设置应围绕学校的办学目标和学生的培养目标，要对培养目标进行细致地分解和描述，课程方案是一个有分析、目标、设置、实施、评价完整的体系等，我们觉得裴教授说得都很有道理。

一转眼浙大培训就结束了，这次培训虽然很累，但收获很大。眼界决定境界，思路决定出路，每一次走出去，在顶尖学府、在大师的引领下，我们都开阔了眼界，打开了思路，受益匪浅。

（四）这是我们的精神家园

浙大培训归来，包河区教体局领导要我把校长的培训心得汇编成集，还要写个类似总结一样的东西。其实，每次培训都想当个"甩手先生"，轻轻松松地当一个普通学生。现在要我给安徽教育第一强区校长们的大作编集子，写总结，我感到担子很重，心有余力不足。只能写个感想，以"敷衍"任务。

今年去浙大，屈指一数，这应该是包河区组织校长们到高校学习的第5个年头了。5年来，包河区教育的发展变化是空前的、有目共睹的。这种变化基于包河区整体经济社会的发展，基于各级领导对教育的重视和关怀，基于包河教育人自我加压（也叫"自讨苦吃"），敢于创新（也叫"出风头"）。这种变化不仅表现在学校环境面貌的变化，更表现在师生精神面貌的变化，特别是校长们教育理念和领导水平的提升。

我在包河区工作近三十年了，我的切身感受是，相较过去，我最大、最重要的变化是有了自信，这种自信一个重要原因来自这些年来在中国顶级的学府从知名的专家那里获得的眼界，所谓"站得高，看得远"；来自在教育理论的指导下对教育规律的更为准确的把握；来自在不断的磨砺中所获得的提升……不忘初心，方得始终。我想，以提升校长领导力来推进区域教育发展的初衷是对的，现在，也初见成效了。

话再说回来，2012年暑期校长培训，领导要我开个博客。思来想去，我做了以下的一些设计。标题：这是我们的精神家园。人没有精神上的归宿和无家可归一样可怕、可怜。或者有了家园，但荒草丛生也是目不忍视的。作为校长参加培训写写心得，利用这样一个难得的机会在自家的园子里坐下来，想一想，种上苗子，浇浇水，自得其乐。博客的昵称：美丽星空。每一位校长都是包河教育蓝天的星星，每一颗星星都闪亮，那么包河教育该是多美的世界啊！用校长们的话叫作："聚是一团火，散是满天星。"

包河区校长博客自建立之日起共发表日志数百篇，访问量数万次。校长们在我们的家园里谈经历、谈感想、谈经验、谈收获……现在我们的精神家园已是一片葱绿了。

"文章合为时而著，歌诗合为事而作。"博文更应如此，有感而发，自然流露。2015年校长培训心得要编成集子，我的设想是尽量保持原貌，不作内容和文字上的改动，只作格式上的统一。这样或长或短，或庄或谐，虽然看上去不怎么规整，甚至还有瑕疵，但也让人觉得真实可信，自然亲切，活泼生动。

培训结束，新的学年又开始了，打造"学在包河"的品牌，我们任重而道远。于是，我想到了今年暑假绵阳"全国第一届教育行走教师公益研修"的主题"行走拓宽世界，读写重建心灵"。我在培训日记中写道：

> 你能走多远，你的世界、你的人生就有多宽阔。读书，人生最美的姿态，走向高贵的最低门槛。而思想流淌成文字，自赏或分享，都是有价值的，有时是必需的。当然，行走也好，读写也罢，肯定是会有"折磨"；但人生的快乐又常常是在"折磨"之后才能获得，这或许也是一种智慧和境界吧。

(五)广安归来话人文

2015年10月,我参加了"中国好老师"中小学校长核心素养提升培训。这是北京师范大学与中国基础教育质量监测协同创新中心联合举办的,地点在四川广安邓小平城乡学院。

有一次,西南大学李达五老师带着我们吟诵(唱)中国古典诗词,晚上又组织校长们分组吟诵(唱)古诗词,这给我留下很深的印象。

回来不久,包河区委书记宁波同志到我校视察,在听完我校许晓汀老师弹奏的琵琶曲《春雨》后,对身边的同志说:"做领导要加强人文素养。"

所谓人文,《辞海》中这样解释,人文"指人类社会的各种文化现象"。文化的核心部分当属价值观及其规范,体现在哲学、美学、国学、历史、法律(俗称规矩)等之中,大致和科学相对。如果说科学的意义在于求真,那么人文的精神在于追求善和美。

哲学是智慧之学,是人类探索自然和社会的根本规律的学问。放之于教育,在大陆叫办学理念,在台湾就叫教育哲学,是一个学校的教育价值追求。而校长的教育价值观对一所学校的影响是很大的,校长的教育哲学在某种意义上决定着一个学校的办学方向,也决定着校长的人生追求,影响着校长的志趣风尚。

马克思说:"人也按照美的规律来建造。"校长身处塑造人的重要岗位是不能没有美学素养的。美的基本规律就是符合自然法则,对人有好处,而且令人愉悦。当今教育一个很严重的问题,就是丢掉了"美"。学生学了很多没有用的东西,而且学得很痛苦。所谓的高效课堂和高效管理,忽略了"美感",即对人长久的益处和精神愉悦,这样的"高效"是不可持续的。前不久,国务院下发了《关于加强和改进中小学美育工作的指导意见》，教育的决策层应该是注意到这个问题了。北京师范大学檀传宝教授说，美学是对当前教育弊端的救赎；又说，美学是未来的教育学。我认为确实有道理。

中华民族具有五千年的文明史，中华文明滋养着一代又一代炎黄子孙。国学是民族文化的精华，一个教育者对本民族的文化一定要有广泛的了解和正确的认知。这样，我们的教育才会有中国精神和中国气派。譬如"立德、立功、立言"，再譬如"为生民立命，为天地立心，为往世继绝学，为天下开太平"等国粹，这样积极进取、胸怀天下的壮志豪情，激励和鞭策一代又一代读书人和教书人发愤图强，实现中国梦，实现人生梦！

历史使人明智，人类的发展、国家的命运、个人的成长，经验教训就像是一面镜子不断地引导我们朝着正确的方向迈进。因此，读读教育史，读读人类发展史，对我们从事教育的人来说都是大有裨益的。

现代社会的显著特征是法治，教育作为社会的一个基本单位，我们教育工作者既要通晓教育法律，又要了解与教育有关的各种法律，既要在学校管理中坚持依法治校，又要在日常工作生活中带头遵守法律。校长必须要有法治思维，必须在法制的框架下说话做事，不能越轨，"出轨"很危险，"出轨"必受罚。

总之，人文素养是教育工作者不可或缺的，提升人文素养应该是校长的首要任务。

(六)感受清华

2016年的暑期培训去了一直很向往的清华大学，这是第三次来清华了。虽然不止一次到清华大学参观游览，但能成为清华学子依然很激动。走进清华，在"二道门"前留影，在"荷塘"边流连，在"行胜于言"日晷处沉思……岁月沉淀，心境不同，感触也不同。

第一次来清华是 1986 年的暑假，转眼已有 30 年了。那时还在读书，大概是因为读了朱自清的《荷塘月色》，便也来领略如美人一样的荷花和如流水一般的月光……看后却有点失望，觉得只不过是一个很普通的水塘——年少不经世事，领略不到那份沉静和幽思。

第二次是 2014 年的 11 月 30 日，去北京参加"中国学校文化共同体"成立大会，和几位教育同仁相约去清华走走。古建筑群一带，青砖红瓦，芳草萋萋，古树参天，觉得清华确有不一样的气象。当时看山是山，没有思考这气象的由来。

而此时——2016 年 8 月 16 日，坐在清华大学继续教育学院的教室里，聆听清华校史馆徐振明教授讲述清华百年历史和精神文化，对这所中国高等教育的一面旗帜有了新的认识，也有了新的感悟。

清华大学，百年沧桑，是中华民族近代百年苦难的一个缩影。其建立的经费来自清政府战败的庚子赔款，采用的是美国的教育模式，建筑风格也是欧美样式。清华建立之初的教育经费在当时大学中遥遥领先，美国之所以如此"慷慨"，并不是"良心发现"，而是在中国培养其代理人。可以说清华的建立烙下了民族耻辱的印记，但清华学子"知耻而后勇"，虽漂洋过海，身居异乡，但赤子之心不改。学成之后，历尽曲折，回归祖国。后日本侵华，数万人等，流离失所；"文化大革命"十年，打砸抢烧，几于毁灭……然，清华还在！"西山苍苍，东海茫茫；吾校庄严，巍然中央"，为何？

1914 年，梁启超先生在清华作题为《君子》的演讲，他以中华群经之首《周易》中的"天行健，君子以自强不息；地势坤，君子以厚德载物"来教导学生为人做事。自此，"自强不息，厚德载物"渐而演化成清华校训，成为清华生生不息的精神力量，并由此形成"行胜于言"的校风，"严谨、勤奋、求实、创新"的学风。"自强不

美的教育

息，厚德载物"的精神是五千年中华民族精神之根，清华大学正是扎根于民族精神文化的沃土，才"行健不息须自强，赫赫吾校名无穹"。

大学不仅是知识的宝库，人才的摇篮，更是精神文化的源流。大学应该超然于自身利益，坚守"自由之思想，独立之精神"，成为烛照学子乃至整个民族心灵的火把。从某种意义上说，有真正的大学在，我们的心灵就不会迷失，我们的民族就不会灭亡！

走进清华门，就是清华人。有一天下午徜徉于清华校园，我再次来到荷塘，荷叶田田，一股清气，扑鼻而来。伫立于清华学堂前，仿佛看到当年学子埋头苦读的身影，听到梁启超先生激越的演讲……不远处，"中国硅谷"耸立的高楼，充满着现代气息。历史与现代在这里交汇，心中几许感慨和激动，步履更加坚定、沉稳！

水木清华，钟灵毓秀。我们企望能在短短一周时间里多少沾一点清华的精气、灵气和才气。我们更需要带着一颗清华的种子，在自己的心里、在我们的校园里，让清华精神生根开花！

（七）心存感恩，身有责任

与平时忙碌而又紧张的工作相比，每次的暑假高校培训对我来说都是换了一种生活方式，从教育者变为被教育者，从"歇斯底里"地放电到静默无声地充电，从步履匆匆到悠闲散步……我喜欢在大学校园里徜徉，这些日子似乎与所谓的"诗意栖居"更加接近了。其实培训也并不轻松，活动很满，要求很高，而每次我又都要承担一些班务工作。

这些年，经常去北师大。这个曾经令我敬畏的中国教育的最高学府之一，现在变得如此熟稔。"学为人师，行为世范"，启功先生遒劲秀挺的八个金字，警示着天下教书人；"金声木铎"，诉说着中国教育110年的风雨沧桑。还有学校最为雄伟的建筑图书馆，万世师表的孔子塑像，漫步于枝繁叶茂的槐树下满头银发的长者（也许就是一位令人敬仰的教育大家），来自不同国家、不同肤色莘莘学子的匆匆脚步，杏坛路、励耘路、辅仁路、立身路、乐育路、晨曦路，校园里的每个角落……置身其间，心也沉浸其中。这些年，我还去了清华、浙大、华东师大、中科大、安大、台湾成功大学……每当困窘之时，就会不由自主地想起曾经走过的大学校园。

还有那些充满激情和智慧的报告，每一场报告都是一次"美的教育"的洗礼。

像吴国通的《教育家办学与现代学校管理的理性重建》报告，他说，树立以年段为核心任务的生本意识，幼儿养性，打好人生底色，小学培养习惯（蒙童养正），中学磨炼意志（少年养志），大学铸就责任（青年养德），成年立业，实现人的存在价值。这些很有道理，我很有同感，很受启发。他对"特色"的思辨，我也有同感。的确，现在"创"特色，确有可能会以偏概全。而他对学校变革的诸多创新举措，实在令人钦佩。

王建宗的《学校文化建设》报告，学校文化建设是我近期比较关注的问题。现在，在学校文化建设方面颇多感悟。有人说，领导者所要做的唯一重要工作就是创新和实践文化，但是用什么样的"文"，怎样去"化"，确实不是一件简单的事，需要积极地探索，需要付出艰辛的劳动。而且，学校文化无法独善其身，不可避免地会受到政治、社会文化的侵袭，校长往往无能为力。长路漫漫，唯上下求索！

来自台湾中山小学的王健旺校长，他与我们分享的内容是阅读与艺术教育，我很感兴趣。阅读和艺术教育是教育体系里不可或缺的，但在实际教育中没有引起足够的重视或没有很好的推动办法。我惊叹于王健旺和台湾中山小学在阅读教育方面有如此深刻的领会、细致的考量和不断的创新。他们在阅读环境的营造，社区互动，主题阅读、班级阅读、身教式持久安静阅读等方面诠释着生命因阅读而美好，心灵因阅读而丰富的教育理想。新北市的艺术教育之所以能够扎根和成长，一方面是源于学校周边社区有艺术院校等资源，更重要的是源于新北市"艺术之都"的定位，让艺术提升教育的认识，让教育成为艺术的理想。他们艺术教育据点式布局和假日艺术学校等举措非常值得我们借鉴。王健旺校长的报告给我的启示是：做教育就是要做真教育，做教育就是要用心做！

我们应该怀着感恩之情，感恩人民，因为人民勤劳成就国家的发展，教育进入"不差钱"时代，我们才能不远千里来到这里；感恩执政教育的有权有识之士，因为你们的开明和远见，我们才能有这次"高级研修"；感恩北师大精心提供的课程和培训组织者保姆式的服务；感恩学习伙伴，彼此成为同窗，甚至同室，在一起学习，在一起生活，一声问候，一份关怀！

滴水之恩，当涌泉相报，因为心有感恩，所以身有责任。教育是神圣的事业，关乎民族兴衰、家庭福祉、人的发展，不能学富五车，岂不误人、误家、误国？！不多学习岂能为人者师，更何谈为师者师？！

第二章 "美的教育"之路

众里寻"美"千百度

从教三十年，在"美的教育"路上，筚路蓝缕，一路追寻。培育艺术教育之花，探索发展性评价，创建美育特色学校，建设"美的教育"文化，绘制"美的教育"蓝图，滋养"美的教育"土壤，开辟"美的教育"新天地。"美的教育"之路就像是一场艰险而又令人兴奋的旅行，每天都是新的开始。

众里寻"美"千百度，蓦然回首，美就在自己走过的路上。

一、培育艺术教育之花

在缝隙中发现美的种子。

刚走出校园，又走进校园。正如狄更斯在《双城记》的开头所写：那是最美好的时代，那是最糟糕的时代；那是智慧的年头，那是愚昧的年头；那是信仰的时期，那是怀疑的时期；那是光明的季节，那是黑暗的季节；那是希望的春天，那是失望的冬天……

(一)艰难岁月

1

1987年8月底的一天下午，一个二十来岁，瘦削，留着长发的年轻人骑着一辆大半新的永久牌加重自行车，颠簸在乡间的土路上，不时被路上扬起的尘土淹没……这个人就是我，刚刚从教委拿到派遣证，穿越繁华的城市，去地处东南远郊的合肥市第五十六中学报到。

这条路离城区大约十公里，但对于当时的我却显得非常漫长。尽管南门小学（合肥市最著名的小学）给合肥师范学校写了留校任教的推荐函，但那年的毕业分配政策是"从哪里来回哪里去"，即农村户口回农村，商品粮户口留城市。我好不容易跳出"农"门，现在又回到了农村，心里没有多少走上工作岗位的喜悦，倒是郁积着不少愤激、失落和迷茫。

学校只有几幢简陋的平房，周围都是非常熟悉的农田。操场是一块长满草的空地，时不时会有人来放牛，偶尔还会留下一大堆牛粪。没有职工宿舍，就住在教室里，睡在拼在一起的课桌上。夜晚，透过缺了玻璃的窗户，遥望星空，象牙塔一般的师范生活仿佛就是一场美丽的梦。

2

开学前，我被安排带一个班语文并任班主任。不知校长从哪知道的，说我字写得还可以，又让我到教导处刻钢板。

现在的年轻老师可能不知道什么叫刻钢板，那时印考试卷可没有现在的速印机、复印机什么的，一摁按钮试卷就出来了。而是需要把一张涂满蜡的纸铺在钢板上用铁笔刻字，刻好后贴在油印机的网上，用蘸满油墨的滚筒在蜡纸上推，然后才能印出试卷。刻钢板是一个非常细心的活儿，稍一走手就会在试卷上留下"污点"；又是一个非常费力的活儿，印完一份试卷，就会满头大汗，手酸得抬不起来；还是一个很脏的活儿，常常双手、衣服，甚至是脸都会沾上很难洗的油墨；也是一个不讨好的活儿，有一个字没刻好或是没印出来都会遭到其他老师很夸张的"温馨提示"。所以这活儿大家都不愿干，学校一般都是找刚到校年轻人中的"老好人"，我一开始还以为真的是因为字写得好，为得到了这个岗位而沾沾自喜呢。

不过，这份活儿却让我受益匪浅。期中期末考试的时候，老师们出的考试卷都在我这里刻，让我对各个学科的试卷都有所了解。特别是语文考试卷，更是让我了解不同年级的语文考试内容，有时就偷偷留下来，作为以后的参考。而老师们的"温馨提示"，虽然尴尬，却让我得到各学科很专业、很细致的"指导"。还有，在教导处帮忙，会接触很多教学管理上的事务，也让我能从"中观"的层面了解学校的管理工作。所以，可以说一到校我就享受了"后备干部"挂职锻炼的待遇。

由于学校教师不足，经费短缺，我经常被拉去顶课，以至于有一个学期，我带三个班语文、一个班班主任，还兼任学校团委书记、教导处资料员等工作，一个人干三个人的活，但活累不死人，真正累的是心。那时年轻，似乎有使不完的劲，用不完的本事，每天从早到晚忙得不亦乐乎，因此获得领导、教师、家长和学生的一致好评。

3

或许真是应验了毕业时老师的临别赠言："农村是大有作为的。"自1991年我担任语文教研组组长之后，从此一发而不可收。1992年，学校前任团委书记调到城里工作，我以团委宣传委员的身份接任团委书记；1993年，我又兼任教导处副主任，可能是因为我曾在教导处刻过钢板，当过资料员，对教务工作比较熟悉的缘故；1994年，从上到下推行助理制，我被举荐为校长助理，进入校级干部序列，不到半年就被任命为副校长；1995年年底，我以副校长职位主持学校工作，那年我29岁。

很多人对我那几年"坐火车上去"有着各种各样的猜测，其实，我还是有自知之明的，那就是我不适合做官，有很多阻碍做官的缺点和缺陷，比如不自信、太老实，还有就是不善交际……但这些在赏识你的人眼里却都是优点，这个人就是当时的老校长徐祥俊先生。如果说做校长是一种有价值的荣耀，那么，我要感谢徐校长的知遇之恩。

徐校长和善、勤勉、有书生气，有几件事给我印象很深，至今还记得。

20世纪90年代初，由于学校出了一点事，他从当时教学质量很高的合肥市第五十二中学（现在的包河中学）调到五十六中当校长，可以说是临危受命。五十多岁了还坚持要带课，正好接我们班的物理课。一次上课中途，脸色惨白，头冒冷汗，学生告诉我，我跑到教室搀扶他出来，刚出教室门他就吐了一地。他坐在地上歇一会，用水漱漱嘴，说自己没事，又跑到教室上课。

那时，学校很脏，徐校长到学校后决定从卫生抓起。我接任团委书记之后，徐校长把校园卫生这个最难搞的事情交给了我。那时他有个口头禅："昌兵，卫生！"每次他一说，我就条件反射般，二话不说，拿着工具，带着学生去干活。为了搞好卫生，我发动团员，成立了卫生突击队。遇到重大政治任务，突击队就会冲锋陷阵。五十六中很多学子都当过突击队成员，现在见到了，还说那时被我"搞死了"。

"两基"验收时，要求学校领导都要有转化后进生和动员流生（中途辍学的学生）的记录，当时这样的记录表有不少是伪造出来的。徐校长是个老实人，要我们真做。他自己带头，找了我们班上最难搞的学生，每天在那里"肉"很长时间，而且一五一十记得很认真。当年，我在教导处负责资料收集，前两年搬家，还看到徐先生当年的记录本，看到那熟悉字迹，感慨那一代教育工作者给我们留下那么宝贵的精神遗产。

2010年，徐先生辞世，我正好在外地，没能去送行。前不久遇到当年的同事，相约一起去墓地看望他，以寄托我们的哀思。

4

当时有位调到郊区教委二级机构当书记的老校长对我说，在中国有三个官不好当。一个是村长，每天面对的都是吃喝拉撒睡这些鸡毛蒜皮的事；还有是厂长，90年代市场经济确立之后，大锅饭砸了，企业日子难过；再有一个就是校长，那时校长缺人、缺钱，整天在外化缘，在家受气。

当时办学面临的困难，现在难以想象和理解。上课就靠一支粉笔和一张嘴，教师们常常为在考试前能得到一块刻考试卷的钢板争得面红耳赤。学校没有教师办公室，只能在家办公，刚到学校的年轻教师吃住、办公都在教室里。教师工资补贴也要校长筹集，而这一点恰是校长会不会当或者说能不能当下去的重要条件。

从饥荒年代和集权主义环境中成长起来的人，充满着对物质强烈的欲望并且缺乏正确民主和法治精神。学校教师不多，但结构复杂，有"右派"平反的、以工代干的、民办教师转正的，大都是本地人，带有家族宗亲关系，人际关系相当复杂。学校管理处在"人治"时代，工作靠的是拉关系，卖面子，而政治业务学习要靠每去一次给五毛钱来激励。

特别是农村学校还存在教师流失问题，"留得住"和"管得住"成了校长们很头疼的事情。教师大部分学历不合格，很多老师都是半路起家，兼任很多学科。特别是艺术、体育等学科，都是其他学科老师兼职，我也教过音乐、政治、历史等学科。

5

1987年，在我失意彷徨的时候，和我同时分配到合肥五十六中学工作的师范女同学郭士应给了我甘霖一般珍贵的慰藉，并且嫁给了我这样一个"要人没人，要家没家"的落魄书生，可惜那时不通世事，不懂爱情，不会生活。

1991年儿子出生不久，她老是咳嗽，一开始以为是感冒，后来去医院检查说是支气管炎，一年后才检查出是肺结核，肺部已经穿孔。她的病没有得到及时治疗和很好的养护，没有一次性彻底治愈。以后反复发作，住院六次，最后一次双肺都有感染，右肺已经溃烂造成鸡蛋一样大的洞，由于常年吃药转氨酶升高，不能服用抗结核药。有次住院长达四个月之久，儿子见到她都不认识她了。出院后，为了防止传染，夫人在家里由老父老母照顾，我带着孩子在学校。有次在区里开会，竟然忘了儿子在家，回到学校，他已经在戴诗荣老师的床上睡着了。每每想到这些，心里就很痛。

那时的工作是艰难的，生活是艰苦的，唯有付出，付出，再付出，只有如此才能改变现状，很多做法现在想起来会觉得辛酸得可笑。我在一次大会发言中说："没有一点拼命精神，是不可能当好校长的。当一名好校长要奉献出时间，要奉献出健康，要奉献出家庭的亲情与欢乐，不唯名，不图利，甚至还要奉献出人格尊严。"

1998年的夏天，我非常消瘦，却又非常亢奋，不想吃饭，到医院检查，才知道得了急性肝炎。躺在病床上，想起还有那么多的工作堆在那里，年迈的双亲、病中的妻子、幼小的儿子都在等我回家，望着葡萄糖水一点一点地滴下来，似乎一下子顿悟，明白了什么。

6

德国古典哲学创始人康德曾说过："有两样东西，越是经常而持久地对它们进行反复思考，它们就越是使心灵充满常新而日益增长的惊赞和敬畏：我头上的星空和我心中的道德法则。"星空是美丽的，而人类在与自然的搏斗中形成的信念和意志同样也是美丽的。

(二)艺术的花开了

夜深人静的时候,我在不到十平方米、低矮的"披栅"里思考学校怎样才能在困境中突围。在苦苦寻思中,惊喜地发现深埋在记忆缝隙中一颗艺术的种子。

艺术教育在当时的农村学校严重滞后,不被重视,也没条件重视,而这或许正是农村学校和农村孩子"土气"的原因。艺术是薄弱点,自然也就成为提升空间很大的增长点。我把这个想法和领导班子商量,并和几个有艺术细胞的老师交流,没想到大家异口同声地支持,原来在大家心里也都有着对"美"的渴望。

于是大家一起动手,除草、松土、施肥、整枝、栽种……一年后,艺术的种子萌发了。1997年7月18日《合肥郊区报》报道了学校以艺术教育为突破,推进素质教育的情况。

五十六中,素质教育扎根校园

为加快"应试教育"向素质教育转变,五十六中成立艺体组,加强对学生的素质教育,取得了可喜成绩。

五十六中艺体组成立于1996年,学校从各教研组抽调有书画、美术、体育、音乐等特长的老师到艺体组,大家齐心协力,从不计较个人得失。吴义泉老师几十年来一直从事语文教学,他年轻时就酷爱书画,颇有功力,在周边群众中有很大影响。为了提高学生整体素质,他面对经济大潮毫不动心,致力于培养接班人,有人请他去书写广告牌,半天不到就能挣二三百元,他婉拒了。周末,他总是和学生们在一起,义务为他们辅导绘画、书法,有时还拿出自己的笔、墨、纸让学生练字,还为学生提供茶水。为了鼓励和推动学生爱好和钻研书画艺术,吴老师不顾自己年老多病,一个人爬上爬下,将学生们好的作业刊登在学校黑板上,供大家交流提高。老人语重心长地告诉孩子们,能写会画终身受益。

学校经费有限，大家都想办法克服困难，在条件较差的情况下，艺体组音乐教师王梅用自己的勤奋和敬业精神，使校园里的歌声欢快地唱了起来。她经常是两节课下来嗓子都唱哑了，学校开展各种文艺会演，基本上都是她组织排练。今年元旦，她排演了一台长达两个多小时，包含30多个节目的文艺晚会，在泥河汽车制造厂大礼堂演出，受到群众好评。这次演出从节目选拔、彩排到化妆都由她一个人组织。演出的学生没有统一服装，她便通过同学、朋友等社会关系凑齐。在前不久区举办的"迎港归"系列活动中，她编排的舞蹈《中国娃》在中学组获总分第一。

　　艺体组的每一位老师业务素质都较硬，社会责任感也很强。组长高力斌老师会设计广告牌、会画人物肖像，平时在课余时间搞第二职业添补微薄的薪水。抽调到艺体组后，高老师丢开了第二职业，把全部精力放到学生的素质教育上，他曾在区首届教坛新星评比中获三等奖。体育老师张本虎经常组织学生开展拔河、铅球等体育竞赛，丰富了学生的课余生活。

　　据悉，五十六中有60%的在校学生参加了艺体组组织的书画、音乐、体育等各种兴趣小组。（张玉香　吴方俊）

　　学校艺术教育取得了一点成绩，得到了社会的关注，也就得到了教委的支持，给学校先后分配专业的美术和音乐教师，学校在办学经费非常紧张的情况下，下狠心买来一架钢琴……功夫不负有心人，三年后，合肥郊区报记者来到学校跟踪采访。

倾心育桃李，冰雪凝成花

　　合肥第五十六中学，是我区区属中学，虽地处偏远的义兴镇，但这个学校校长及老师们有很多引以为豪的事。

　　近两年该校中考成绩在全区名列前茅；在今年举办的全区校园文化艺术节上，该校在师德演讲比赛和文艺会演中皆获一等奖；学生书画在全区也获好评；90%以上的学生不进三室（游戏室、桌球室、录像室）；学校打架斗殴现象杜绝……然而了解五十六中的人都知道，这是全区唯一一所没有教学楼的中学，学校唯一一间办公室是校长室兼图书室、储藏室、接待室，其余38名教师只能在家办公；没有音乐室，连最简单的实验都做不了……尽管客观条件如此艰苦，可每年招生时，许多家长仍千方百计想把孩子送到五十六中。置身在五十六中绿意盎然的校园内，听着教室里传出的琅琅读书声，看着黑板报上丰富多彩的内容以及操场上跃动的身影，我们不能不感受到这里处处充满着生机。

倾心育桃李，冰雪凝成花。在五十六中有一个人人称赞的好校长和一支过硬的教师队伍，在强烈的事业心和责任感的驱使下，他们以强大的"团队精神"，托起五十六中——这颗冉冉升起的新星。

汪昌兵：要么不干，要干就要干出名堂

采访五十六中，老师们说得最多的是他们的校长汪昌兵。汪昌兵今年三十出头，到五十六中工作以来，大刀阔斧地开展了一系列有创意的工作：搞公开教学；成立学生会，在学校中开展一日常规管理；充分利用学校现有的音体美人才，成立艺体组，并成立音乐、美术、语文、物理等兴趣小组，以学业为主，辅以各项素质教育，极大地调动了教师和学生的积极性，学生成绩上来了。

用同事们的话说："汪昌兵在事业上处处率先垂范，无可挑剔。"然而他背后的辛酸也许只有他自己最清楚。1992年他的妻子一病不起，儿子正蹒跚学步，担任校长后他只好把这一病一小送给已是古稀老人的岳父母，可岳母患有老年白内障，自顾不暇，又怎能照顾好他们。去年冬季的一天，他年迈的岳母搂着衣着破旧的小外孙，翘首站在寒风中，路过的教师一问，原来，孩子病了，而汪昌兵开会还未回来，老人在等女婿回来送孩子看病。望着这一老一

小，想着为学校教育事业日渐消瘦的校长，老师们心疼了，连忙帮着将孩子送到医院。去年春节，区委副书记王云飞到"特困户"汪昌兵家慰问，勉励他"人穷志不穷，好！"

马晓红：情愿一辈子当教师

马晓红1993年调到五十六中，她硬是凭着自己的努力，让初一(3)班从一只"丑小鸭"变成一只"白天鹅"，在师生中引起强烈反响，进而在全校教师中掀起一股比、学、赶、超的热潮。

话要说到1996年。那时的初一(3)班是个令教师都头疼的班级。由于种种原因，这个班学生不光成绩参差不齐，纪律很差，而且有不少学生天天从家背个书包出来却不到学校而在社会上混，以致给家长和学校带来不少矛盾。学校要求马晓红担任班主任，她也知道很难，但她很要强："只要我努力，我就不信改变不了他们。"何况，在五十六中有一个传统，只要碰到困难，校长和同事们就会不遗余力地相助。马晓红真豁上了。每天早晨6点刚过她就来到班上，给学生制定了严格的考勤制度，作业上交制度，建立家长联系卡，开家长会，对学生的一点进步及时总结，及时给予表扬……而她的女儿才刚会走路，爱人也在五十六中当老师，课程很紧。自当班主任后，他们夫妻俩都没时间去托儿班接送孩子。于是他们就把女儿一个人放在家中，孩子有时跑到教室门口，她就呵斥，呵斥不走，她就使劲地把她打走，有几次为此而与爱人闹翻了。她委屈地说："我怎么不爱她呢？但如果让她影响到学生上课，那我还怎么去教育学生呢？"一个月下来学生们能安静地坐在教室听课了；一学期下来，期终考试总评年级第一，一日常规管理全校第一。学生们有信心了，同仁们震惊了，家长们也沸腾了，而她累得回到家就想躺下去。但第二天清晨，她又像上满了弦的闹钟准时出现在教室里。

吴义泉：是学校，就要有特色、有歌声

曹操在《步出夏门行》中咏道："老骥伏枥，志在千里；烈士暮年，壮心不已"。在五十六中，老教师们也不遗余力地为学校的教育事业鞠躬尽瘁。

吴义泉老师的书法在解放初曾受到很多名人的赏识，他的画及手工艺品在合肥老一辈人中很有名气。改革开放后，慕名前来请他制作广告的人很多，并许以厚金，而且他二儿子在北京开装潢公司也正缺像他这样能写会画的人。但自从学校成立艺体组以后，他谢绝了社会上的一切邀请。他要为乡村的伢们开辟新的视野。他的书法小组皆在休息天活动，他还自掏腰包为学生买来笔、墨、纸，带领学生外出观摩。他在传道授业的同时更是让学生领略到他高尚的人格。他身患多种疾病，但为了学生的几张习作，他一个人在大过年里爬上爬下忙了大半天，赶在开学前把它们张贴到学校的黑板报上。

数学教得很好的卫修春老师本来今春就该动手术了，可他考虑到自己带的是毕业班的数学，如果他一走再换老师势必影响到学生的中考，更何况五十六中哪个老师的课程不是排得满满的？为了学生，他把手术推到下一个春天……

在五十六中，这样的事还有很多很多，"宛如平常一首歌"……

（吴芳俊　张玉香）

我在合肥市第五十六中学工作 17 年，这里是我最初的教育土壤，很多教育思想在这里萌芽，并且塑造了我的教育性格。

二、探索发展性评价

协商是方法，也是一种美德。

因为有过当校长的工作经历，便会站在校长的立场看待督导。

同时，基于当时教育督导的现状，为了督导工作能够顺利有效地开展，便想到了协商，协商是方法，也是一种美德。于是，我主持的教育督导工作在协商中起步，在协商中发展。督导成为我一段难忘的生命历程……

（一）起步

2004年8月，我调到包河区教育局，负责教育督导，以及教研室、办公室等部分工作。一开始比较郁闷，不仅是因为跟我谈好的工作岗位有变动，还因为当时教育督导工作的窘况。表面上看是政府教育督导办公室，实际上只是教育局下属一个非常弱势的科室，之前基本上是从一线退下来的老同志或者由其他科室的同志兼任，是一个享福的闲差，但对于38岁还想干点事的我却是一种煎熬。

2005年，在时任合肥市包河区教育局张玉琼局长的支持下，"包河区教学质量专项督导"是我到教育局沉寂一年之后的一个显山露水之作，其中的教育督导思想和方法对包河区的教育督导工作产生了一点"积极而深远"的影响。

1

教学质量专项督导从试点到展开，已经走了15所学校，现在该到总结的时候了。望着几尺高的材料，回想在每一所学校的经历，重温走访期间的收获、喜悦、感动、困惑、忧虑、无奈……在这里匆匆漫步走过的，只是我个人的心路历程，或许大家会从中得到更为真实的感悟。

那么，从哪儿开始呢？

就从教育督导说起吧。到教育局上班不久，我的一位老师听说我从中学校长岗位上离任去做教育督导工作，不解地问："你怎么来做这个工作？"老师的话真实地道出人们对教育督导的认识，反映了教育督导的处境。

我经历很长一段时间的苦闷,教育督导怎样才能发挥应有的作用呢?当前最需要解决问题是什么?在苦闷时沉思,在沉思中求索。我想:教育督导地位和作用需要法律、政策来推动,但更重要的需要我们自己的努力,因为"有作为才有地位"。当前最需要解决的是以积极的心态去面对困难和问题。

2005年5月24日,我们在包河苑小学开了一次教育督导会议,这次会议的主旨是"统一思想,振奋精神"。"我们不能自己看不起自己。"督学们如是说。

2005年11月29日,教育局组织督学到潍坊教育考察学习,潍坊教育之行让我们真实地感受到教育督导在教育发展过程中的巨大作用,看到教育督导事业发展的前景。

2005年12月22日,我参加了中央教科所教育督导和评估中心在天津和平区组织的"全国区域教育发展特色示范区"评估,在与中国最高层次的教育督导组织零距离接触中,我获得了教育督导很多"顶尖技术"。

还有我平时读书以及读书时的顿悟:从中国古代的学监到英国的皇家督学,从系统管理学的决策、执行和监督到教育督导技术上的数理统计……

所有这些,都让我真切地感受到教育督导是教育大厦中不可或缺的一根支柱,是一项有意义、有意思的事业。

那么,切入点在哪里?

这个切入点最好是教育的基本问题,当前政策关注的重要问题,学校生存与发展的关键问题,家长、社会普遍关注的敏感问题——这个问题无疑就是"质量"问题了。加之潍坊的经验、中央教科所专家们的远见、上级教育行政部门的要求等,也都是把质量作为教育发展最核心的问题。这样,以教育质量作为切入点的督导计划渐渐浮出水面。为了使督导更有针对性和实效性，我又把"教育"改为"教学"，而且又加上"专项"两个字。

这就是"包河区教学质量专项督导"的由来。

2

接下来便是做技术上的准备。

这一阶段，我在想两个问题：一是通过教学质量专项督导初步建立我区教育督导工作体系；二是教育督导如果有一天能够成为大家欢迎的事情，才会有其真正的价值与地位。

解决第一个问题的任务非常繁重，因为体系的建立是一个庞大的工程，而且这个工程很多项目在我区是空白（这也让我们获得很大的空间）。但是，没有一个完整体系，教育督导就无法步入正轨。

于是，啃书本、网上查资料、往省市督导室跑……历经"百日大战"，《包河区教学质量专项督导手册》初稿终于产生。这个手册汲取了很多教育督导的前沿理论，借鉴了山东潍坊等地区的做法，参考了合肥市高中教学质量专项督导、安徽省小学教学质量检查、安徽省特色学校评估、中央教科所督导与评估中心"全国区域教育发展特色示范区"评估的内容和手段。手册包括实施方案、领导组织和专家库、工作流程、工作规定、评估体系、标准和方法、课堂教学评价、问卷、座谈会提纲等。

2005年12月26日，在四十八中的座谈协商会上进行了第一次大的修订；后来经过屯溪路小学、南园学校先期试点后，进行了第二次修订；再后来，在四十八中等6所学校开展后，进行了第三次修订。这个手册当然还有很多不足，但是毕竟包河区教育督导有了有"自主知识产权"的基本规范了。

解决第二个问题的办法是协商（与其说是协商，不如说是一种理念），也就是说督导整个过程都是协商的过程。后来，陈雪梅校长说，协商是一种平等的姿态，容易得到学校的认同；再后来，中央教科所的马强博士说，协商的本质是以人为本，这与当今世界教育督导理论方向是一致的。说实在的，当时的想法是很朴素的，只是希望学校对教学质量专项督导不至于反感和抵触。

于是我们在四十八中召开了一次座谈会，邀请了先期试点的屯溪路小学的陈雪梅校长、南园学校的王印平校长参加，汲取了他们的智慧，修正了方案中的部分条款和做法。比如，原方案中要给每所学校评出等级，但他们认为这样做，教学质量专项督导就会与学校建立高利害的关系，这种高利害的关系容易加重学校负担，并且可能会产生弄虚作假的情况，于是在后来的方案中就取消了等级的评定；又比如在汇报的时候，安排一段时间与校长交流（由于时间关系，这个环节在实际操作中交流得不充分）；再比如反馈，在评估组内部交流的时候，评估组只作原则性评述，而把真正反馈权交给了学校，让学校领导班子参与获得大量的、原始的以及很多细节性信息；另外，给学校下正式的书面评估通知书也准备听取学校意见，而且，在措辞上把"意见"改为"建议"。不知道这样做是否正确，是否有效果，是否削弱了教育督导的强制性。

在实际的督导评估过程中，张玉琼书记提出要讲"效益"，张德俊副局长强调要体现对学校的"诊断"，这些观念的提出都极大地丰富了教学质量专项督导的内涵，为教学质量专项督导的顺利、有效进行指出了正确的方向。这就是"实践出真知"。

3

该到讲学校的时候了。十五所学校十五朵花，每一朵花都有自己的芬芳。总的来说，教学质量，生命所系，各有高招，抓得不牢，问题不少；办学特色，奇花异草，各展风采，认识不同，参差不齐。

从教学质量方面来说，屯溪路小学的选择性教学评价、教学常规监控、教师专业化建设；南园学校的重视教师学习和培养、以教科研引领教师专业发展；四十八中教学扎实有效的常规管理，教师高超的教学水平和工作自觉性、责任心；青小的坚持以教学为中心，教学管理制度齐全、规范；卫岗小学"育人为本，德育为先"的教育观；包河中学艰苦创业的苦干精神和骨干教师队伍建设；六十六中坚持以质量求发展，走创特色之路；曙光小学，以"经典诵读"为办学特色，带动教学工作的开展，推动了素质教育全面实施；巢湖路小学课题研究务求实效，成果丰硕；前进小学，克服办学资源等方面不利因素，创造了良好有序的教学环境；太湖路小学积极改善教学环境，在读书写字、信息技术教育、弱智儿童辅读班等方面取得成绩；六十五中，抓教学工作认识到位、制度到位、措施到位、投入到位；工大附中，把教师作为第一资源，着力建设一支高素质的教师队伍；铁四局中学"多元培养、分层推进、全面提高"的教学方略等，都给评估组留下深刻的印象。

从办学特色方面来说，屯小，德育特色带动学校全面发展；南园，着力打造教科研特色；四十八中，创新教育呼之欲出；青小，环境教育正在成长；卫小，少先队工作和新童谣创新德育教育；包河中学，构建"温馨校园"，彰显以人为本的办学理念；六十六中，科技创新之花业已绽放；曙小，"经典诵读"为校园浓厚的中国传统文化抹上重彩；巢小，创建教师队伍特色与我区教育发展特色一脉相承；前进小学，英语教育"自己养的孩子长得快"；太湖路小学，构建书香校园已形成共识；六十五中，"赏识教育"定得准，成效快；工大附中，英语教育得天独厚；铁四局中学，多元培养瓜熟蒂落。

当然，通过这次教学质量专项督导也暴露出学校在教学质量和创建特色学校方面的一些问题，我们主要有以下几个方面的建议：

第一，要明确学校发展愿景，学校愿景与教师、学生、家长的愿景相统一；让办学理念成为方方面面的共识，并化作每一个成员的行动，真正发挥办学理念的引领作用。

第二，要进一步全面贯彻课程计划，积极开发校本课程和活动课程；落实学校各项教学管理制度，加强教学常规管理，尤其要抓好备课等教学环节，提高课堂教学质量，提高教学活动的实效；同时要加强薄弱学科的教学。

第三，要加强学生基础知识的学习和基本能力的培养；加强学生的社会实践活动和第二课堂；强化学生的纪律教育；并要注意各学科的均衡发展，整体提高学生学业成绩。

第四，要提高教师队伍的整体素质，优化教师队伍结构，加强职业道德教育，规范教学行为，转变教学观念，发挥骨干教师的示范带动作用；促进中青年教师快速成长，帮助中老年教师转变教学观念，调动全体教职工的积极性。

第五，要进一步总结、提炼教学特色，挖掘和发展特色中的特色，特色中的亮点，努力打造教学品牌，直至形成具有创新意义的新经验。

此外，还要加强教学设施建设，发挥教学设施的作用；建设促进学校发展的校园文化；加强校内外交流和宣传，展示学校形象，提升学校在社会上的知名度和影响力；发挥名校的示范带动作用，优质教育资源要为区域教育发展做出更大的贡献。

4

当然，还有一些精彩的"花絮"，而且，这些"花絮"也是很有意味的。

陈雪梅校长的赞誉

2006年1月4日。第一站，合肥市屯溪路小学——安徽省特色示范小学，而且，这里还有一位大名鼎鼎的陈雪梅校长。陈校长在反馈会的最后陈辞时说："这次教学质量督导评估活动非常成功。其一，讲了真话，这是我校过去很多类似的评估活动没有的；其二，评估组同志都是本区的'土专家'，对学校知根知底，有针对性；其三，评估活动体现了对学校的'诊断'。"一开始，陈校长就有这么高的评价，这对于整个活动的顺利进行，具有特殊的价值。

王印平校长鞠躬

2006年1月5日。第二站，合肥市南园学校——一个产生了合肥市中考状元和"十佳校长"的学校。留给我最深刻的记忆是：在反馈会上，王印平校长摘下帽子，向评估组深深地鞠躬，我们都笑了，也都很感动。笑后思之，这里面有对评估组一些不客气话语的触动，有对评估组工作的感谢和肯定，但是更重要的是对学校的热爱和责任。

史承灼校长"抽条子"

2006年2月23日。第三站，合肥市四十八中学——包河名校，不久前获得"包河区教学质量突出贡献奖"。反馈时，教育局党委全体成员都来了，场面十分严肃。张玉琼书记说："命名四十八中为'包河名校'时，我给区委、区政府打了'借条'，内容是四十八中要创合肥市、安徽省特色示范学校。"史校长当即表示，他们要抽掉这个"借条"。这让在场的每个人都感受到了一种压力，也获得了一种动力。

刘光伦校长笑了

2006年2月24日。第四站，合肥市青年路小学——一所在合肥教育产生过影响的学校，而今又焕发出生机。评估组对青小近年来的教学工作和创建特色学校工作给予了较高的评价，特别是青小教师的整体素质、工作责任心和集体荣誉感给评估组留下了深刻的印象。刘校长笑了，有欣慰，更有辛劳！

徐翠银校长扬鞭"黑马"

2006年3月2日。第五站，合肥市卫岗小学——包河区规模最大的一所学校，这次督导评估活动第一个乡镇中心学校。到自由发言阶段了，韦化龙老师经常打头阵，常有惊人之语，这次也果不其然，他说："卫岗小学是我们包河教育的一匹黑马。"接下来，其一，其二……让你不得不信服。是啊，那些挂满墙壁的奖状、锦旗就是见证，以少先队工作和新童谣为载体的德育工作就是说明。

徐立俊校长揽"过"

2006年3月3日。第六站，包河中学——包河区唯一的一所正在争创合肥市示范高中的学校。科大的语文特级教师吴华宝说，科大与包河中学相比，在办学条件和学校管理上并没有优势，科大的优势是教师的整体素质。同时指出有些教师上课备课不充分。（评估组其他同志也有反映）包河中学徐校长在最后陈辞中说："我们学校教师缺编，老师们教学任务太重，他们太辛苦了，备课不充分的责任在我。"在场的人无不为之动容，包河中学的老师之所以"死干"，原来是"士为知己者死"！

昌修顺校长动了真格

2006年3月9日。第七站，六十六中——以科技创新为特色的合肥市科普示范学校。六十六中的科技创新特色极为鲜明，近些年学校生源激增，但生源质量相对下降，家长反映课堂纪律不太好。评估活动结束已快七点，天色将黑，昌校长紧跟着召开了年级组、教研组和中层以上干部会议。后来，据说扣了某一位老师的钱，自己也跟着"陪斩"。

史梅芳校长的文化传统

2006年3月10日。第八站，曙光小学——何炳章先生题有"既有曙光，必然辉煌"，校长史梅芳是我区唯一具有"小中高"职称的小学校长。曙小的经典诵读，融入中华武术、舞蹈的大课间活动，墙壁上的中华经典绘画，校园景观"三声苑"等无不带有鲜明的中国传统文化色彩。这就应了"特色学校里一定有一位特色校长"的说法。

王明柱校长的头疼事

2006年3月16日。第九站，巢湖路小学——"三区"交会，塞纳河畔，着力打造美丽校园的王明柱校长碰到了头疼事。在座谈会中有学生反映某位老师经常体罚、辱骂学生，后来一了解这是一位学校一直拿他没办法的"问题"老师。王校长的"头疼病"怎样才能治好，哪一天能治好呢？

此外，前进小学不再以薄弱学校来定位、太湖路小学的新变化、六十五中的"赏识教育"、工大附中的认真和细致、"准区属"铁四局中学的多元智能等精彩"花絮"，都深深地印在我们的脑海之中。

5

最后，讲讲收获和我感恩的心情。

收获之一：初步形成了我区教育督导工作体系，这个体系在实践中得到检验，为今后开展教育督导工作奠定了比较坚实的基础。而且，在实践中摸索出的一些想法、一些做法具有一定的价值。

收获之二：搭建了互相学习、互相交流的平台。这次教学质量专项督导活动，区属学校和乡镇中心学校的校长都参与了。参与的程度决定收获的程度，收获的程度决定提高的程度。参与是一种学习，也是一种鞭策。校长们普遍反映受益匪浅，抓教学质量和特色学校创建的积极性更高了。

收获之三：锻炼了教育督导队伍。在这次教学质量专项督导活动中，评估组的同志们表现了很高的素质，很多同志的素质提高很快。督导过程本身也是学习的过程，提高的过程。

在这里，我要特别感谢教育局党委书记、局长张玉琼同志对教育督导工作的重视，给予了政策、精神和物质上的大力支持。而且在繁忙的工作中几乎参与了每一所学校的评估。对教育督导工作的重视是一种智慧，更是一种胆识。

我还要特别感谢教育局副局长张德俊同志，在整个工作过程中，他都给予了悉心的指导，而且他的精彩发言给这次活动增色颇多。

我更要特别感谢接受评估的每一所学校，感谢你们真实地呈现教学常态，感谢你们给评估活动以积极的配合和支持。

最后，我要感谢参与评估活动的专家们，你们精辟的评述、辛勤的劳动是这次评估活动成功的关键。负担繁重的评估任务，起早贪黑，带病工作，没有时间照顾孩子等，你们的付出真是让人十分地感动，感谢你们为包河区的教育督导事业做出的贡献。

(二)制造一杆公平的秤

2006年8月，我参加了在新疆乌鲁木齐举办的全国教育督学高级研修班，本次研修主要探讨在新的教育形势下通过有效的督导评估促进学校、教师和学生的发展。

或许是因为在此之前我一直在农村学校工作的缘故，对当时的学校评估很有看法，觉得评估即是"用一把尺子量不同的学校"，然后给学校定个等次。

每一个学校发展的起点和特点都是不一样的，按照统一的标准来评估，既不公平，也不合理。于是我和当时主持合肥市教育督导工作的谢华国主任谈了我的想法，在他的支持下，我们研究制订了《合肥市初中发展性评估方案》。虽然这项工作还没有推进我就离开了教育督导岗位，但令人欣慰的是，合肥包河区现在已经把它变成现实。

培训结束以后，我撰文介绍本次培训了解到的关于学校发展性督导评估的一些观点和做法，并结合包河区教育发展实际，谈了谈在这方面的思考和打算。

1

随着人民群众对教育的需求由"有书读"转向"读好书"，教育发展也必须从追求"量"的扩大向"质"的提高方面转变，即把"内涵式发展"作为学校发展的主要方式。

但是，我国现行的学校评价模式是以工业生产时代的标准化管理为核心理念，以检验各不相同的学校是否达到预先设定的统一标准为基本操作方式的评价模式，即"用一把尺子量不同的学校"。在学校发展的初级阶段，鉴定性评价对促成学校软硬件达标、管理到位、质量和效益达到一定标准是十分必要和有效的。然而，由于鉴定性学校督导评估具有高度统一、缺少个性特色、重奖惩、高利害的特点，因而其局限性和弊端也是显而易见的。

统一的评价标准只能以大多数学校状况为基准。基础较好的学校得奖习以为常（也易造成获奖疲劳）；基础较差的学校在群体中的位置一时难以改变，负面的评价结果反而会挫伤学校的积极性；而位居中游的大多数学校则因为与奖优罚劣无关，评价极易对其失去意义。

由于鉴定结果与学校利益紧密相关，势必会造成学校的紧张和焦虑，他们会想办法表现成绩，遮掩问题，督导评估成了学校最佳状态的表演而不是常态展现，既容易干扰正常的教育教学工作，又不利于双方真正发现和分析问题，及时改进和提高。

为了"公平"，必须使用统一的学校评价标准、程序和方法等，容易导致"千校一面"，无法引导学校因势利导地多元发展，办出特色，不利于多姿多彩、生动活泼地实施素质教育。

与新一轮基础教育校本发展和内涵发展的特征和需要相适应，"改进"而不是简单地下个结论，促进发展而非简单地分等定级成为教育督导工作的根本价值取向。

学校发展性督导评估的根本目的是努力构建以实施素质教育为核心、以学校发展规划为基础、学校自评和外部督导评价相结合、学校自主发展与行政监督指导相统一的学校发展性督导评估机制，以现代教育督导理念和督导方式推进基础教育的均衡发展和学校的内涵发展。

2

根据以上的学习收获和感悟，我认真思考了包河区教育督导的现状以及发展的方向和路径。其时，进一步改进和落实普通中小学督导评估制度，推进素质教育的实施已写进新修订的义务教育法，教育部正在着手修订《普通中小学校督导评估工作指导纲要》，省教育厅也将在今年下半年召开学校办学水平评估总结会，可以预期学校发展性督导评估将是新一轮学校办学水平评估的方向和潮流。

2006年年初，包河区专兼职督学在宋村中心学校召开年度工作会议，重点探讨了如何开展学校办学水平评估。大家从实践层面分析了现行办学水平评估的弊端，提出的一些设想和上述学校发展性督导评估的理论不谋而合。于是，在《合肥市初级中学办学水平督导评估细则》的修订过程中，我们渗透进了发展性督导评估的思想。对我区办学水平评估提出了富有创新意义的设想，其要旨有三：

一是标准化，即根据省颁学校办学标准，对学校进行基础性评估。这一设想是符合我区目前仍然有不少学校或学校办学的某些方面是不符合学校办学标准的，也是符合《义务教育法》关于均衡发展和包河区委、区政府《关于加快教育发展的决定》中关于"加大薄弱学校改造力度，实施'学校标准化建设工程'，实现全区中小学办学条件标准化，办学水平达到良好以上等级"的要求。这一环节的关键是要强化政府的责任。

二是发展性。学校督导评估的生命所在是促进学校的发展。如何去评价一所学校的办学绩效，其隐含的意义是如何客观、公正地评价校长和教师的劳动。最大限度地调动全体学校的办学积极性是当前广为关注的，也是教育管理必须解决的重要问题。发展性即是通过对学校发展基础、环境、速度、质量、影响力等相关因素的督导评估确定学校各方面的发展指数，用督导评估的力量去推动学校的发展，用督导评估各方面的智慧帮助学校寻找发展方向和路径。这一环节的关键是评估内容及方式的确立。

三是有特色。学校的办学特色是学校发展的重要内涵，这里我想引用我区创建全国区域教育发展特色示范区期间领导、专家的话来说明："创建特色的目的是为了选择本地区基本实现教育现代化的一个切入点，或者说是最佳的途径，用特色，用优势来引领带动区域和推动区域向基本实现教育现代化目标逼近。""百花之中，每一种颜色都是不一样的，赤橙黄绿青蓝紫各有特色。我们所期望看到的就是这样，每一所学校都得到发展，每一所学校都有各自特色的这样一个教育春天的到来"，"学校在发展过程中会积淀、凝聚而形成学校某些优势、长处或特点，这就是学校的'特色'。当学校'特色'经过有意识的精心培育、提炼、升华，并能起到引领学校各方面协调发展作用时，这就是'特色学校'了"……

一言以蔽之，我们所要实行的是标准化、有特色、发展性的学校办学水平督导评估。

3

毋庸讳言，我区教育发展基础薄弱，城乡、学校二元结构突出，优质教育资源匮乏，优质均衡、特色发展是教育之所急，开展学校发展性督导评估是我区教育发展的现实需要，很有"市场"。

不利的条件也是显而易见的。其一，以校为本的教育管理制度尚未建立起来，学校行政依附明显，自主发展乏力；其二，学校内涵发展尚未得到广泛的重视，外树形象不遗余力，苦练内功功夫不足；其三，我区教育督导机制尚未真正建立起来。

但是，我们不能等待。不是说"不发展就要落后，慢发展也是落后"嘛，何况我们已经落后了。我们相信在有识之士、有权之士的推动下，通过各方努力，完全能够建立具有包河特色的学校发展性督导评估机制，使其成为推动包河教育发展的又一利器。

4

2009年10月13日，我们一行12人在合肥市总督学王炳国、督导室主任谢华国的带领下参加了在杭州举行的"全国城市教育督导协作会第十七届年会"。本届大会的主题是"教育督导机制研究与实践创新"。我的拙作《探索发展性督导评估，促进学校自主发展》也在大会上作了书面交流。

教育督导工作既需要自上而下的推动，也需要自下而上的努力，要立足于教育督导的现实积极开展工作，用看得见的"作为"，来赢得教育督导的"地位"。

三、创建美育特色学校

"美的教育"在这里启航!

办一所什么样的学校?这想法时刻在我心里萦绕。合肥市第五十六中学十七年的教学和学校管理实践,教育局三年教育行政管理的所见所闻、所想所思,理想中的学校的形象在我心里渐渐清晰起来。

(一)美与阳光的相遇

在教育局工作三年之后,我向组织提出希望回学校工作。其时,虽然督导工作已渐入佳境,但经过反复思考,我觉得自己更适合在学校工作,更喜欢校园生活。2007年6月8日,包河区教育局宣布我去创办合肥市世纪阳光中学。

世纪阳光中学是世纪阳光花园小区的配套学校,面积不大,只有24亩地16 000平方米。当我再次走进学校,踏上校园的土地,一切都是那样的熟悉和亲切,似乎一直悬在半空中的我终于落了地,一下子感到非常踏实。

张文质先生说,教育是中年人的事业。我对这句话的理解是教育事业需要有人生阅历,需要有挑得起重担的体力。那年,我41岁,似乎有使不完的劲,用不完的智慧,正可谓踌躇满志。我的精神状态也有很大变化,教育局有位同志说我讲话的声音都洪亮起来了。也有位同志对我说,从教育局到学校去,学校办好了是"值",办不好是"作"。那时,一头劲,没听进去,也顾不了那么多。

在教育局还没正式宣布我去创办世纪阳光中学之前,我就在思考办一所什么样的学校,思考学校的生存和发展。为了配合宣传,我写了《新学校,新教育,新希望——世纪阳光中学十大看点》,制作了合肥市阳光中学第一张宣传彩页。我想办一所不一样的学校，就像彩页上的题词"美的教育在这里绽放，美的教育在这里启航"，十大看点就是行动宣言。

新学校，新教育，新希望
——世纪阳光中学十大看点

政策优势：市委、市政府高度重视，全市人民高度关注的33所住宅小区配套学校之一。包河区将把阳光中学打造成高质量、有特色的品牌学校。

环境优越：位于太湖路和马鞍山路交汇处，众多高层次社区的核心地带，人文环境优越，交通方便快捷。学校建设高标准，设施现代化。

质量至上：追求"至真、至善、至美"的教育理想，坚守对每一个学生负责的信念，关注人的全面和谐发展，帮你迈步理想高中。

名师荟萃：从全区各校选派及面向全国公开招聘优秀管理干部和教师从事学校管理和教学工作。名师指点，点石成金。

专家引领：学校将成立专家指导委员会，聘请著名教育专家和知名教学研究员定期到校指导工作，与师生零距离接触。

精细管理：以精细管理、精准教学打造精品教育，课内课外全程呵护，无微不至。

实验基地：实施"自育自学"实验，引导学生学会做人、学会学习、学会生存，必将受益终生。在中央教科所专家指导下，开展"增值评价"实验，让你一步一步走向成功。

个性发展：拟以美育、科普教育、英语教育作为课程特色，让你拥有美的生活，让你走向科学殿堂，让你走向世界。

成长乐园：创建平安校园、和谐校园；开展丰富的第二课堂活动，定期举办校园艺术节、科技节和体育运动会等活动；走进自然，走向社会，拥有多彩人生。

激励关怀：学校设立阳光奖学金，奖励优秀学生和进步学生；设立阳光助学金，资助贫困学生。

后来，此文以《包河区倾力打造的一所品牌学校》为题，刊登在2007年6月18日的《合肥晚报》上。

创业十分艰辛而又令人兴奋。学校还没建好，没有办公室，我们就借用合肥市屯溪路小学世纪阳光分校会议室，临时办公。没有教师，就"卖面子"，请了几位刚退休的老同志来帮忙，像包河区语文教研员韦化龙、巢湖路小学校长吴秀川等几位同志都来帮过忙，家长们看到这些德高望重的老同志来办学，觉得很放心。后来，我聘请韦化龙为办学顾问，一直在学校工作五年，是学校的元老。没有办学经费，就自己掏腰包先垫着，有不少办学物品都是从兄弟学校借来的。

2007年8月17日上午，与合肥市城市建设有限公司签订了学校移交协议。下午，时任安徽省委常委、合肥市委书记孙金龙来校视察，据称让开发商掏腰包建学校是孙书记拍板坚持的，当年合肥市建起了33所住宅小区配套学校。

9月1日，新建的合肥市第六十五中学、合肥市吴小郢小学（现在的合肥市第二外国语实验小学）在合肥市世纪阳光中学联合举办开学典礼。时任安徽省教育厅厅长程艺、合肥市人民政府副市长张雪平等省市区领导来学校参加开学典礼，为学校揭牌。

新学校成立要经过上级批准，合肥市教育局有关同志觉得校名四个字太长，要求改为两个字。我想了三个名字：一个是"合肥市孝肃中学"，因为学校坐落在包公街道，孝肃是包拯的谥号，有教育意义；二是"合肥市鱼花中学"，因为学校的位置叫鱼花池，颇有田园韵味；第三个就是"合肥市阳光中学"，和住宅小区、原名都有联系，且有积极丰富的寓意。大家觉得"合肥市阳光中学"好，就上报了，并且得到批准。

合肥市阳光中学从诞生的那一天起，就刻下了"美"的印记。

(二)让每一位学生沐浴阳光

我们是带着价值观一起进入学校的，学校发展的根本在于这些价值观的质量、清晰度和认同度。合肥市阳光中学作为一所完全意义上的新办学校，用什么样的价值观来建立愿景、引领团队、匡正行为及塑造形象显得更加重要。经过几个月的体悟与讨论，我们最终确定把"让每一位学生沐浴阳光"作为学校核心价值观。

让每一位学生沐浴阳光，就是要对每一个学生负责，像阳光那样慷慨无私地普照人间。追求平等是人类长期的、共同的理想，中国古代哲人就有"有教无类"的思想光芒，今天，基于建设和谐社会愿望和日益凸显的教育不公问题，教育公平成为时代的呼唤，教育公平作为实现社会平等"最伟大的工具"已被广泛认同。从学校层面来说，一个学生的失败或许无足轻重，但对这个学生来说却是一生的失败以及一个家庭希望的破灭，给社会带来的负担，甚至是危害也是很沉重的。对于这个问题确实需要我们"将心比心"。

让每一位学生沐浴阳光，就是要对学生的一生负责，像阳光那样，给予人的不仅是现时的温暖，更是终生成长的能量。毋庸讳言，目前，应试教育依然主导着中国基础教育，尤其是初高中教育。这种教育存在诸多只顾眼前利益，忽视学生终生发展的弊端，到了必须改革的时候了。

让每一位学生沐浴阳光，就是要对学生的个性发展负责，像阳光那样赤橙黄绿青蓝紫，让世间万物选择最适宜自己生长的光谱。没有个性的充分发展就不是真正意义上的全面发展，"多元智能"理论阐述的正是人智能发展的类别上的不均衡性和时间上的异步性。

以适应大工业生产为基础的现代教育以及在"大一统"的中国传统文化的影响下,忽视(甚至可以说无视、践踏)人的个性发展,这既不符合人的全面发展的需要,也不符合以人为本,建设和谐社会的需要。

对每一个学生负责,对学生的一生负责,对学生的个性发展负责,就需要我们要树立"有教无类""没有教不好的学生"的信念,有博爱情怀、慈悲心肠,有发现"差生"长处、可爱之处的眼光,有诲人不倦的耐心,有从学生长远发展出发,不断提高教育效果,减少学生成长消耗的教改精神,有给学生提供选择性教育的意识和能力……这样,或许会多伤一些脑筋,多吃一点儿苦,多吃一点儿亏。但是,一所学校应该有这样的价值观,因为学校承载的是人类薪火、家庭福祉和人生希望;一个从事教育的工作者应该有这样的价值观,因为这是最根本的职业道德,这就是我们常说的天地良心。

我想,有了这样的价值观,而且得到大家的认同,我们的学校就会因为有了有质量的(我自认为)、清晰的办学思想而被照亮;我们的教师就会因为在这样的办学思想引领下生成高远的教育境界和积极的人生状态,从而使自己的教育人生被照亮;我们的学生就会因为得到同样的温暖,积聚生长的能量,获得适宜的光芒从而使自己的一生被照亮。这就是我理想中的"阳光教育"。

阳光中学自筹备以来,这一价值观已在多方面影响着我们的办学行为。

招生的时候我们遇到不少困难学生和问题学生。新办学校,没有钱什么事也干不成,但我们还是大范围减免了困难学生的各种费用;对于问题学生,我们通过教师"领养"(教师自己创造的语言,是爱生如子意思的表达)和拜"小先生"的方法来关爱、帮扶。我们没有分重点班,平行分班,让班主任抓阄选择班级,给学生,也给老师一个平等的起点(事实上,根据我多年的教育经验,不分重点班更有利于大面积提高教学质量,更有利于学校的教学管理)。我们更重视学生的差异,每周开设三节选修课,针对不同学生进行提高和补差。养成良好的习惯是人生成功的基础,我们把"养成教育"作为德育的核心;会自育、会自学会让学生终身受益,我们积极推进"自育自学"实验,全体班级、全体教师、全体学科全方位推进,已初显成效;广泛的开展社团活动正是基于学生个性发展的需要,我们已成立包公文化社、阳光驿站广播站、阳光合唱团、街舞社、民乐队等社团组织;广泛开展第二课堂活动和社会实践活动。我们正在规划把以艺术教育为核心的美育作为学校办学特色,以特色教育促进学生个性化发展。

让每一位学生沐浴阳光需要我们更加积极地实践、探索,我们正在努力。

(三)阳光之歌

巢湖之滨,包公故乡,我们来自四面八方。竹林成荫,栀子飘香,我们共同沐浴阳光。

阳光是力量的源泉,阳光是温暖的地方,阳光指引人生的方向,阳光点燃心中的梦想。

啊!阳光校园,美在绽放;止于至善,其道大光。无论走到哪里,我们感恩阳光,我们播撒阳光。

艺术对人的影响总是久远而深沉的。即使我们离开校园已经很久了,但如果耳边响起上学时那些熟悉的旋律,就会唤起内心美好的记忆,就会受到积极的鼓舞。合肥市阳光中学创办伊始,我想写一首歌来寄托对这所全新学校的主张和希望,这就是后来的校歌——《阳光之歌》。

学校的一切都关联着她坐落的土地，阳光中学地域环境最典型的特征是什么呢？淝河是合肥的母亲河，但进入 21 世纪，合肥已从环河时代进入环湖时代，这个湖就是中国五大淡水湖之一的巢湖，现在合肥的两大名片之一就是"大湖名城"。学校坐落的街道为包公街道，是一代名臣包拯读书求学的地方，著名的包公园就坐落于此。每到外地，竟有不少人不知道合肥，但一提到包公却如数家珍。我在创办学校的思考中也有弘扬包公文化的设想，所以就有了首句："巢湖之滨，包公故乡，我们来自四面八方。"

那么，阳光中学环境的典型特征又是什么呢？我第一次进入校园的时候就看到两栋楼之间的花坛和教学楼的后边都栽着栀子花，我感到一阵惊喜。小时候在家乡农村，栀子花很受男女老少的喜欢，这种花朴实芬芳，她的品性与我做人的观点是一致的。写这首歌的时候，学校还没有竹子，但我对竹子情有独钟，学校解说词里有这样的解释：竹，古有"君子"之美誉。古人云"宁可食无肉，不可居无竹"，其正直挺拔、虚怀若谷、淡泊宁静、洁身自好、宁折不屈的品格已成为中华民族文化传统的集中体现，也是现今作为教育工作者需要汲取的精神养料。于是有了第二句："竹林成荫，栀子飘香，我们共同沐浴阳光。"后来，我在校园的很多地方栽了很多品种的栀子花和竹子。现在，阳光中学太湖路校区真已是"竹林成荫，栀子飘香"了。

既然是"阳光之歌"，那就要对阳光进行描述。一所阳光一样的学校是什么样子的，给人以什么样的感受呢？

阳光对于世间万物的意义在于能够获得生长的能量，而学校对于学生的意义同样在于能够获得生长的力量，是知识，也是精神！于是有了"阳光是力量的源泉"。

我一直有这样的观点，学校不仅是学习的地方，更是师生共同生活的地方，联结彼此情感的是爱的温暖，而阳光给予人类最直接的感受也是温暖，如果我们一想到学校，心里就会有暖意，学校才会是师生共同生活的精神家园，于是有了"阳光是温暖的地方"。

初中是一个人世界观、人生观、价值观形成的时期，树立正确的人生目标非常重要。在现实生活中，我们也可以通过阳光来辨别方向，于是有了"阳光指引人生的方向"。

所有这些都是为了点燃学生心中的梦想，这是一所学校的使命，是一所学校的价值所在，也是学生之所以来到学校的原因，于是有了"阳光点燃心中的梦想"。

下面的副歌，是我对阳光中学办学理念的主张。一是"美"的主张："阳光校园，美在绽放"。美的教育意义我在多篇文章中都有阐述，这些年来，阳光中学在寻美路上风雨兼程，渐入佳境。二是"善"的主张："止于至善，其道大光"。向善而且要努力达到最善，"止于至善"渐而成为校训。

最后一句，是对全体阳光人的勉励，心中常怀感恩，感恩给我们指引人生方向，给我们力量，给我们温暖，点燃我们心中梦想的阳光，而感恩最好的方式便是"播撒阳光"。感恩阳光，播撒阳光，是文明火种的传递，是情感温暖的传递，是阳光精神的传递。

《阳光之歌》寄托着我的教育理想，描绘了学校环境和办学愿景，阐述了学校的价值追求，确定了学校的办学特色。每一天《阳光之歌》在学校上空回响，成了阳光人特有的精神食粮。

(四)办阳光教育，创美育特色

阳光中学创建已快四年了，现在回过头认真分析总结办学得失，进一步明确学校发展方向、目标和措施，非常有必要。

学校发展的关键在人。应该说阳光中学有着一批满怀理想、充满热情、自觉性高的干部教师队伍。大家无论来自哪里，不管什么途径，都希望在新的环境中创造人生业绩。保持这样的理想、热情和自觉对学校来说永远都是必需的。但是，我们也需要建立激励机制和约束机制让这样的理想、热情和自觉得到长久保证。同时，我们需要通过多种方式来塑造一支具有较高教育境界与智慧的管理队伍和教师队伍。

学校发展的关键在于办学思想，即要有较为清晰的、高质量的、得到广泛认同的办学价值观。学校创建以来，提出"让每一位学生沐浴阳光"的办学理念和"高质量、有特色、出经验品牌学校"的办学目标，确定美育办学特色。尽管我们主观上为此作出一些努力，也取得一些进展和成绩，但是，由于客观环境（主要是升学率）、主观意识（落后的教育思想）、自身能力（干部领导力和教师教学力）的影响，这些办学思想没有得到广泛的认同和充分的落实。我们在培养什么样的人和怎样培养人这些重大教育问题上还没有进行深入地思考，还没有明确的思路和措施。

学校发展的关键在于效率。所谓向管理要质量，向课堂四十五分钟要质量。教育质量的提高说到底是教育效率的提高，学校的竞争说到底是效率的竞争。当前，我们在管理上还存在职责不明，管理流程不清的状况，还没有通过深入地思考研究，去建立长效的教育机制，存在着很多想当然的做法。我们在教学上存在着大量的、严重的、"蛮"的行为（主要表现为延长教学时间和加大作业量）；习惯于一般化的教学方法，不愿通过科学研究和改革去提高教育效率。

学校发展的关键在于文化。学校发展最终起决定作用的是文化，构建学校文化的终极目标是构建师生共同的精神家园。文化的核心是价值观的确立或重建，主要有人文环境、价值取向、思维模式、信念信仰、行为习俗、实践规范和精神气质。"幽静的自然环境、人文的典章制度、专业的领导范式、良好的人际关系、自强的精神境界和文明的礼仪规范"是学校文化的主要内涵。

精神文化方面，虽然有了一些东西（如"三风一训"、校歌等），但这些东西实质上还没有形成文化，还没有融入全校师生员工的精神世界，逐步成为大家的行为准则，进而成为一种习惯；物质文化方面，特色还不够鲜明，品位还不够高，还有不少空白；组织文化方面，组织设计是否科学，组织关系是否协调，组织运作是否高效，还需要进一步思考改进；制度文化方面，制度还不够完备，已有的制度还需要不断地改进，制度的执行还不够到位；人际关系方面，尊重、理解、宽容、协作的理念还需要深入人心；礼仪规范方面，我们必须重视礼仪规范，使之成为师生员工的自觉行动。

根据以上分析和学校所面临的内外环境，今后我们工作的方向和目标应该是"办阳光教育，创美育特色"。

阳光教育的核心思想仍然是"让每一位学生沐浴阳光"的三个支撑点，即"对每一个学生负责，对学生一生负责，对学生个性发展负责"，现在我们需要做的就是明确实现方式和细化具体措施。

阳光教育应该是生命教育，像阳光那样给生命以滋养。对生命首先要有敬畏之心，逐步形成自觉意识。学校管理的每个方面都要体现对学生生命的呵护。教师教学的每个行为都要高度关注学生的生命状态。（事实上，只有激发学生的生命活力，才能让他们学得更主动、更自觉。）生命教育的基础是促进学生的身心健康。这就要求我们在课程设置上要开齐开足体育课和健康课，开展多种形式的体育活动。重视和加强心理健康教育，通过开设课程、主题活动、心理咨询等多种形式对学生进行心理健康教育。当然，教育者自身的生命力非常重要，我们也要高度重视，采取多种方式来提高教职工的身体和心理健康水平。

第二章 "美的教育"之路

阳光教育应该是生活教育，像阳光那样照耀着我们生活的每个角落。我们的教育应该基于生活，为了生活。长期以来，我们的教育受到本本主义的束缚，我们总是片面地、感性地认为学校只是教师教书、学生读书的地方，事实上，学校是师生共同生活的地方。我们的教育行为只有植根于生活的土壤才会更为亲切、自然，生发无限活力。我们要建设和创造优美的学校环境，提倡和引导师生追求文明、高尚的生活方式，建立和谐的人际关系（教师之间、师生之间、学生之间、家校之间）。我们要把教育延伸到课本之外、课堂之外、学校之外。

阳光教育应该是生长教育，像阳光那样促进万物生长。生长就是发展，是教育应有之义。教育发展的目标是学生的发展，但关键是教师的发展。既要重视全面发展，也要重视个性发展，在教育教学管理和日常的教育教学行为过程中要关注每个人发展的起点（最近发展区）和发展能力取向（多元智能）是不同的，真正做到对学生因材施教，让学生学有所长，让教师专业发展，教有风格。要改进评价体系，着重体现发展性。

创美育特色，我们不能简单认为是拿个牌子装门面。某种意义上说，实施美育是办阳光教育的支撑点。当前，学校创建美育特色，还需要我们进一步形成广泛共识，建立创建机制，找到行之有效的实施途径。

学校创建美育特色，要进行更为广泛的学习、动员，统一思想，统一行动。要建立创建组织，明确创建任务，建立考评机制。围绕"以美育德、以美启智、以美健体"的创建目标，坚持以环境美育为基础，以艺术教育为重点，以自我教育为途径的基本思路，找到更细化的切入点，这个切入点要准、要特、要高、要行。

学校各个组织和每位员工都要在"办阳光教育，创美育特色"这个目标中发挥聪明才智,思考如何作为,努力建功立业,从而真正做到"感恩阳光,播撒阳光"!

(五)阳光校园,美在绽放

2011年12月29日,合肥市特色学校评估组来学校评估。评估组专家采用实地察看、问卷调查、听课访谈、开座谈会、查资料、观看演出等形式,对阳光中学创建美育特色的思想、过程和成果进行评估,我以《阳光校园,美在绽放》为题做专题汇报。最后,阳光中学以第一名的成绩获得"合肥市特色学校"称号。

1

美是人类生活最重要的因素之一。对美的追求是人的本性,是生命的内在需要。俗话说:爱美之心,人皆有之。古今中外,对于审美教育的论述颇多。

孔子将自己的美育方针表述为"志于道,据于德,依于仁,游于艺"(《论语·述而》)。他认为"艺"是前三者实现的最重要的工具,并以"六艺"教人,以实现他对人的全面教育。在孔子的美育过程中,他首先重视"知"的方面的教育,认为认知教育是其人格教育中的一个决定性的起点,只有做到了最起码的"知",才能更好地对之进行更深入的教育,但仅限于"知"的方面还是不够的,故孔子说:"知之者不如好之者,好之者不如乐之者。"柏拉图认为教育对人是终身的,尤其是美育,更是伴随人的一生。所以他认为美育从一开始就应该培养儿童对美的爱好,使美从小就浸润他们的心灵,并且要坚持循序渐进的过程。马斯洛的需要层级论认为,美是人达到自我实现的基础和不可逾越的重要一环。马克思认为,人是依照美的规律来塑造的,对美的追求不断在改造人的主观世界和客观世界。

在一般情况下,审美教育往往被理解为艺术能力的学习和训练。其实,真正的美育是以通过培养学生感受美、表现美、鉴赏美、创造美的能力，从而促使学生追求高尚的生活情趣、健全的人格修养和理想的人生境界等为目标的教育。

美以真与善为基础，美是真与善的达成。因此，美育应以树立求真的精神，培养善的愿望和能力为基础。环境的影响对美育有着潜移默化的重要作用，艺术是美育的主要内涵，自我教育是达到美育的必然之路。

带着这些认识，2008年10月，我赴杭州师范大学，和当代著名教学美学专家汪刘生教授进行了交流，这次交流更加坚定了我学校以美育为特色的办学思想。学校领导班子讨论创特工作，教代会讨论学校报告，并将这一思想写进《合肥市阳光中学办学章程》里，写进了《学校宣言》。

合肥市阳光中学是我们神圣而光荣的名称，我们致力于"培养健康、向上、智慧、尚美的阳光少年"！

"让每一位学生沐浴阳光"是我们的价值追求——对每一位学生负责，对学生一生负责，对学生个性发展负责！

"阳光教育，以美育人"是我们的办学方略——阳光教育是生命教育，生活教育，生长教育；我们以美的教育塑造美的人生！

"止于至善"是我们的教育态度——以精细管理，精准教学，打造精品教育；用心培育"尚美"之校风，"求真"之教风，"自育"之学风！

"奉献、执着、超越"是我们的精神追求——无私奉献教育事业；执着追求教育真谛；不断超越，追求卓越！

2

全面实施素质教育和均衡发展是当前基础教育的重大课题，而学校特色发展是解决这两大课题的重要举措。学校要办出自己的特色，必然要通过开展个性化的特色教育，发展个性，培养特长，不仅是品牌学校的标志，更是教育自身发展的要求。2008年12月，我们已成功申报了包河区美育特色学校，在此基础上，申报合肥市美育特色学校是我们理所当然的目标。

合肥市阳光中学位于合肥市马鞍山路与太湖路交口西500米。马鞍山路沿线已建成为繁华的商业带，交通便捷。学校毗邻合肥工业大学等院校，人文环境优越。与安大艺术学院也相距不远，附近有众多艺术培训学校，艺术教育氛围浓厚。阳光中学学区包含和辐射的有屯小世纪阳光分校、巢湖路小学、前进小学、青年路小学、卫岗小学等，具有一定的艺术教育的基础，为学校提供了一定数量的艺术特长生。学校附近的合肥二中的艺术特长班使艺术特长学生升入高一级学校有了出路。

阳光中学坚持全面实施素质教育，坚持对每一个学生负责，坚持对学生的一生负责，坚持对学生个性发展负责的办学思想。学校采取以德立校、依法治校、以科研兴校、以名师强校、以特色名校的发展方略。学校高举"让每一位学生沐浴阳光"的旗帜，以"止于至善"为训，努力形成"尚美"之校风、"求真"之教风和"自育"之学风。

阳光中学具有创建美育特色学校的物质基础。新建综合楼建有现代化的科学实验中心、艺术教育中心、心理健康教育中心、图书阅览中心、多功能活动中心（含餐厅）、办公会议中心和校园电视台等；学校门前建有200多米长的绿化景观带，以及观念超前、与教育教学紧密结合的1000多平方米的"空中花园"。2010年学校被评为"合肥市绿色学校"。

阳光中学拥有一支结构合理、充满朝气、无私奉献的高水平教师队伍。学校管理人员有着先进的办学理念、丰富的管理经验和进取创新精神。学校还聘请了何炳章、韦化龙、赵蓉等多名教育专家、学科领袖参与指导学校工作。

学校建有一批朝气蓬勃的美育社团组织。涌现和培养出一大批艺术特长生。

3

（1）环境美育。环境对人的作用是潜移默化的，优美的育人环境净化人言行和心灵，陶冶情操，启迪智慧，引导人走向文明。环境教育不仅在校内，也可以走向社会，走向自然。

学校建成了一个个绿化小品，如竹韵园、流金园、点石园、栀香园、春华园、秋实园、冬蕴园等。在建成的综合楼楼顶，1000多平方米的以"阳光、绿色、生命"为主题的空中景观工程"空中花园"已顺利建成，并与教育教学紧密结合：辟有"生命绿洲"——生物培植基地、"创艺空间"——美术写生基地、"爱乐地带"——音乐活动基地、阳光驿站——成长辅导基地。

阳光中学在全省率先实行教育资源向社区开放，赢得了良好的社会声誉，学校各项工作得到社区的广泛支持。

（2）艺术美育。"我们依赖艺术帮助我们实现人性的完整。我们深信了解艺术和艺术实践对儿童精神思想的健康发展是十分重要的。艺术与教育一词的含义是不可分的。长期的经验告诉我们，没有一个缺乏基本艺术知识的人能够表明自己受过真正的教育。"（《美国国家艺术教育大纲》）艺术教育是学校实施美育的重要途径和内容，是素质教育的有机组成部分。

建校几年来，学校艺术团纷纷走出校门参加一系列的艺术活动，在"畅想滨湖艺术展演""科普剧进校园""校园原创歌词大赛""百米长卷绘画比赛""阳光下成长歌唱比赛"，以及书画作品展、师生摄影展等一系列活动中崭露头角，学校合唱队登上了安徽省首届合唱艺术节殿堂，并取得了可喜成绩。

(3)自我美育。自育是教育的根本途径，美育也不例外。我们通常所说的"语言美、行为美、心灵美、环境美"无一不是通过自育来实现的。良好校风、班风的形成更是自我约束、自我反省、自强不息的结果。一堂课、一个班级，乃至一个学校也需要通过自主学习、自主管理来达到教育艺术境界（即美的教育），从而使受教育者获得美的生活和美的人生。

通过"自我教育和自我管理""每生自学一样乐器""自育自学"等课题的开展，全面落实《合肥市阳光中学教育教学工作和活动课程纲要》。建立助理班主任和校风督察员制度，在师生中开展"尚美小分队"和"美育导师"制度。深化了"养成良好习惯，塑造美的人生"主题教育活动，改进和完善一日常规管理，以及开展主题教育周、月活动。现在我校学生在中午就餐、午休管理、课间管理、上（放）学管理等方面都能做到全程自我教育、自我管理。

(4)课程美育。课程最能体现学校美育。学校严格贯彻执行课程计划，积极开设校本课程。在课程教学中，学校高度重视音乐、美术等艺术课程的开设，即使在九年级毕业班中，学校也开设了艺术鉴赏校本课程。同时，学校也十分重视心理健康教育课程的开设，注重学生心灵美的教育，学校配有3名心理健康教师，对学生定期开展心理教育。学校开设合唱、器乐、书画、围棋、球类、信息学、科技创新等社团，寓美育于社团活动中。在课间十分钟，注重对学生的艺术熏陶，从清晨到校至学生下午放学，学校广播定时播放晨间曲、课间曲、中午放学曲、下午上课曲、傍晚放学曲，这些中外经典曲目给了孩子们艺术的熏陶。

(5)文化美育。在学校的制度文化中，《阳光中学办学章程》《阳光中学自主发展规划》《阳光中学创建美育特色学校方案》等为办学特色指明了方向和思路；在学校的精神文化中，校徽核心图案是充满希望的朝阳，校训是"止于至善"，三风是"尚美"之校风、"求真"之教风、"自育"之学风，这一切都是我们"以美育人"的精神追求。在学生行为文化中，"让每位学生都有机会成为升旗手"，组织每个班级在"国旗下讲话"并展示班级特色的主题活动；建立学生德育基地，组织学生参加社会考察活动；诚信考试制度让学生"美"的心态得以验证；"尚美小分队"展现阳光般的风采；开展"养成良好习惯，塑造美的人生"等一系列活动，为学生的终身发展奠定基础。

加强班级文化建设，形成各具特色的班级文化风貌。班级是学校的组织细胞，是学校文化共性特点体现的载体，同时，班级又会体现其各自独特的文化个性。各班级现在都制作了主要体现班级文化的展示窗口，学生自己设计班徽、班训、班风等，设计个性化的班级装饰以及突出"自我教育，自我管理"的班级管理文化主题。

4

(1)以美育德。学校涌现出一大批积极、向上、智慧、尚美的阳光少年。

简彦泽在2011年4月23日不幸遭遇车祸，全身多处骨折，肺部也受到损伤。5月下旬，学校老师去看望她时问她能否参加中考，当时的彦泽身体很虚弱，身上还打着绷带，但她坚持要参加考试。经过几番周折，医院最后同意她去考试。为实现她可以和其他同学一起考试的梦，合肥市教育局为她专设了一个考场，她躺在病床上完成了中考，在"永不放弃"的信念下，简彦泽考了687分。她的事迹感人至深，在网络上被广为传颂，她被称为"坚强妹"。2011年某天，我校七年级六班的金熠，七年级7班的丁雪、周庆凤三位同学结伴游玩时，在温馨家园小区附近拾到上万元的现金，三名同学在原地等了近一小时后无人认领，便步行四公里到望湖派出所报案，如数将拾到的现金交给了警察。在阳光中学像这样的阳光学子举不胜举。

在抓学生思想美育的同时，学校也高度重视教师的思想工作，开展"潜下心来教书，静下心来育人""感动阳光人物评选"等一系列活动，学校获评包河区"两情两德"先进单位。

在2008年汶川地震、青海玉树地震、甘肃舟曲泥石流灾害中，阳光中学在最短的时间内积极响应"一方有难，八方支援"的号召，全校师生纷纷捐款支援灾区，为抗震救灾尽了一份力。另外，我校是中西部地区的顾问单位，2008年和甘肃中寨中学结成友好学校。

(2)以美启智。阳光中学的创办解决了合肥市马鞍山路一带群众子女上学的问题，教育资源得到合理的配置，教学质量迅速提升，现已进入包河区教育第一方阵，满足了人民群众"上好学"的愿望。2011年中考取得优异成绩，位居合肥市前列。2011年10月，阳光中学荣获"包河区教学质量突出奖"荣誉称号。

(3)以美健体。2008年4月3日，阳光中学教育资源在全市率先对社区开放。

2009年6月，学校决定发展篮球运动。阳光中学学生男子篮球队在包河区2010年中小学生篮球赛中为我校赢得了一等奖的荣誉。

在2010年包河区第三届田径运动会上，我校师生代表队在强手如林的比赛中为学校赢得团体第三名的好成绩。

学校取得的成绩受到了社会各界人士的高度评价。一位教育界同仁、合肥市铁四局中学副校长彭江龙盛赞道："阳光中学是合肥市33所住宅小区配套学校花丛中一株开得最艳丽的花朵。"

我们深知学校办学特色和学校文化建设是一个长期的积淀过程，我们将以马克思关于"人的全面发展"理论为指导，以创建安徽省特色学校为目标，紧密联系学校办学实际，围绕安徽省特色学校评估方案，坚持美育覆盖学校教育的方方面面，坚持美育贯穿学校教育教学的全过程，以环境美为依托、以艺术教育为核心、以自我教育为途径，以美育德，以美启智，以美健体，促进学生全面、和谐和个性化发展。

四、建设"美的教育"文化

从美育特色走向"美的教育"。

2012年，阳光中学成为合肥市包河区第一批学校文化建设试点校，在北京师范大学专家团队的指导下，对学校文化进行诊断、梳理、分析、提炼，形成"美丽阳光教育"理念体系和实践体系，学校发展从美育特色走向"美的教育"。

在建设"美丽阳光"文化中，我的体会和认知是：每所学校都有文化，好学校有好文化；文化建设人在中央，价值是核心；文化是内生的，文化具有意识能动性；文化在行动中，文化在细节里；文化需要坚守，文化需要创造。

（一）文化，那些美好而有价值的故事

是的，已经5年了，2012年包河区学校文化建设项目拉开序幕，我不止一次的说过，这个项目对包河区学校的影响将是深远的，阳光中学就是受益者之一。

我确实应该写一篇文章来回顾那些美好而有价值的故事，用很正式的方式表达对陈雪梅局长远见的敬佩，对北师大专家智慧的感激、对全校老师辛苦的感谢。还有就是，近些年，我常被邀请到外地讲学，或是外地同仁来包河区、阳光中学考察交流，大都是点题要我讲学校文化建设，把那些难堪的、痛苦的、快乐的、幸福的回忆用文字记录下来，既能与教育同仁们分享，也能防止遭遇一些重

要的、感人的细节想不起来的尴尬。

言归正传。2011年冬天,从北京"文化之旅"考察回来的路上,陈雪梅局长问我们几个同行的校长:"你们觉得需不需要开展学校文化建设?"我们异口同声地说:"需要!"

2012年春季开学不久,教育局就发布了《关于遴选学校文化建设试点校》的文件通知,这是促进学校发展的一次难得的机会。不过,当时我心里确实没底,因为阳光中学创办只有5年的时间,在名校荟萃的包河区,无论是办学成果,还是文化底蕴,我们与其他学校相比都有很大差距。不过,有了北京文化之旅的考察,有了和北师大专家几次零距离的接触,有了阳光中学近五年对"美育"的探索,有在五十六中工作期间对艺术教育不自觉的尝试,加上教育局领导多次强调的校长态度的重要性,我们在思想认识上还是比较到位的。我们的申报很积极,很认真,我"亲自操刀",材料做得也很精美。最终,花落初中两个学校,阳光中学是其中之一。

2012年3月29日,春寒料峭,乍暖还寒。由北师大张东娇、马建生、高益民、余清臣、徐志勇等专家组成的团队,到我校开展工作日活动。

上午,实地察看、问卷调查、座谈会,个别访谈;下午,展开"头脑风暴"。专家们简短地肯定之后,就是毫不留情地指出问题,那情景现在想起来还有点不自在。给我印象很深的是,余清臣博士肯定了我们"美育"的方向之后,指出学校校长具有很强的概括能力,提出了不少概念,但这些概念的指向不够明确,概念与概念之间联系不够。而张东娇教授更是直言不讳地说:"我在女厕所,看到墙壁上有不雅的话,看来校长美的教育思想,还没有化为行动,体现在细节里。"两位专家的话语,正是我们从事教育基层工作者的理论不足、理念和现实两张皮的问题……听后,我浑身冒汗。

2012年夏天，我和我的同事们受邀到北师大商讨《学校文化建设方案》，余清臣老师请我到一个小饭馆吃饭，我们聊了一个中午，从理念体系到实践路径，特别是对"美丽阳光"文化的定位和"学思尚美，知行崇阳"核心价值的确立，每一个字都认真地推敲。我们一个劲儿地说，竟忘记了吃饭。一个对阳光中学的发展具有里程碑意义的方案就在那个小饭馆里诞生了。

接下来是课例研究，如果说方案让我们仰望星空，那么课例研究就是让我们脚踏实地了。把文化融入课堂，文化才能生根，才会开花。课例研究有两个很重要的特点，一个是量身定制了"美丽阳光"文化中"打造卓有成效的魅力课堂"的评价标准；另一个是有科学的课堂评价测量工具。具体方法就是"磨课"，一名教师经过数十次的磨课，真是要脱一层皮。磨课是自我否定，也是自我更新，是凤凰涅槃式的毁灭与再生。每所学校的课例研究都会改变一个人，造就一个人。一年之后，我校课例研究的主角、年轻的王盈盈老师成为包河区优秀教师。

在学校文化建设过程中，一不小心，我居然成为学校文化建设所谓的"本土专家"。2013年11月，包河区举行学校文化建设现场会，我在会上做了"学校文化建设的思考、实践和启示"的交流报告，北师大张东娇教授对我的报告给予了肯定和鼓励。不过，对我报告中所言的"每个学校都有文化"，有位领导有不同的看法，认为"有的学校没有文化"，大概是我们对"文化"概念的理解有所不同。

学校文化建设的一个"副产品"就是和北师大的老师结下了深厚的感情，学校文化建设创建活动结束之后，这深厚的感情成了"最有价值的成果"。这些年，经常去北师大，北师大就像我北京的家。张东娇老师过我一套她主编的学校文化建设丛书，成了我学习学校文化建设的教材。有一次，我陪同马建生老师外出考察，一路上向他请教了好多问题,三个多小时的一对一辅导,"榨取"了他的很多智慧。

2014年,中国学校文化共同体成立,阳光中学有幸成为其中一员。在北京师范大学余清臣老师的指导下,每一年都会有专家指导、同伴互助。通过学校文化共同体,结识了聂延军老师、赵福江老师、石邦宏老师、郭兴举老师、洪明老师、宋兵波老师等专家学者,还结识了很多全国各地的校长。学校文化建设项目就是一个孵化器,催生出学校不断的向前发展。

2016年,包河区教体局组织了一次以学校空间管理为主题的精细化管理现场会,包河区和外地的教育界同仁再次莅临我校考察交流。下午,我在工作坊中做了学校环境文化建设方面的交流。有的校长说,你们学校文化是自己生长的;有的校长说,每次来都有不一样的感受;有个同学到我们学校后说,你们学校不大,但很精致,一看就知道是打理过的……每当听到这些,我就会想起这5年间发生的点点滴滴。

近几年,我也应邀去外地介绍我们建设"美丽阳光"文化的一些想法和做法。来自广东中山、陕西西安、河南开封、山西永州和安徽芜湖等全国各地的教育同仁都来到阳光中学考察交流,阳光中学的"美丽阳光"文化,在这样不断强化的过程中,逐渐有了一点模样。

(二)美丽阳光文化的思考与实践

学校文化建设,主要分为这样几个方面或者说大致需要经历这样几个过程:文化意识、文化诊断、文化理念、文化实践和文化提升。

文化意识

所谓的文化意识,就是要意识到学校文化无所不在,而且要关注学校文化存在的状态。文化意识分为文化认知意识和文化探索意识两方面。文化认知意识包括什么是文化、文化与教育的关系、文化分类及其关系等；文化探索意识包括校长的作用、文化个性和文化共识。

大家都知道对于事物的认识，我们只有从本质，或者说从原点上去思考才能看到其本来面目。

什么是教育？无论是人类的进化，还是一个人的成长，教育就是让"人"成为"人"。这前后两个"人"含义不同，前者指的是自然人，后者指的是社会人。人类在漫长的进化过程中正是依靠言传身教，一步一步地站立起来，从原始人进化为现代人的。把一个懵懂的孩童培养成对社会有用的人才，是离不开教育的。

在人类进化和人的成长中，教育起着主要的和具有决定意义的作用。我们的古人是怎么思考这一问题的呢？在甲骨文中"文"是一个大人的形象，强调大人的胸部，表示有思想和智慧。为什么不强调头？古人认为"心之官则思"。"化"字，在甲骨文中是一个倒立的人和一个站立的人，化就是人的成长。由此可见文化就是"人化"。我们是否可以得出这样一个结论：教育就是以"文"化"人"。教育和文化具有天然的联系，是学校发展的必然选择。

图 2-1　甲骨文的"文""化"二字

文化由外而内主要包括环境、行为、典章和精神四个方面，典章和精神文化体现一所学校的价值追求，而环境和行为文化是一所学校风气的表现，这四个方面共同发挥育人的作用，是教育成败的关键。文化是学校发展的一种境界、一种强大而持久的力量。

每个学校都有文化，但每个学校的文化个性是不同的。学校文化个性的形成，校长具有重要的导向、引领和示范等作用，最终以学校成员达成共识为标志。

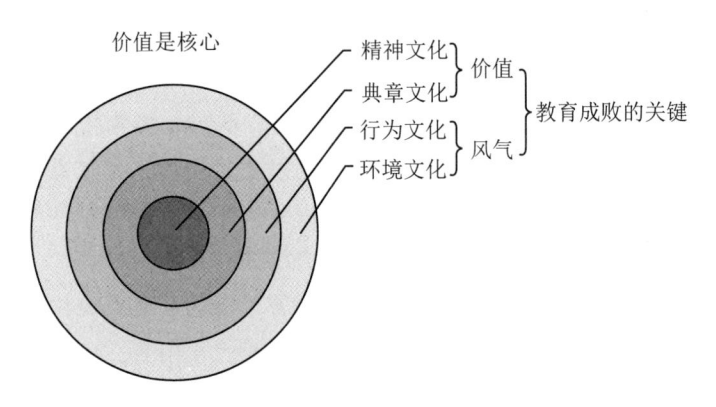

图 2-2　学校文化建设基本要素

阳光中学的文化个性表现为两个方面：一是美育。关于美育的作用，古今中外的哲人多有论述，但我最信服的还是马克思说的一句话，"人也按照美的规律来建造。"阳光中学对美育的选择还基于初中正是学生人生观、价值观形成的关键时期，现在初中学生思想品德方面最突出的问题就是不知道什么是美，什么是丑，甚至以丑为美。为此，阳光中学建校不久，我们一是推行了"531"美育工程，即通过环境美育、艺术美育、自我美育、课程美育和文化美育，以美育德，以美启智，以美健体，培养健康、向上、智慧、尚美的阳光少年。二是强调阳光。阳光是鲜明的、正面的文化符号，我们以"阳光"作为校名，这是得天独厚的文化资源，我们要用心开发这一宝贵的资源。比如：阳光教育的价值——让每一位学生沐浴阳光；阳光教育的内涵——生命教育、生长教育、生活教育；阳光校园的描述——阳光是力量的源泉、阳光是温暖的地方、阳光指引人生的方向、阳光点燃心中的梦想；对阳光人的要求——感恩阳光、播撒阳光；阳光教育的愿景——每一位师生绽放美丽阳光；阳光精神——奉献、执着、超越。

文化诊断

常见的学校文化诊断，多采用SWOT分析法。学校发展规划以及学校年度工作报告也是学校文化诊断的具体方法。

优势 Strengths	劣势 Weakness
机会 Opportunities	威胁 Threats

图 2-3　SWOT 分析法

2012年，北师大学校文化建设专家团队通过实地察看、问卷调查、座谈会、个别访谈等方式，用他们研制的测量工具从文化的参与性、一致性、适应性和使命感四个方面对我校文化发展状态进行诊断，最后得出下列结论：

> ……在学校文化的四个一级维度中，平均得分介于3.85至4.24之间，按照五点量表的评价标准，介于"基本符合"和"完全符合"之间，五点量表四个梯度中的较高的两个梯度，说明学校文化的整体发展是比较好的。而校长问卷的得分相对较低，反映了校长对学校文化更高的期待。

文化理念

文化理念的提炼应该来自学校的历史变迁、地理环境、办学理念、办学特色、校名引申、特殊事件等,不是从别的地方拿过来贴上就可以了。学校文化应该是在自己的土壤中生长出来的,否则,就会是两张皮,就会是一个标签。

合肥市包河区经过四轮学校文化建设项目的提炼以及一些学校的"自己动手",提炼出屯溪路小学的博雅文化、师范附小的启明文化、三十二中的责任文化、四十六中的方正文化、四十八中的创新文化……

阳光中学的"美丽阳光"文化根据学校的办学特色和校名综合提炼而成。"美丽阳光"文化融汇学校建校之初确立的"让每一位孩子沐浴阳光"的办学理念与美育特色,是对学校已有办学思想和实践的总结、凝练和提升,形成独特的教育追求,赋予新的内涵。在新的发展阶段,"美丽阳光"文化是阳光中学创建学校文化品牌、提升学校办学品位做出的重大战略选择。

学校文化理念体系主要由以下三方面组成,即学校办学追求的核心价值、学校的培养目标和学校的办学愿景。

阳光中学文化理念的核心价值是"学思尚美,知行崇阳"。《合肥市阳光中学"美丽阳光教育"体系策划实施方案》指出,"学思尚美"本意指把"美"的意蕴和追求融入学习和思考中,可以具体解释为:在学习和思考中要有"美"的意蕴和追求,以"美"来培养兴趣、陶冶情操、启迪智慧;在学校各项教育活动中,力求"以美育人",实现真、善、美的和谐统一。"知行崇阳"本意为在认识和行动上崇尚"阳光"精神,可以具体解释为:以"阳光"寓指的公正、坚忍、奉献、乐观等品质要求自己,知行合一;在教育过程中秉持公平、公开、奉献的精神,以身作则。

中国的文化有两个源头,一个是道家思想,一个是儒家思想。古人云:"人与天调,然后天地之美生。""故天秉阳,垂日星。""尚美"和"崇阳"继承了道家"天人合一"和儒家"自强不息"的精神。我曾写过一副对联来概括这两种精神:"秉阳布德泽止于至善(儒),尚美与天调本在自然(道)"。

"美丽阳光教育"旨在培养广博学识、强健体魄、美丽心灵、淳厚品德、坚忍意志、开放胸怀的美丽阳光少年。培养目标是一种教育理念体系的重要组成部分,它回答的是培养什么样的人的问题。"美丽阳光教育"的培养目标体现了"基础+特色"的思想,它既反映了教育在人的发展上的一般追求,又点明了"美丽阳光教育"要培养学生的独特气质。

建校伊始,学校以"让每一位学生沐浴阳光"为办学愿景,后来有老师说:"我们教师也要沐浴阳光。"在学校文化建设中,我们把学校办学愿景改为"每一位师生绽放美丽阳光",因为"美丽阳光教育"应是惠及全体师生的教育,没有"美丽阳光"的教师,也就不可能有真正"美丽阳光"的学生。每一位师生不仅要沐浴阳光,更重要的是要绽放阳光,活出人生的精彩,继而"以自己的火点燃别人的火",全校师生共同在这种教育中获得快乐,享受成长,使学校真正成为全体师生共同的精神家园。

文化实践

(1)精神文化。

培养什么样的人是学校精神文化建设的核心,不回答或者说没有回答好这个问题,学校文化就没有方向或者说没有正确的方向。我们通过《学校宣言》的形式集中概括精神文化内涵。《学校宣言》(学校文化建设项目启动之后有修改)的第一句话:"合肥市阳光中学是我们光荣而敬畏的名称,我们致力于培养具有广博知识、强健体魄、美丽心灵、醇厚品德、坚忍意志、开放胸怀的美丽阳光少年。"

学校以"止于至善"为校训,语出中国古代经典著作《礼记·大学》,"大学之道,在明明德,在亲民,在止于至善。"意思是做人、做事应该向善,而且要努力达到最善。

学校倡导"尚美"之校风,意思是尊崇、注重美。追求美的教育、美的生活、美的人生。

用校徽阐释学校的精神文化,以大海上初升的太阳为主体,扣合校名,喻示学校与日俱进,生机无限,前程远大;通过书海逐步变形为翱翔的海燕,喻示莘莘学子畅游知识海洋,学有所成展翅飞翔;蓝色喻示教师胸怀博大与智慧,光荣与梦想;整个图形寓含学校办学理念"让每一位学生沐浴阳光"和校训"止于至善"的基本精神。暖黄、海蓝、青灰是学校主题色。

校歌《阳光之歌》由学校合唱队录制成了电子声乐,每日播放。

精神文化可以通过物质固化,化虚为实,可感可知。比如栀子花是学校的校花,栀子花的花语是"永恒的爱与约定"。栀子花从冬季开始孕育,近夏至才会绽放,含苞期越长,花香越久远。栀子的花洁白芬芳、朴实温润;栀子的叶,经年在风霜雪雨中翠绿不凋,蕴含着朴素、美丽、坚韧、醇厚的生命本质。有诗云:繁枝碧绿雪如花,艳映湖波显贵华。播得芳香倾市醉,亲情润入万千家。

阳光中学种植很多竹子。竹子有很丰富、积极的文化内涵,古有"君子"之美誉。古人云:"宁可食无肉,不可居无竹。"白居易在《养竹记》中总结了竹的品性"本固""性直""心空""节贞",其正直挺拔、虚怀若谷、淡泊宁静、洁身自好、宁折不屈的品格已成为中华民族文化传统的集中体现,也是现今教育工作者需要汲取的精神养料。

我们把学校精神文化内容文字刻成印章，印在相关的奖品上，还请教育专家学者和书法家留下书法作品……

（2）典章文化。

《论语》云：不学礼，无以立。礼包括典礼和制度，就是通常说到规矩，不同的规矩传达不同的文化。

在学校层面，办学章程是最重要、最大的规矩，是学校的"宪法"，其规范了学校的办学方向、组织机构、权利职责等重大问题。建校以来，阳光中学制定了岗位聘任、考核、绩效工资、岗位晋级、考勤、福利慰问、教学常规、教科研、班级评比、安全管理、招生工作流程等系列制度。

有关教职工切身利益的制度都要通过教师代表、学校、有关部门召开座谈会，校务会议制订方案，教代会讨论表决的方式确定。制度制订得规范化和民主化，实际上是让校长得到了解放。现在，学校绩效工资发放、职称评定等问题没有人来找校长，因为找校长也没用，学校制度摆在那，个人无法改动。

人的思想、状态的改变，或者说一项工作的推进是需要有仪式感的。我们非常重视毕业典礼，认为这是学生初中教育不可或缺的重要一环，并把毕业典礼上升为课程；一年一度的感动阳光人物颁奖典礼，从内心深处激发教师们从事教育工作的尊严和成就，感人或幽默的颁奖词，常常让获奖者热泪盈眶或者喜笑颜开；开学典礼校长讲话为师生鼓劲，为学期工作定调；运动会开幕式是运动会最精彩的篇章。

（3）行为文化。

"养成良好习惯，塑造美的人生"是我们建设行为文化的主题词。诚信考场无人监考，是荣誉，也是考验；尚美小分队在美化窨井盖活动中让每个窨井盖都成为艺术品；每天美育导师用美的眼光巡视校园，肯定美的行为，纠正不美的举动；用校园故事传颂美的行为；每生自学一样乐器，提高艺术素养；让运动成为习惯，课外活动教师自发组织运动；每一位学生都能够成为升旗手，体现让每一位学生沐浴阳光的办学理念；徒步远足能够磨炼生命意志，已成为阳光中学学生的必修课……

(4)环境文化。

把学校建成最美、最适宜读书的地方是我们建设环境文化的准则。我的体会是理念先行，整体架构，高端设计，逐步实施，做成精品。现在很多学校往往比较重视物质环境的建设，而忽视人文环境的营造。我们在人文环境建设方面也有一些探索。

从清晨到校到学生下午放学，学校广播定时播放晨间曲、课间曲、放学曲、上课曲、放学曲，这些中外经典曲目给了孩子们艺术的熏陶。

每个班级都有学生自己设计的"班级文化展示窗"，包括师生合影、班风、班训、班徽等，展现班级不同的精神风貌。班级装饰也是由学生自己动手，学生很有想象力和创造力，装饰也更贴近学生的生活和审美情趣。每学年装饰一次，学校组织评比，学生们在劳动中展现了自我，收获了快乐，体现了学校倡导学生自我管理和自我教育的教育理念。

在墙面展示师生活动图片和艺术等方面的作品，设立荣誉墙、责任牌，把校史搬到室外等，让墙壁会说话，赋予墙壁文化内涵和教育意义。

开展教育资源对社区居民开放，营造良好的社区环境，社区老年艺术团参与指导学生自学乐器；社区为学校捐款捐书、组织学生开展活动；家长组成义工全方位为学校服务。

文化提升

在学校文化建设过程中,我总结了 30 年寻美路上的得失,阅读了大量有关学校文化建设的书籍文章,汲取了大学问道时专家们的思想智慧。特别是在华东师范大学学习时班主任张俊华老师对学校文化的精辟论述给了我很大的启发,阳光中学文化提升大体是按照张老师主张的"范式"。方向越来越明朗,思路越来越清晰,措施也越来越落在点子上。

(1)确立办学战略定位。

用"美丽阳光"反映学校文化总体特征和追求。有了"美丽阳光"理念体系和实践路径,学校的各项工作便有了方向,心往一处想,劲往一处使,"美丽阳光"之梦终将实现。

(2)确立文化建设目标。

学校文化建设以塑造人的精神为核心任务,终极目标是为师生营造温馨和谐的精神家园。

提升教师的精神境界——铸就"奉献、执着、超越"的阳光精神。只有提升教师的精神境界才能培养学生正确的世界观、人生观和价值观。教师的境界应该是高远的,只有站得高,看得远,才能为学生"指引人生的方向,点燃心中的梦想"。

提升学校的文化品质——铸就"止于至善"(校训)的工作态度。做任何事都要有追求一流、追求卓越的思想,在工作中要做到精细精准,精益求精。不能满足于"一般化""大众化",要有改革创新精神,超越过去、超越他人、超越自我。

建设学习型学校——铸就"求真"之教风和"自育"之学风。秉持学术至上的价值追求,让学习成为一种习惯,研究成为一种风气,倡导团队学习和个人反思,丰富知识,净化心灵。

营造师生和社区共同的精神家园——铸就"我们共同沐浴阳光"

的价值追求。学校文化建设的目的，一是为每一位学生提供全面发展、终身发展和个性发展的适合教育，让学生心里充满阳光和希望；二是为教师搭建实现个人价值的舞台，让教师展示风采和才华；三是开放学校办学资源，引领社区走向文明进步，以期营造彼此守望相助、安全幸福，具有强烈归属感的精神家园。

（3）建设学校文化五种主要生态形式。

优静的环境文化——体现净化、绿化、美化和教化功能。"优"就是要有品位、品质，不能粗制滥造；"静"就是要让人的心灵沉静下来，不能浮躁；净化是对学校环境的基本要求，学校内外、教室（功能室）内外、办公室内外、廊道、墙壁、厕所以及师生衣着等要干净、整洁；绿化可以和生命教育、生物教学结合起来，美丽的校园要有清新的空气、安静的环境、雅致的小品、优美的音乐；教化是环境文化的最高层次和终极目标，通过主题文化墙、班级文化窗等形式实现潜移默化的教育功能。

在环境文化建设中确立天人合一的思想，崇尚自然，防止开发过度。

人文的典章文化——彰显法治、规范、人文和激励特征。学校典章文化建设以学校核心理念为指导，适应教育发展新要求，不断进行制度创新，充分发挥制度的规范、激励和惩戒功能。学校典章要"全"，做到事事有章可循；内容要"细"，条例明确，操作性强；执行要"严"，纪律严明，赏罚分明。制定教师、学生、家长手册，语言风格上多一点劝导性的"温馨提示"，少一点恐吓式的"严禁、处罚"。定期开展礼仪教育和节日庆典活动，设定校园节日。

专业的领导文化——有专业、分权、精细和问责特点。营造"人人都是领导，人人参与领导"的"共同管理"文化，让学校成员有一起践行任务和共同承担责任的意识。建设学校领导文化围绕四个方面进行,即专业引领的基本能力、多元分权的民主思维、精细管理的实际行动和追究问责的评价机制。

卓越的精神文化——培育宽容、自强、和谐和创造的精神。学校文化的核心是精神文化,精神文化的核心是价值观的确立和重建。通过开展对学校办学理念、校训、校歌、校徽等进行宣讲,收集校史、校友资料,撰写校园故事,完善"感动阳光人物评选"等活动,铸造"奉献、执着、超越"的阳光精神。

文明的行为文化——展示礼节、和善、唯美和文明的气质。行为文化具体表现在校风、教风、学风(简称为学校"三风")上,是学校办学成效的整体反映。一是把"三风"的精髓浓缩到精心设计的形象标志中,以简明易记的符号传递其信息,以随处可见的统一标志强化"三风"精神;二是充分发挥学校媒体在"三风"建设中的作用,在校园媒体上设立学校"三风"建设专栏,既为广大师生员工参与校园文化建设提供思想争鸣的平台,又增加了学校决策的透明度,保证了师生与学校领导之间联系渠道的通畅;三是出台一系列加强"三风"建设的规章制度,使"三风"建设有章可循。

礼仪是行为文化的重要内容和集中体现,制订阳光中学教师和学生礼仪规范,在学生中开展"养成良好习惯,塑造美的人生"系列活动。

(4)学校文化建设的建构机制。

学校文化不是虚无的、空乏的、缥缈的,学校文化是实在的、具体的和无所不在的。学校的每一个个体、每一个群体、每一个班级、每一个处室、每一个角落、每一个学科、每一个细节都体现着学校文化。所以要从点到面、从个体到群体、从理念到实践全面建设学校文化。

人人有文化。学校的每个成员既是文化的承载者,也是文化的创造者。我们的学生应该成为身心健康、理想崇高、学习进步、遵纪守法、文明向上的阳光少年。我们的教师应该成为爱国守法、敬业奉献、热爱学生、教书育人、为人师表、终身学习的阳光教师。

科科有文化。课程是学校文化最主要的，也是最重要的载体。学校要严格遵守国家课程，充分利用地方课程资源。组织学生参观包公园、泗河、巢湖、李鸿章故居、刘铭传故居、安徽名人馆、大蜀山烈士陵园、省市科技馆、渡江战役纪念馆、中科大等著名高校、江淮汽车等工业基地等。培植校本课程，如艺术鉴赏、心理健康教育等。每个学科都应该挖掘和渗透具有本学科特质的价值观，不仅体现在课堂上，还要体现在开展的学科活动上。

班班有文化。班级是学校的组织细胞，是学生在校的主要活动场所，是重要的文化环境。班级文化建设重点是课堂、主题班会、班级活动等。要重视班级布置，体现净化、绿化、美化和教化的功能；重视班级特色文化，如班训、班徽、班歌、班级制度、行为规范等；关注学生心理健康、关注学生课余生活，培养学生自我教育、自我管理的能力。班级环境的温馨向上，班规的约束与激励作用，和谐的生生、师生关系是积极的班级文化的表现。

处处有文化。这里的"处处"泛指学校空间上的各个角落和管理上的各个组织。在学校的走道、廊柱和各个角落布置特色展区，展示教师和学生的作品，体现处处育人和无痕教育；各个处室和办公室要建设"尊重、理解、宽容、协作、共存"为目标的处室文化。

我们在文化建设方面虽然有一些探索和实践，但也面临诸如学校精神文化如何化为学校师生员工的自觉行动，如何在严格精细管理中体现人文关怀，学校提升文化建设的主体素质等问题。学校文化建设之路漫漫其修远，吾将上下而求索。

(三)在美丽的阳光下

2014年,"美丽阳光"文化建设在探索中发展,在社会上产生了一定的影响。《中国教师》杂志来校采访,以《在美丽的阳光下》一文发表在杂志2014年第5期上。(发表时有删节)

> 巢湖之滨,包公故乡,我们来自四面八方。竹林成荫,栀子飘香,我们共同沐浴阳光。阳光是力量的源泉,阳光是温暖的地方,阳光指引人生的方向,阳光点燃心中的梦想。啊!阳光校园,美在绽放;止于至善,其道大光。无论走到哪里,我们感恩阳光,我们播撒阳光!(合肥市阳光中学校歌《阳光之歌》)

走自己的路,做有灵魂的教育

2007年6月8日,合肥市阳光中学在城市大建设中应运而生,我从教育局又重返校园。我在《让每一位学生沐浴阳光》一文中写道:学校发展的根本在于教育者价值观的质量、清晰度和认同度。作为一所新建的学校,用什么样的价值观来建立愿景,引领团队,匡正行为,塑造形象,显得尤为重要。

建校伊始,学校确立了"让每一位学生沐浴阳光"的发展愿景,孜孜追寻理想中的阳光教育。学校应该是最美的地方,因为"人也按照美的规律来建造"。2008年,我到杭州师范大学,与当代著名教育美学专家汪刘生教授进行了交流,得到鼓励和支持,学校提出"以美育人"的办学思想,确立了"美的教育,美的生活,美的人生"的学校发展愿景。

2010年,根据自己几十年的教育经验,在观察和思考了当今教育的种种弊端之后,由学校独特的校名生发出阳光教育的基本内涵，即生命教育、生活教育、生长教育。没有生命，人生的承载何在？没有生活，人生的依存何在？没有生长，人生的价值何在？教育的终极关怀就是为了"让生命更健康，让生活更美好，让生长更精彩"。

"阳光教育，以美育人"的办学思想，经过学校教代会审议通过，写进了《合肥市阳光中学办学章程》，写进了《学校宣言》……于是，以美滋养生命，以美装扮生活，以美促进生长成为阳光中学一道独特而又亮丽的风景。

生命教育，像阳光那样给生命以滋养

2010年9月1日的开学典礼上，我向全校师生传递了自己对生命的理解："很长一段时间以来，我的脑海中一直萦绕着关于生命的一系列问题。我们的生命沐浴着自然的恩泽、亲情的恩泽、社会的恩泽，我们的生命承载着家庭的希望、社会的希望以及生命自身获得快乐的希望。珍爱生命我们才能体验快乐，珍爱生命我们才能懂得感恩，珍爱生命我们才能获得希望……"

"生命教育，就是像阳光那样给生命以滋养。"对生命首先要有敬畏之心，进而形成自觉意识。学校管理的每个方面都要体现对学生生命的呵护，教师教学的每个行为都要高度关注学生的生命状态。

在阳光中学，为了做好生命教育开展了很多活动。封闭式军训是学生越过第二起跑线的第一次洗礼；进入阳光中学的每个学生都要参加一次徒步远足，磨炼生命的意志；在这里，每一个学生都会成为升旗手；每个班级配备两名心理委员，每天随时关注同学的心理动态；每月进行一次生命安全主题教育；每学期进行一次紧急疏散演练，同时进行珍惜生命教育……

现在阳光中学师生共同响应学校倡导的"每天锻炼一小时，健

康生活一辈子"的理念，大课间和课外活动，田径场、篮球场、操场上到处闪现着老师和孩子们跑步、跳绳、投篮等美丽的身姿，展现了生命的激情与活力！

生活教育，像阳光那样照亮生活的每个角落

"一进阳光中学的校门，你会看到一棵高大的银杏树，这棵银杏树树形独特，权枝环抱主干，似母子依偎，故又称'母子树'，寓师生情深。银杏树春天吐绿，夏天繁茂，秋天金黄，冬天萧瑟，时光飞逝，岁月流金，警示我们要珍惜美好时光。故此园为'流金园'"——这是阳光中学学校文化解说词中的一段。

优美的育人环境能够陶冶情操，启迪智慧，引导学生走向文明。阳光中学重视学校环境建设，着手于绿化，着眼于美化，着力于教化，努力把学校建成"最美、最适宜读书的地方"。

阳光中学门前建有200多米长的绿化景观带；校内辟有高品位的主题园区——春华园、夏荫园、秋实园、冬蕴园、竹韵园、流金园、栀香园、点石园等；学校建筑场地以学校精神文化来命名，如三栋楼分别为"自育楼""求真楼"和"尚美楼"，两个场地分别为"梦想广场"和"阳光广场"；学校遍种芬芳朴实的校花栀子花，虚怀正直的校树竹子。学校在楼顶建有与教育教学紧密结合的1000多平方米的"空中花园"，辟有"生命绿洲"——生物培植基地，"创艺空间"——美术写生基地，"爱乐地带"——音乐活动基地，"阳光驿站"——成长辅导基地。学校让每一方墙壁会"说话"，悬挂丰富多彩的师生作品和活动照片；开辟荣誉墙、校歌墙和学校宣言墙；从清晨到校到下午放学，学校广播定时播放中外经典音乐，让学生们在不经意中得到艺术的熏陶、心灵的润泽。

"生活教育，就是像阳光那样照耀着我们生活的每个角落"，我们的教育应该基于生活，为了生活。长期以来，我们总是片面、感

性地认为学校只是教师教书、学生读书的地方。事实上，学校是师生共同生活的地方，我们的教育行为只有植根于生活的土壤才会更为亲切、自然，生发无限活力。教育要走出书本，走进生活。

好习惯成就一生。"养成良好的习惯，塑造美的人生"是阳光中学着力打造的生活美育品牌。学校成立学生"美育小分队"维护学校一草一木，还把几十个窨井盖改造成艺术品；学校环保社团，走进社区，活跃在大街小巷；学生和教师自己动手装扮教室和办公室，形成各具特色的班级及办公室文化；学校聘请20多位"美育导师"，随时对学生的行为给予赞赏或纠正；学校设有诚信考场，在无人监考的情况下，培养学生诚信品质；一年一度的毕业活动课程激发阳光学子感恩阳光，播撒阳光的情怀。

2008年4月3日，阳光中学教育资源在全省率先对社区开放，以实际行动践行让教育的文明之光照亮社区的教育理念。社区老年艺术团也来到学校指导孩子们学习乐器。2008年10月，学校与甘肃中寨中学结成友好学校，让师生通过与西部贫困地区的对比，更加珍视拥有的幸福生活……

生长教育，像阳光那样促进万物生长

每周三下午，阳光中学的学生都会拿着各种不同乐器走进校园，十分引人注目。原来是学校开展"每生自学一样乐器，提高艺术素养"活动，所以引来很多人参观学习。学校还建立了合唱、健美操、器乐、篮球、生物、环保、信息学等20多个社团组织。

"生长教育，就是像阳光那样促进万物生长"。生长就是发展，是教育应有之义。既要重视全面发展，也要重视个性发展，要关注每个人发展的起点（最近发展区）和发展能力取向（多元智能）是不同的，真正做到因材施教，学有所长。

阳光中学坚持以美开启学生的心灵智慧，要求教师不断挖掘各学科所蕴含的知识美；通过"自育自学"教育教学实验，形成以学生为主体的教学过程美；学校践行"让每一位学生沐浴阳光"的理念，重视后进生的教育，以爱育爱，以美滋润他们的心田……沐浴在美丽的阳光下，学生的思想行为在悄悄地发生变化，涌现出一大批健康、向上、智慧、尚美的阳光美少年，他们美若星辰，装点阳光中学的灿烂星空。

比如前面提到的"坚持妹"简彦泽，拾金不昧的金熠、丁雪和周庆凤等，都是阳光美少年的代表。还有席飞虎，他是2011年毕业生，父亲早逝，在校期间得到学校和老师全方位资助，今年中考他以747高分被168中珍珠班录取。毕业后，他和妈妈特地制作了一块匾赠送给学校，匾上写着"阳光中学在我的心里是至真、至善、至美的圣地。老师们视生如子，在这里的每一天，都感受着老师们爱的温暖。我将怀着一颗感恩的心珍藏初中三年美好的回忆，无论走到哪里，我都会感恩阳光，播撒阳光！"

陶特也是2011年的毕业生，入学时成绩差，还经常逃学，父母做生意无暇顾及他。三年来，班主任一次次谈话，一次次家访，一次次带着他一起跑步锻炼，以爱育爱，以美唤美，2011年中考他竟以731分的成绩被合肥名校六中录取。

阳光学子感人事迹不胜枚举，他们以美的行为诠释美的人生。

教育的本质是促进学生的发展，但关键是教师的发展。当然，教育者自身的生命力非常重要。

阳光中学重视教师精神塑造和专业发展，每学年开展野外团队拓展训练；每学期开展"感动阳光人物评选"；每周开展教师舒缓压力心理辅导；对教师培训不遗余力，为每位教师订阅一本教学杂志，建有高品位的教职工休闲书屋；学校成立名师工作室，实施"青蓝工程"；关注教师身体健康，定期开展体检，开展各种慰问活动；阳光中学每位老师都会领养几条鱼，培养对生命的关注和爱心，老师们称之为"鱼缸文化"……

美是一种追求，也是一种力量，不断催生着智慧种子的萌芽，在追寻美的教育的过程中，学校教育质量迈入合肥市前列。2009年学校被评为"包河区特色学校"；2010年被评为"合肥市绿色学校"；2011年通过"合肥市特色学校"评估，获得"包河区教学质量突出奖"；2012年通过"合肥市语言规范化示范校"评估。

包河区督导室主任彭江龙曾来校视导，专门撰文盛赞道："阳光中学是合肥市33所住宅小区配套学校花丛中一株开得最艳丽的花朵。"

现在，合肥市阳光中学与北京师范大学学校文化建设项目组合作，挖掘、提炼和丰富"美丽阳光"文化的内涵，进一步提出"每一位师生绽放美丽阳光"的学校愿景。

阳光润泽，星光灿烂，我们对阳光中学的未来充满期待！

（四）绘制"美的教育"蓝图

2015年，包河区与华东师范大学合作启动学校发展规划项目。阳光中学这次规划历时八个月，上上下下，反反复复，十易其稿，经历了从价值观到方法论都遭遇否定之否定式的折磨。我在规划论证会上说："要想折磨一个校长就让他去做规划，要想提升一个校长可以让他去做规划，要想让一所学校科学发展就必须要做规划。"

一所学校的规划做好了，这所学校甚至可以凤凰涅槃，浴火重生。规划，就是用认认真真的思考、切切实实的行动实现阳光中学"每一位师生绽放美丽阳光"的办学愿景。

学校办学时常会碰到这样一个问题，就是校长的变动会改变学校的办学方向和思路。我听到的一个极端的例子是一位新任校长把前任校长任职期间获得的荣誉全部收起来，重新提出一套新思维，大动干戈，大有"而今迈步从头越"的劲头。

诚然，学校建设是一个不断发展和创新的过程，但一所学校的发展总会存在一些有价值的积淀，特别是一些经过长时间探索，经过几代人的努力，已经取得一些成果，并在社会产生一定影响的办学思想、办学特色，采取"历史虚无主义态度"，不仅会造成前期办学投入的巨大浪费，而且新思想、新特色的建立也是相当困难的。

办学章程是学校的根本大法，是学校其他管理制度的"上位"法，是学校办学有法可依、有章可循的最基本的体现，是现代学校制度最基本的特征。对于凝聚人心、统一认识，对于学校办学的稳定性、持续性等都有十分重要的意义。

早在五十六中工作的时候，我就主持制定过办学章程。到了阳光中学工作后，我做的第一件事就是制定办学章程，确立了"以'美育'为办学特色"的办学理念。2015年，包河区推进学校发展规划建设，我们对办学初期制定的办学章程进行了修订，2015年12月13日第二届第一次教代会审议通过，在办学章程中把美育特色修改为"以'美育'为办学特色并走向'美的教育'"，体现了学校办学的稳定性、持续性和发展性。

《合肥市阳光中学办学章程》（节选）

第三条：学校办学宗旨是坚持教育的社会主义方向，坚持教育为现代化建设服务，为人民服务，与生产劳动和社会实践相结合，培养德、智、体、美全面发展的社会主义合格公民。

第四条：学校致力于建设"美丽阳光"文化，其基本内涵是以"学思尚美，知行崇阳"为核心价值追求，培养具有广博学识、强健体魄、美丽心灵、淳厚品德、坚忍意志、开放胸怀的美丽阳光少年。

第五条：学校发展愿景是"每一位师生都绽放美丽阳光"，学校发展目标是"建设高质量、有特色的品牌学校"。

第六条：学校办学思路是以德立校、依法治校、以科研兴校、以名师强校、以特色名校。学校实践学习型组织理论，实施"自育自学"实验，以"美育"为办学特色并走向"美的教育"。

第七条：学校以"止于至善"为训，尊崇"尚美"的校风，"自育"的学风和"求真"的教风。

第八条：学校校徽的核心图案是充满希望的朝阳，校歌是《阳光之歌》，校刊是《阳光教育》。学校定做统一的校服，每年的6月8日是校庆日。

……

办学章程的制定最关键的就是发扬民主，广泛征求教育主管部门、教师、家长、专家、社会人士，乃至学生的意见。最重要的环节就是必须交由教代会审议、表决通过和教育局审批。这样，才能使学校的根本大法具有民意基础，具有科学性，才能体现"法的强制性"，从而使章程得到贯彻。

在学校文化建设过程中形成的"美丽阳光教育"理念与实践体系成为学校发展规划的"灵魂"和"骨架"，对于绘制学校发展蓝图具有十分重要的意义。

同时，在裴娣娜教授指导下形成的《合肥市阳光中学课程建设方案》以及学校阅读推广、课外活动纲要等学校发展过程中的重大举措，也是制订学校发展规划的重要内容。

此外，每年经过教代会审议通过的学校工作报告、教师代表的议案、学校各部门的工作计划、教师个人职业发展规划等反映"民意"基础的文案，也都是学校发展规划的重要参考。

总之，有使命就会有思考，有思考就会有谋划，有谋划就会有蓝图。

这次做规划一开始，我是信心满满，胸有成竹的。因为我校的规划已经有了三个重要基础：

其一，教师发展规划。包河区教体局召开学校发展规划推进会后，我们就思考怎样"自下而上"使规划有群众基础。时值开展群众路线教育，于是，灵机一动，先从制订教师发展规划入手，看看教师需要什么。我们搜集了一些学校做的教师发展规划，又结合教师职称评审有关标准和要求（这样能抓住教师，也体现为教师服务的思想）。历经三个月，研制出《合肥市阳光中学教师职业发展规划书》。这是我校规划编制的群众基础。

其二，学校办学章程。阳光中学自建校之日起，就制定了学校办学章程。学校办学章程规定了学校发展过程中的重大事项。比如，办学理念、培养目标、学校愿景、办学特色、组织建设、后勤保障、教师的权利和义务等，这些都是学校发展规划必须明确的。学校发展规划要围绕学校章程规定的办学思想和思路来编制。同时，学校发展规划编制过程也要按照学校章程所规定的程序来运作。这是我校规划编制的科学保证。

其三，学校文化建设方案。我校作为包河区学校文化建设第一批试点校。经过北师大专家历经一年的工作指导形成了《合肥市阳光中学文化建设方案》。这个方案既有较为完备的理念体系，又有明确的未来发展路径，而且经过几年的实践，学校领导和教师、学生和家长都耳熟能详，所以第三个发展规划应该基于这样一个基础。这是我校规划编制的理论准备。

因此，这次编制规划，我们认为只要在推进计划上下点功夫就行了。但包河区教体局的要求是相当规范和严格的，比如规划要体现民主性，要自下而上和自上而下，反复讨论；而且要通过问卷到学校去调查，调查结果要在论证会上通报；学校的发展规划要有基本的格式，学校基本情况、现状分析、发展目标、发展项目、推进计划、发展保障等都不能笼统，要用数字说话，要有抓手；同时还提出"协商性"评估，要我们自己制定评估指标，对规划编制过程和评估指标也要进行评估；规划要通过有教育专家和知名校长评审论证，区教体局主要领导、科室负责人、全区校长都要参加；要用PPT汇报，而且要当场答辩。这样一来，编制规划工作搞得好，是替学校进行了一次很好的宣传，搞得不好，就会在大众场合丢人现眼。总之，这次做规划要体现民主性、科学性、系统性、规范性、权威性、开放性的要求，压力可想而知。

我们非常重视这项工作，于是在发展规划第一部分有了这样一段："为明确发展目标，形成发展共识，凝聚发展力量，谋划发展措施，强化发展责任，推进依法办学，依据《合肥市阳光中学章程》有关规定，根据包河区教体局的总体要求和学校发展实际，在教师个人发展规划和学校各部门发展设想的基础上，广泛征询教师、家长、教育专家等社会各方意见，历时近八个月，数易其稿，制订了《合肥市阳光中学第三个发展规划（2015—2018）》。"我在发言时说："学校发展规划的制订不仅需要科学态度、求真精神、明辨思维、决断能力，还要有坚韧意志。近一个月来，吃不好，睡不香，总是想着规划。规划论证的前一个晚上还在修改发言稿，早晨起来又过了一遍……"

这次规划，我们的态度是很认真的，也下了一番功夫。规划论证会总体还比较顺利，专家们提了不少中肯的意见，值得思考、参考、改正和完善，也有一些意见或是不了解校情，或是见解观点不同，仁者见仁，智者见智。论证会总是要被说出一些问题的，我们有心理准备，也不便过多地解释和辩论，让领导以为我们不能虚心听取意见。

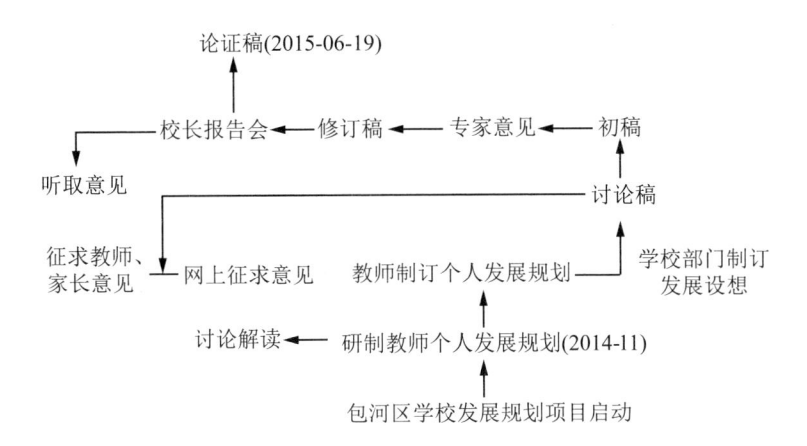

图 2-4　合肥市阳光中学学校发展规划论证稿编制过程示意图

论证会结束，得出的结论是还要请专家到每个学校再"过"一遍。根据专家们的意见我们又对规划进行了修改，形成第十稿。恭恭敬敬地把两位专家请到学校来，再次聆听教诲，把认为需要修改的地方又修改了一次，终于定稿。我在校务会上说："未来三年就按这个规划干了！"

现在，区教体局领导要我们写编制规划的心路历程，我揣测领导的用意是要我们反思怎样做规划以及做规划的过程给我们的启示。规划是学校大事情，方向不准，路子不对，那就麻烦了，我想要做好规划，要做到"六要"：

一要有对学校负责任的心。有了这颗心做起来才会认真，才能不厌其烦，不怕"折磨"，校长们都是有这样一颗心的，大家都很认真卖力；二要理性地思考未来。要有科学的态度，不能想到哪搞到哪，事物的发展是遵循自身逻辑的，违背了发展的规律，不仅不能发展，而且可能倒退，也会造成教育资源的浪费；三要认真分析校情，这是很重要的基础性工作；四要有理论储备，不断地学习，关注前沿，规划总是要超前一点的；五要从群众中来，到群众中去，不能一个人或少数人在那里独干；六要借助专家的智慧。专家见多识广，理论功底深，要虚心学习，但也要有自己的思考和主见，不然，如果两个专家讲的不一样就不知往哪里去了……

说真的，我还是有顾虑的。规划编制花了不少精力，未来三年能否按照规划认认真真、规规矩矩、专心致志、不受干扰地做下去，体现出规划的严肃性和权威性？尽管区教体局已然实施了发展规划的督导评估，但我的顾虑莫名其妙地还在，但愿我的顾虑是多余的。当然，我也有期待，既然花了那么大气力搞了规划，是否可以把各种评估考核检查等整合到一起，把规划实施情况作为评价学校发展的主要依据？这样既能减轻学校的负担，又能减轻教体局的负担，让学校集中精力去实施规划，让美好蓝图成为现实。但愿我的期待能够成为现实。

这就是我编制学校发展规划的心路历程。

五、滋养"美的教育"土壤

行走在推广阅读的路上。

近几年，阳光中学取得了很大进步，成为合肥市素质教育示范校。但我仍然有困惑，仍然在思考：学生的人生幸福、教师的职业成长、学校的长远发展，其原动力在哪里；学校发展过程中所出现的各种问题，其源头在哪里；"美的教育"怎样才能持续获得养料，永不老去……思来想去，答案竟然是阅读！于是我走上了推广阅读的路。

（一）改变，从阅读开始

苏霍姆林斯基说："一个学校什么都可以没有，只要有了为师生精神成长的书，那就是学校。"新教育实验的倡导者朱永新说："一个人的精神发育史就是他的阅读史,没有阅读,永远不可能有个人心灵的成长,永远不会有精神的发育;一个没有阅读的学校永远不可能有真正的教育;学校教育最关键的一点,是让学生养成阅读的兴趣、习惯和能力,这个问题解决了,主要的教育任务就完成了。"

关于阅读,我也有自己的思考,总结如下。

阅读是人的生命自然。生长是人的生命与生俱来的本质力量,每个人都会通过自然而然的阅读来满足生长所需要的知识和智慧。因此,从本质上讲每个人都需要阅读,每个人无时不在阅读,只不过每个人阅读的内容和阅读的方式不同。休息也是生命的一种形态,当你劳累了一天,身心很疲劳,或者遭遇打击,情绪很低落,这时摊开书本阅读,便可从书中找到安慰。所以有人说,阅读是心灵的栖息地。我觉得认识到"阅读是人的生命自然"很重要,因为只有认识到了这一点,我们才会更加珍惜阅读对于生命的意义,才不会动不动就斥责学生不爱阅读。

学校应该是最美、最适宜读书的地方。读书,是学校最美的姿态。学校自古就叫书院,是为读书人服务的地方,当然要处处为读书着想。

阅读应该成为教育者的生活方式。阅读既是教育者自身生命成长的需要,也是扶助学生生命成长的需要。我这里所说的阅读还包括行走和写作。"用心阅四方,亲身历天下",行走是深刻而又浪漫的阅读;写作是对阅读的深化,通过写作时的思考和梳理,让阅读成为自己思想和知识的结晶体。

培训如果没有阅读,效果会大打折扣。现在各种培训很多,投入的精力和物力很大,但效果往往不尽如人意,其原因之一就在于培训之前没有阅读,因而现场听不懂或一知半解,听完之后也没有跟进阅读,没有吃透,形成不了自己的知识积累。

学校图书馆是教学支持机构。图书馆的类型很多，政府兴建的图书馆、各类书店、学校图书馆、电子图书馆等，各自功能是不一样的，学校图书馆理所应当要为教学服务，而且每个学校的图书馆也应该有自己的个性特色，并和自己的办学特色相适应。

思想是行动的先导。基于以上认识，我们出台了推动阅读的政策，如《加强图书馆建设和阅读教学的指导意见》，继而又出台了《关于深化阅读的实施办法》，从组织、职责、空间、活动、氛围、课程、课题、平台、保障等多方面进行阅读推广。

路线和政策确定之后，干部就是决定因素。我们的策略是调动各方面积极性，明确各方面责任，形成推动阅读的整体力量。在图书馆人员的配备上，按照"革命化"、年轻化、专业化的要求配置图书馆人员（均为兼职），设馆长一名，全面负责图书馆工作和阅读活动，直接对分管校长负责；设阅读教师一名，负责推荐书目、阅读指导和阅读活动组织；设图书管理员一名，负责图书保管和借阅。除此之外，我们还鼓励家长和学生参加图书馆管理和阅读推广工作，每个班级都有家长义工和学生志愿者。我们还打算和周边的小学及社区建立推广阅读的共同体。

"制造亲近书的机会"是世界著名的语言学家、阅读教育的研究者、阅读推广人斯蒂芬·克拉生在《阅读的力量》一书中指出的图书馆陈设的一个基本原则。因此，我们在班级设置图书角，在餐厅设置"星光书吧"，在廊道和公共场所设置阅读空间，在阅读教室直接把推荐书目放到桌子上，加一些软座，增一些绿植，摆一些工艺品，让阅读空间温馨舒适。

书是阅读的核心要素，没有好书就没有好的阅读。近些年来，我们逐步摸索出选书的原则——经典、兴趣、教学。经典著作是经过时间检验的，富有营养，应该成为阅读的"主食"；"兴趣"是指要兼顾不同人群的需要和口味;"教学"是指学校图书馆说到底是为教书育人服务的,要紧密联系教育教学活动需要。

有书不读当然不行,读书要靠自觉,但营造读书氛围,开展读书活动来引导和推动阅读也是必要的。我们以教研组为单位成立教师读书会,在学生当中开展诸如课本剧、经典诵读、作文竞赛等活动,在午间开展名著(名曲)欣赏,通过电子显示屏、小黑板推送阅读名言和书目等,以提醒学校师生——今天,你阅读了吗?

在学校,如果一项工作不能进入课程,都不能得到长久而有效的开展。推广阅读,必须从课程开始。我们在七年级和八年级开设了阅读课,倡导教师到图书馆里的阅读教室上阅读课,经过初步实践,效果不错。孩子们喜欢到图书馆里面去上课,我去看了几次,很安静,他们读书时专注的神情着实让人感到欣慰。

为深化阅读研究,提升阅读品质,我们开展了语文和英语两个学科的校本课题研究。语文阅读课题以"自育自学"实验子课题"中小学生课外阅读指导"为抓手;英语课题是在已经结题的省级课题"英语阅读教学"基础上进行推广和深化的。

著名的管理学家彼德·圣吉在他的名著《第五项修炼》中倡导团队学习,认为大家一起学习效果更好。阅读推广和提升需要交流、借鉴和引领的平台。一个偶然机会,我到凤台四中参加钱梦龙先生的报告会,结识了几位校长,大家都喜欢读书,也有志于在学校推广阅读,于是我们就自发组织了一个在校园推广阅读的民间组织——"心阅四方"读书联盟,以此作为学校阅读的交流平台。第一年由我牵头,以后轮流坐庄。我们也正儿八经地制定了章程,制作了标识,创作了会歌。联盟于 2014 年 10 月 10 日成立,著名教育记者陶继新为联盟题词:"用心阅读好书,丰盈教师智慧,提升生命境界。"联盟成立短短一年就组织了淮南市凤台四中的"陶继新读书报告会",合肥市第五十五中学的"聊书会",四川绵阳的"全国第一届教育行走公益研修"等活动。

2015年11月7日,第一届年会在合肥市阳光中学召开,来自省内外13所学校及包河区校长读书会的校长、教师等200人参加了年会。年会邀请了著名教育学者、诗人张文质先生和中国教育报评选的中国十大推广阅读人物谢云先生做专题报告,安排了合肥市阳光中学、苏州经开区第一中学等5所学校做阅读叙事交流。30位教师被评为"心阅四方"阅读之星并做了阅读分享,包河区工商联书记史道云先生联系了华夏茶博城给予赞助。此次年会在各学校和社会上引起了较为强烈的反响。

此后,阅读推广活动不断被深入推进。2016年4月23日,我们参加了全国第七届校长聊书会;2016年7月19日,我们组织了"心阅四方"读书联盟学校参加在湖北武穴举行的第二届教育行走教师公益研修;2016年11月11日,"心阅四方"读书联盟第二届年会在苏州工业园区第一中学举行;2016年11月13日,我们参加了"包河区学校图书馆老师香港交流团"赴香港考察图书馆建设和阅读推广;2016年12月15日,我们接到包河区教体局通知,我校成为"包河区中学阅读推广项目学校"……

同时,我们还利用设立在我校的"包河区校长读书会"这个平台,积极为包河区校长读书提供优质服务。我的"名校长工作室"成员组建成"竹林学社"(正好七个人,号称"竹林七贤"),以阅读推进校长职业成长。

我们推广阅读也不是心血来潮,不想创什么"特色"和"亮点"。阅读是慢功夫,不仅推动难,效果一时半会也看不出来。推广阅读全靠一种责任,全凭一腔热情!

我们的阅读推广也只是刚刚起步,碰到的困难和问题也很多,有时不禁感叹："推动阅读比抓分数还难。"如大家思想统一的，书的挑选和管理，学生合理安排阅读时间等都是问题。"中学生的学业负担已经很重了，哪有时间再读书啊？"我不时听到这样的质疑。这里面的问题很复杂，需要认真研究，寻找对策。我们的策略是"坚定推动，循序渐进"。

推广阅读以来，颇多艰辛，颇多感慨。我在"心阅四方"读书联盟年会上说：

"一路走来，我们深深地感动着。我们之所以能够成为惺惺相惜的旅伴，是因为我们有共同的性格、志趣、境遇，我们互相爱护、同情、支持，所有这些都因为读书……一路走来，我们也深怀感恩，感恩生命中依然还有对书的热情，感恩在行走的路上还有同伴，感恩给予我们温暖的每一个人……"

改变，从阅读开始。我坚信——阅读是师生生命成长的需要，阅读是人生最美的姿态，阅读是学校生活的自然状态，阅读是教学活动的基础，阅读是提高教育水平的重要方法，阅读是学校提高办学品质和教育质量的关键。

既然选择了远方，留给世界的只能是背影。

（二）青少年为什么要学点古诗词

《安徽青年报》的记者刊登了我与记者关于青少年学习古诗词的一段对话，新闻背景这样写道：

> 古诗词是中华传统文化中当之无愧的国粹，是祖宗留给我们珍贵的文化遗产，有了必要的古诗词修养，你的身上才会有民族性。日前，微信群里一篇《青少年为什么要学点古诗词》的文章受到广泛的关注和转发，言语间，极尽古诗词的美，以及它对人生积极的作用，规劝广大青少

年学生多学一点古诗词。几经打听，才得知这篇文章的作者是合肥市阳光中学校长汪昌兵。为了了解文章背后的故事，本报记者独家对话汪昌兵。

问：众所周知，现在中小学的学习压力还是比较繁重的，您为何建议广大青少年要多学点古诗词呢？是基于什么样的考虑呢？最好结合您个人的经历。

答：童年需要有高贵的阅读，而"不正经"的阅读会给孩子的一生带来消极影响。最近，有关方面提出中国学生发展六大核心素养，其中"人文底蕴"居于首位，中华传统文化应该是"底蕴"中的底蕴。我觉得古诗词是中华传统文化中当之无愧的国粹，有了必要的古诗词修养，你的身上才会有"民族性"。古诗词蕴含着中华民族的审美情趣，中国的名山大川、田园茅屋、风土人情乃至饮食服饰都会隐喻古诗词的意境，置身其间，你会备感通灵美妙。不仅如此，无论你要写景状物，还是要沉思抒情，都能寻找到恰如其分的句子，吟诵出来是那样的酣畅淋漓。

青少年又是学习古诗词的最佳时期，尽管在这个时期对古诗词的理解还不够准确深刻，但它就像是深埋于记忆里的种子，随着阅历的丰富、情感的成熟而在某个地方某个时候不经意被触发，从"为赋新词强说愁"到"感时花溅泪，恨别鸟惊心"，从"黄口小儿初学行"到"直挂云帆济沧海"，从而真正成为人生历程中最宝贵的财富。

至于我，也不知是从什么时候开始接触古诗词。记得我上学后不久，父亲为了在过年时不再求人写"门对子"，就叫我来写。那时写的比较多的是毛主席诗词，比如"风雨送春归，飞雪迎春到"，"四海翻腾云水怒，五洲震荡风雷激"，很有时代精神；也有旧联，是大人告诉我的，比如家有老人就写"福如东海长流水，寿比南山不老松",还有写在锅灶神龛两边的"庙小乾坤大,天高日月长",很有生活气息……后来,喜欢读古典小说,像四大名著里面都有很多很不错的诗词。我真正学习古诗词,应该是在读师范的时候,《诗经》《楚辞》《汉赋》《唐诗》《宋词》《元曲》以及明清的戏曲和小说里的诗词……"歌诗合为事而作",其间蕴含着丰富的人文精神和家国情怀。师范毕业的时候,一位女生送我一张题有"海内存知己,天涯若比邻"的明信片,后来不仅"比邻",而且成了"一家子"。工作后,我发现孩子们还是很喜欢古诗词的,我也做了一点研究,摸索出"古诗词教学六步法"。现在,常在外游历,看到脍炙人口的古诗词,就会伫立沉思,从字里行间探寻"古仁人之心"。

总之,学习古诗词,不能为学习而学习,因用而学,学以致用,才会有好的效果。

问:在帮助青少年多学点古诗词的这个过程中,学校应该提供哪些平台?贵校是如何具体操作的?有哪些经验做法可以分享?

答:首先,我们的语文教学要重视古诗词的学习,既要强化必读篇目的背诵,又要注重广泛的积累。在学习古诗词过程中不能死记硬背,重要的是激发学生的学习兴趣和对古诗词的理解,要开展古诗词教学的探讨和研究;其次,搭建学生交流展示的平台,让学生找到学习古诗词的伙伴、知音,营造学习气氛,通过多种方式对学生进行鼓励。我校近几年多次组织学生参加区域经典诵读展示活动,学生们穿上古装,像模像样地登台吟诵,既能激发兴趣,也在不知不觉中得到熏陶和感悟;最后,学校图书馆要有丰富的、适合青少年学习的古诗词读本。我校刘莉和肖芬两位老师编写的《初中生必备古诗词》作为校本教材供学生学习参考。

问:一直以来,家庭教育都是学校教育不可或缺的补充和延伸,贵校在推广古诗词阅读时是否遭到过一些家长的误解,或是阻力？贵校是怎么做通家长的工作的？

答：目前，我们尚没有接到有家长反对的信息。我们倡导学习古诗词阅读，一方面是基于初中生学业的需要，古诗词本身就是初中语文学习的一部分，因为这是学生核心素养的一个支撑点；另一方面是基于部分初中生的学习兴趣，一个在中国长大的孩子多多少少都会受到包括古诗词在内的中国传统文化的熏陶，通过开展第二课堂活动满足他们的学习兴趣，不仅不会影响他们的学业，这会激发他们的学习热情。实际上，随着家长文化水平的提高和对教育的理解加深，他们对孩子学习古诗词也是支持的。近些年来，我们组织家长参与学校办学，透过家教会（不是家长会），学校的办学理念和实践与家长都有充分沟通。我校开展"每生自学一样乐器"就得到家长的大力支持，同样，学习古诗词也会得到家长的理解。

问：小学阶段，学生的课外阅读时间相对富裕，但上了中学之后，阅读时间相对缩减，对于学生如何权衡学业和古诗词学习的问题，您有什么好的建议？

答：学习古诗词和学业其实是不矛盾的，上面我说过，学习古诗词是学业的一部分，满足学生某方面的学习兴趣，往往能起到"以点带面"的作用。当然，我们会处理好学业和兴趣的关系，我们不是刻意地去培养古诗词方面的专家，而是通过学习古诗词，提升学生的语文素养和审美情趣。在学习古诗词的具体过程中，我们会因"文"而异，即分为必背篇目和积累篇目，我们也会"因人而异"，即根据学生的兴趣爱好和水平，通过社团活动、展示表演等形式，满足和发展一部分学生的兴趣和特长。

问：目前，很多学校都组织了一些形式各异的"校园诗歌节"，鼓励学生创作诗歌。对此，您觉得儿童诗歌创作应该遵循怎样的规律和评价标准？

答：我不是诗歌评论家，我只能从一个教育者的角度来观察儿童的诗歌创作。儿童是天才的诗人，青春本身就是一首诗。我觉得，儿童诗歌创作的规律和评价标准首要的是"儿童"，其次才是"诗歌"，儿童诗歌越是"儿童"才越是"诗歌"。所以，在儿童诗歌创作过程中，最重要的是尊重和鼓励，蹒跚学步，每一步都是有意义的。当然，我们也不能放弃引导，引导儿童诗歌创作符合诗歌创作的基本规律，更要引导儿童诗歌创作避免"成人化"倾向，"小大人"固然可喜，倘若是刻意的模仿，童心的丧失也就意味着诗性的泯灭。

问：您能给广大青少年拟一份古诗词学习目录吗？有哪些古诗词是值得推荐的？

答：我觉得我校刘莉和肖芬两位老师编写的《初中生必备古诗词》是一本很适合初中生学习古诗词的好读本。好就好在那个"备"字（自主积累占很大篇幅），而不仅仅是"背"，一字之差鲜明地表达了编者的价值追求，不为功名而死记，只为人生而准备。其中所选的诗词都是两位编者精心挑选的，或许不及专家们有深刻的理论依据和严密的考证，但她们以一个教育者的眼光，从学生上课的眼神间、吟诵古诗词的表情中、写作文的遣词造句里加以判断甄别，着眼于学生核心素养的培育、语文学习的需要以及初中生的情感兴趣，这也自有其存在的价值。该书编排的体例有较为详细的注释、浅显易懂的译文和简明扼要的赏析，这些都是符合初中生年龄特点和学习实际的。具体目录，我们会征询编写者的意见在适当的时候对社会发布。

（三）为生命而阅读

2017年3月9日，安徽省合肥市"包河区中学阅读项目"举行启动仪式，会上项目校七位校长共同宣读了《包河区初中阅读项目行动纲领》。这个纲领共309字，与3月9日正是巧合，且叫作"三九宣言"。这个纲领是集体的智慧，由我执笔撰写。

包河区初中阅读项目行动纲领

为生命而阅读，人生因阅读而美好；坚信阅读的力量，改变从阅读开始。

持续推动阅读，以教师为榜样，以学生为中心，建设富有生机的阅读文化，改善教育生态和校园生活。

发展充满活力的学校图书馆，提高读物质量，完善信息过程驱动学习环境的开发，满足师生学习兴趣和生活乐趣。

以阅读撬动课程改革，改变僵化的学习方式，走向综合探究学习，以达到突出选择性的个性化教育。

校长和学校领导团队成为突破障碍、力求改变的先驱；引导家长接受阅读价值，成为阅读伙伴；利用和拓展社会资源，聚集推广阅读力量。

延续深化"石头汤阅读联盟"成果，探索创新初中阅读推广机制，让阅读成为师生生命成长的持续动力。

在可见的未来形成卓有成效、独具特色和富有影响力的包河教育品牌。

开宗明义，为什么而阅读？这是个根本问题。正如包河区外国语实验中学喻霞校长所说：传统的读书观太功利，什么"书中自有颜如玉，书中自有黄金屋"，而现在，尤其是在中学已经异化成"为分数而阅读"，也有提出"为未来而阅读"，但阅读仅仅是为了分数和明天吗？如果是这样，今天的阅读必然痛苦万分，依然不能逃脱功利性的桎梏。

而我觉得，阅读是生命的自然，生命从诞生的那天起就会自然地、迫不及待地对世界张望。只要有生命存在，阅读就会发生。而有人之所以不爱阅读，只是他不喜欢你提供的阅读内容和阅读方式。

阅读既是为未来做准备，也是现时生命的需要，我们可以躺在浴缸里读书，也可以坐在马桶上读书，在旅行途中读书……不为什么，就是这样漫无目的地、随心所欲地在书中游走，仿佛是一场旅行，精神放松，身心愉悦，而知识及情感、态度和价值观在不知不觉中成为我们精神世界的一部分，我们的生命就会变得充实而有张力。

左拉说："生命的全部的意义在于无穷地探索尚未知道的东西。"所以，为生命而阅读，人生因阅读而美好。

阅读真的能改变什么吗？我们首先要厘清阅读的内涵和外延。其一，阅读并不排斥实践，读万卷书，行万里路，知与行从来就是人类前行的两条腿，缺一不可，又相互影响，缺了阅读这条腿就会跛脚，另一条腿还会逐步萎缩；其二，阅读也并不等于读书，而应该是一切信息的获得的过程，诉诸我们的视觉、听觉、触觉、嗅觉等；其三，如果世界上真的有捷径的话，那就是阅读了。我们可以通过阅读获取前人给我们留下的文明遗产，而不需要在黑暗中摸索很长的时间。

今天，我们这样费心地来推广阅读，着实是一种悲哀。现实的情况很糟糕，国人不读书广受诟病，学校阅读也不容乐观。为什么我们不读书了，有客观的原因，比如社会风气、教育体制等，更主要的还是主观原因，就是我们满足于生命的低层次需求，忽视了生命中精神的成长。

有些老师和家长对推广阅读有顾虑，特别是在中学，怕耽误了孩子们的学业。那么试问，哪一次真实的学习发生能够离开阅读？换句话说，学业成绩不高往往都是阅读不够造成的。我在学校推广阅读大会上说："我们教师的孩子学业水平总体比较高，这和教师大都重视孩子阅读有关，但教师在学生阅读上却顾虑重重，推而不动，甚至抵触，不仅可以说是狭隘，甚至可以说是自私，最终也得不到你想要的分数。"

是的，"我们不能改变整个气候，但我们可以营造局部春天"。所以，"坚信阅读的力量，改变从阅读开始"。

（四）今天，我是一个朗读者

2017年4月，阳光中学在下午上课前开展全校二十分钟的持续默读，学校安排我在上午升旗仪式后为全校师生读一段书，以示开启和引领。之前，世界学校图书馆协会前主席James教授也建议我经常给学生读书，我欣然答应了。

读什么呢？4月6日，我去北师大参加一个阅读活动，这个问题就一直伴随着我。

我首先想到的是《钢铁是怎样炼成的》，这本书是我青少年时期喜欢读的一本书，保尔不向命运屈服的坚韧意志让我感动、敬佩，也深受鼓舞，影响着我的精神世界和性格。特别是那段在他双目失明前著名的心理独白："人最宝贵的是生命。生命属于人只有一次。人的一生应当这样度过：当回忆往事的时候，他不会因为虚度年华而悔恨，也不会因为碌碌无为而羞愧；在临死的时候，他能够说：'我的整个生命和全部精力，都已经献给了世界最壮丽的事业——为人类的解放而斗争。'"但保尔的故事和这段话，之前我已经在全体师生大会上讲过，还有没有其他合适的书呢？

我给夫人发信息求助。夫人在学校图书馆工作，书读的比我多，关于读书的事我经常向她请教，夫人推荐了梁启超的《少年中国说》。这是现今很多经典诵读中常见的篇目，在积贫积弱的旧中国给了众多中华儿女以信心和力量。我教过这篇文章，坦率地说，效果没有想要的那么好。因为现今的孩子不了解中国近代史，不懂得国破家亡的苦难，虽然铿锵激越，却容易只成为口号。

我又问了同行的两位语文老师，可能受到热播节目《朗读者》的影响，她们建议以情动人，但也没给出什么具体的建议。

4月9日我从北京回来，下着大雨，人来人往，车水马龙，但宁静而有秩序，是什么维系着这么一个庞大的世界，引导着人类走向文明呢？我一边走一边想。

一进家门，我就跑到书房里寻找。找了好一会儿，看到一本书里面夹着一张发票，时间是2004年7月1日，书的扉页上写着儿子的名字，那年他十三岁，刚读完初一。7月1日是放假的第二天，一个初中生为什么会选择这样的一本书在暑假里读呢？

这本书的封面上有这样的一段话："20世纪，一个独特的生命个体以其勇敢的方式震撼了世界，一个生活在黑暗中的却又给人类带来光明的女性，一个度过生命的88个春秋，却熬过了87年无光、无声、无语的孤绝岁月的弱女子……"是的，她就是海伦·凯勒，这本书就是《假如给我三天光明》。

假如给她三天光明，海伦·凯勒最想看到什么呢？"首先，我希望长久地凝视我亲爱的老师，安妮·莎莉文·梅西太太的面庞，当我还是孩子的时候，她就来到了我面前，为我打开了外面的世界……"我被打动了，为海伦·凯勒对老师深切真诚的感恩，更为安妮·莎莉文老师的博爱和坚持，这些正是当今教育所缺乏的而又亟待解决的。

海伦·凯勒又说："我的目光将会崇敬地落在我读过的盲文书籍上，然而那些能看的人们所读的印刷字体的书籍，会使我更加感兴趣……"这段话和倡导阅读的主题也很契合！

　　海伦·凯勒的艰难处境难以想象，其成就同样令人惊讶。我不知道儿子当年读这本书的时候会有怎样的心绪，他的学习态度和精神意志是否得到这本书的鼓舞和启迪——明天就给孩子们读这本书了。

　　4月10日，举行完升旗仪式之后，我走上升旗台，面对着全校师生，对他们说："今天我以一个朗读者的身份为大家读一段令我感动、很有意义的故事……"

　　"我希望从安妮·莎莉文老师的眼睛里看到能使她在困难面前站得稳的坚强性格，并且看到她那经常向我流露的、对于全人类的同情。"

　　"在我一生漫长的黑夜里，我读过的和人们读给我听的那些书，已经成了一座辉煌的巨大灯塔，为我指示出了人生及心灵的最深的航道！"

　　……

　　天空飘落着雨点，操场少有的安静。

六、开辟"美的教育"新天地

太阳每天都是新的。

　　我们总是期望有一个美满的结局，我们也应该欣然于每一次美好的开始。随着合肥市阳光中学四川路校区的建成，"美的教育"有了新的开始。

(一)六月八日，新的开始

　　2016年6月8日，包河区委宁波书记一行视察滨湖新建的六所学校，合肥市阳光中学四川路校区正式扬帆启航了，阳光中学有了新的开始!

　　九年前的今天,恰巧也是6月8日,包河区教育局在当年的招生工作会议上正式宣布让我去筹备阳光中学(当时叫世纪阳光中学)。坦率地说,从机关到基层学校,思想还是斗争了很长时间,或许是已经习惯了校园生活(去教育局前已在学校待了十七年),或许是更喜欢站在土地上自由呼吸,或许这些都不是理由,而是某种说不出的原因。总之,我向当时的局长提出回学校工作。有位同事对我说,下到学校搞得好就是"值",搞不好就是"作"。我也没想那么多,跟着感觉走吧。2007年6月8日这一天,我作出了人生的又一次重要选择。

　　那时,我单枪匹马来到还在建设中的阳光中学。没有办公室就借用附近的屯溪路小学阳光分校的会议室招生;没有经费就自己掏腰包先垫着;没有人员就找了几个退休的老同志帮忙……九年来,我在这个只有二十多亩地,一开始只有4900平方米校舍的校园里挥洒着汗水与梦想。九年,经过太多的失败,经过太多的等待,终于,竹林成荫,栀子飘香;终于,冬蕴夏荫,春华秋实!

　　说这些,并不是要回答九年的辛苦到底是"值",还是"作",人生不是做给别人看的,而是要自己活得心安理得!

　　后来,6月8日作为校庆日写进《合肥市阳光中学办学章程》。如今,四川路校区的成立是阳光中学第九个校庆日最有意义的纪念。"掌声想起来,我心更明白,你的爱将与我同在"——感谢这些年来在阳光中学播撒阳光的每一个人,感谢在寒冷时节给我阳光一样温暖的每一个人!

　　还有一些很巧的事,记录如下:

　　建校伊始,我写的校歌《阳光之歌》开头是这样两句:"巢湖之滨,包公故乡,我们来自四面八方;竹林成荫,栀子飘香,我们共同沐浴阳光……"巧合的是，现在两个校区，一个毗邻包公园，一个坐落在巢湖边。

而且，四川路校区对面的顺园，回迁的又恰是我外婆家的村庄，将来会有很多亲友在此居住。小的时候，我曾在这片岗地上挖过山芋，盗过花生，看过小道戏，在水塘里光屁股洗过澡……冥冥之中就觉得自己与四川路校区有缘，就觉得要把人生最后的精彩奉献给这片曾经哺育过自己的土地。

开会前，我到新校区去看了一下，脚手架刚刚落下，楼宇正面和侧面的廊柱被刷成了像阳光映照一样的色彩，远远地望去就像是绚丽的彩虹。学校四周尚无人居住，西南边的沟渠和农田一片荒芜，还像是小时候见到的样子，远远地能看见巢湖边上的派河大桥、金融街耸立的高楼以及附近地铁站繁忙的工地。我知道，这里的路并不好走，但我同样知道，未来，这里的风景一定很好！

我望着这座充满现代气息、令人充满幻想的校园，忽然有了归来之感，就像《归来》里唱的："昨天的身影在眼前，昨天的欢笑响耳边，无声的岁月飘然去，心中的温情永不减……"6月8日，又是一个新的开始！

（二）滨湖教育新风景

2016年，四川路校区建成之际，包河区教体局组织新建成的六所学校分校开展一次面向社会的展示宣传。我想起了九年前，阳光中学创建的时候，第一次向社会亮相用的是"十大看点"，从十个方面介绍了基本情况，阐述了发展愿景，也是行动纲领，在社会和学校都产生了很积极的影响。于是，四川路校区建成我们也撰写了四川路校区的"十大看点"。两个"十大看点"比较来看，有继承，有发展，颇有趣味。

(1)美丽阳光。合肥市阳光中学是包河区倾力打造的公办全日制初级中学,现已成为高质量、有特色的品牌学校。学校致力于"美丽阳光教育",教育质量位列包河区第一方阵、合肥市前列,创建了自育自学实验、艺术教育、篮球手球等教育品牌。学校先后获得全国零犯罪学校、全国教科研先进单位、全国作文教学先进单位、安徽省廉洁文化示范点、合肥市绿色学校、合肥市特色学校、合肥市平安校园、合肥市首批素质教育示范校、包河区德育成果奖、包河区教育质量突出奖等荣誉称号。

(2)共生发展。四川路中学作为合肥市阳光中学分校,既是对学校办学业绩的肯定,也有利于两个校区优势互补,共生发展,共创辉煌。四川路校区将汲取阳光中学办校精华,发挥新校优势,追求高起点、高品位、高质量办学,实行小班化、走班制教学,与高考对接,与国际接轨。总之,新校区将以最先进的办学理念、最强大的名师队伍,打造滨湖新区又一亮丽的教育品牌!

(3)环境优越。四川路校区位于滨湖新区四川路与贵阳路交口西南,毗邻地铁一号线和环巢湖风景线,周边高层次社区环绕,交通便捷,生活方便,环境宁静,空气清新,是读书学习生活的好地方。四川路校区投入使用,解决了滨湖新区南部学生就近入学的问题,节省了上学时间,保证了交通安全。

(4)美丽校园。四川路校区占地面积约5万平方米,建筑面积约4万平方米,规划60个班级,现已建成400米标准运动场、图书阅读中心、艺术中心、科学实验中心、学术报告厅、体育馆(设有合肥市中小学唯一室内手球馆)、师生餐厅等。为把学校建设成为最美、最适宜读书的地方,四川路校区将突出校园环境、图书馆及阅读空间、信息化等建设,同时推进专业学科教室建设,适应个性化教育需要。

(5)价值追求。四川路校区将秉承阳光中学"学思尚美,知行崇阳"的价值追求和"止于至善"的校训精神,实现"每一位师生都绽放美丽阳光"的办学愿景,培养"具有广博学识、强健体魄、美丽心灵、淳厚品德、坚忍意志、开放胸怀的美丽阳光少年"。同时构建以"上善若水"为核心价值的富有四川路校区自身特色的文化和教育理念体系。

(6)师资强大。合肥市阳光中学拥有一支师德高尚、业务精湛的教师队伍。现有全国省市区教坛新星、学科带头人、名优班主任、骨干教师、绿色通道引进专业人才等优秀教师58人,有北师大、华东师范大学等硕士研究生8人。汪昌兵校长是包河区名校长,学校管理团队年富力强,经验丰富,实绩突出。近三年,四川路校区以阳光中学名师队伍和优秀管理人员为主,省市区优秀教师人数将达到50%以上,同时,实施"青蓝工程",培育新秀。

(7)多元课程。四川路校区构建系统、科学和个性化的三级课程体系,严格执行国家课程,扎实推进地方课程,创新发展校本课程。以美丽阳光课程为基础,同时发展四川路校区特色课程,全课题推进自育自学实验,重点发展江淮地域文化、每生自学乐器、手球足球、生活技能等特色校本课程。

(8)育人方略。坚守对每一个学生负责的信念,充分利用两个校区丰富的人力和物力资源。开展"小班化、走班制"教学改革,为每个学生量身定制适合其个性发展的教育;以导师制结合班级辅导员形成精细化班级管理;探索欣赏性德育理念,提高德育的实效性和艺术性。体育塑造性格,艺术陶冶情操,科学开启智慧,全面育人,全程育人,全员育人。

(9)高端引领。学校聘请著名教育专家何炳章先生为学校科研顾问,全面深入开展教育改革实验;充分利用中国学校文化共同体成员校高端平台，获得北京师范大学余清臣博士等全国知名学者的指导；与合肥师范学院音乐学院合作，发展艺术教育；与北京景山学校等全国名校合作，共享优质资源。借助高端引领，走在发展前列。

(10)美好生活。建设安全、绿色和温暖的校园，"师生合作，爱满天下"，课内课外全方位呵护，无微不至，帮助学生健康快乐地度过青春期。以科技节、艺术节、体育节、入学季、亲水季、毕业季等学校传统节日为依托，通过远足游学、生活体验、传统文化熏陶等活动，用美的教育让师生拥有美的生活、美的人生。

华东师范大学杨小微教授为阳光中学题词：阳光润泽，星光灿烂。有包河区"办好每一所学校"的坚定信念，有"奉献、执着、超越"的阳光精神，我们坚信合肥市阳光中学四川路校区一定能够成为滨湖教育一道亮丽的风景线。

(三)温暖的力量

2016年12月28日，四川路校区正式交付，2017年1月18日在新校区举行第一次迎新春文艺会演。

"东风随春归，发我枝上花"，我在致辞中说，永远都不要忘记在生命历程中给我们带来温暖的人。学期即将结束，这个学期对于合肥市阳光中学四川路校区的每一位学生、每一位家长、每一位老师注定是一段不平凡的经历。

四川路校区的建设和投入使用无疑是阳光中学发展史上一件具有里程碑意义的大事。面对这样一座崭新的现代化校园，我心里有无限的感慨。我时常想起自己小时候在不避风雨的房子里趴在水泥桌子上上课的情景，时常想起在新校建设启动会上那些暖心的话语："滨湖学校建设要在全国都可以拿得出手，我们要改变过去把学校建得像一个个火柴盒似的，要让每所学校都有特色和亮点。"时常想起2016年的春夏暴雨如注，建设者们依然在脚手架上挥汗如雨……当然，也会想起学校很多人的付出。这里，我要提一个人的名字，他就是阳光中学总务主任陈永平。2014年新校建设刚启动他就和我一道参与这个项目的全过程，并且驻守在工地上。两年时间虽然不长，但也足以改变一个人，陈永平岁数不大，却早生华发，新校建成后他也从一介书生成了建设行家。劳动创造世界，让我们向伟大的建设者们鼓掌致礼！

2016年秋，四川路校区迎来了第一届141位学生。"第一"总是给人以新鲜，给人以自豪，给人以憧憬。这个学期在四十六中南校区借址办学，你们以文明的言行、向上的状态、令人诧异的进步赢得了众多赞赏的目光，你们不愧于阳光中学四川路校区第一届学子这个光荣而又沉甸甸的称号。家长说你们变化很大，走路有走路的样子了，还学会吹拉弹唱，身上多了不少艺术细胞；老师说你们进步很快，这次期末考试数学总均分提高了10分。在这里我也提一个同学，她叫鲍梦玲，本来她可以上一所很好的学校，最后选择了阳光，这个学期两次考试成绩都是第一，体育艺术成绩也很好，前天我看到她在吹葫芦丝，也像模像样，悦耳动听。我们致力于培养具有广博知识、强健体魄、美丽心灵、醇厚品德、坚忍意志、开放胸怀的美丽阳光少年，鲍梦玲就是其中的代表，我为有这样的阳光学子感到骄傲。学习是辛苦的，也是快乐的；成长是艰难的，也美好的。孩子们，我对你们每一个人都充满着期待，我们一起来为自己的进步鼓掌加油！

这一批孩子们确实是幸运的，不仅是因为他们拥有这样一座美丽的校园，更因为他们遇到了一批好老师。这个学期，学校面向社会通过公开招聘选拔了一位副校长，从老校区选配了三位年富力强的优秀中层干部，安排了太湖路校区十二位骨干教师来任教或走校，还有六位通过招考层层选拔出来的优秀大学毕业生，这是一支拿得出手、放得下心、充满活力的精英团队。这个学期他们工作怎么样，我也可以举一个例子。胡爱君老师，家住在瑶海区，每天5点多就要起床，先坐车到太湖路校区，再坐校车到四川路校区，每天来回六十多公里，三年下来要绕地球一圈。她的孩子很小，她花在学生身上的时间比花在自己孩子身上的还多，耕耘就会有回报，她班上的学生学业成绩非常优异突出。从胡爱君老师身上，我看到了"奉献、执着、超越"的阳光精神，让我们向四川路校区21位美丽阳光教师鼓掌致敬！

当然，所有的工作都离不开家长的支持，这里的家长真好！开学以来，四川路校区没有一位家长向上级投诉，我想，不是我们工作做得完美无缺，而是各位家长的淳朴、善良、理解和宽容。家长们为孩子也付出了很多，有很多故事，让我感动。七（1）班有个学生叫孟豫辉，家住在泗河镇，离这里也有好几十公里，为了孩子到这里来上学，举家在欣园租房，三年房租就要好几万啊，妈妈骑电瓶车上班，无论酷暑严寒，每天风里来雨里去。我曾劝过她："你能坚持吗？"她说："为了孩子，再吃苦我也愿意。"我想，这句话是所有家长的心声。孩子们，面对养育你们的父母，你们还有什么理由不刻苦学习呢？老师们，我们还有什么理由，不把家长的孩子当成我们自己的孩子呢？将心比心，心心相通，让我们向不辞劳苦，与我们风雨同舟的家长们鼓掌致谢！

今天，我们还请来了两位兄弟学校的领导，一位是四十六中南校区的施建书记。这个学期我们在你们那办学，你们提供了非常好的设施和服务，也给你们添麻烦了，谢谢你们！另一位是师范三小的范文革副校长。三小是一所名校，我们一道来到这一方未开垦的土地，俗话说远亲不如近邻，阳光中学四川路校区的发展离不开你们的支持,有你们在,我们更有信心。

我们永远都不要忘记在我们生命历程中给我们带来温暖的人们,就像每天不会忘记太阳,这就是感恩,感恩会孵化为强大的积极向上的力量,就像阳光中学校歌中所唱的:无论走向哪里,我们感恩阳光,我们播撒阳光。

今天是2017年1月18日,虽然没有正式搬迁,但也是我们第一次正式使用新校区。亲爱的朋友们,美妙的春光属于谁,属于我,属于你,属于我们阳光中学的每一位;创造这明天要靠谁,要靠我,要靠你,要靠我们阳光中学的每一位。让我们从今天开始,筑梦阳光,扬帆起航!

(四)从"止于至善"到"上善若水"

2007年6月8日阳光中学正式创立,我希望在阳光中学能实现自己的教育理想,那年我41岁,颇有雄心壮志。首批17位教师,大都是来自不同学校的教学骨干和招考的大学毕业生,一切都是新的,整个校园朝气蓬勃,充满积极向上的力量。

在这样的氛围与激情的感染下,学校办学章程中确定"止于至善"为校训。这四个字取自儒家经典《大学》,与《易经》中"天行健,君子当自强不息"精神相承,也与"阳光"这个蓬勃向上,普照大地的校名吻合。但我们对"止于至善"往往会有片面的理解,总想着"至",而忽略了"善",或者不知道什么是"善",甚至是以恶为善。"止于至善"可能就会变成一种蛮干。现在,有很多"名校",可谓把"应试教育"做到了极致,但这种教育是否符合育人规律,培养出的学生是否符合社会和人的发展,需要我们深思。

还有,在主观世界与客观世界对立统一的过程中,是"人定胜天"还是"天人合一","改造自然"还是"顺应自然",这一直是困扰人类的一个重大命题。人类的社会实践告诉我们,光有"自强不息"

的精神还不够,还要有把握事物发展客观规律的意识和能力。

事实上,先人在经历了沧海桑田的巨变和千辛万苦的探索之后,给我们寻找到了又一处智慧之源,这就是道家的"天人合一"思想,更具体一点表达就是"上善若水"。

道家代表人物老子在《道德经》说道:"上善若水。水善利万物而不争,处众人之所恶,故几于道。居善地,心善渊,与善仁,言善信,政善治,事善能,动善时。夫唯不争,故无尤。"老子认为,最完美的道德就像水一样,水滋润万物,却不与万物相争,处在众人不愿去的地方,所以水的品德很接近"道"。拥有最高善境的人处世要像水那样择善而居,心地要像水那样深沉静默,交友要像水那样相亲相爱,言语要像水那样真诚有信,为政要像水那样井然有序,办事要像水那样发挥所长,行为要像水那样相机而动。因为与万物不争,所以没有怨恨。

这段话,以水为喻,形象地告诉我们什么是"最好的善"。水品质的核心是"利万物而不争","利万物"是善,一个人能够做善事当然很了不起,但做了善事还"不争"才是"上善",这一点我们往往很难做到,总想得到名利上的回报,得不到回报就不想做善事了。因此,没有"上善若水"的人生态度和生活方式,也就不可能"止于至善"。

"上善"固然"不争",但"天下莫柔弱于水,而攻坚强者莫以能胜",这是因为水以"利他"为信条,你不能离开它,在"利他"的过程中,能够顺其自然,而不会让你受到伤害,而且它是完全的"利他"主义者,不图回报,不会与你争权夺利。它宽阔,能够包容你的棱角个性;它坚忍,生命不止,"利他"不息……在这样的完美道德面前,你只有被融化。

"上善若水"正好与四川路校区中的"川"字也很契合(太湖路校

区中的"湖"字也和水相关），遂把"上善若水"作为四川路校区的价值追求。

从"止于至善"到"上善若水"，是继承，是延伸，是完善，其共同成为"美的教育"的价值追求。

第三章 "美的教育"之行

千里之行,始于足下

对于"美的教育",我也只是一个探索者,而且一开始还是一种无意识的状态。尽管后来阅读了一些理论著作,得到了一些专家的点拨,然而,在我力所能及的范围内,却未能找到可借鉴的例子,也未能找到行走在"美的教育"路上的伙伴,似乎还只是在跟着感觉走。

所以,我所能呈现的那一串深深浅浅、歪歪扭扭、连续不断的脚印,看上去悠长而又执着……"美的教育"对于我来说是"太遥远的相爱",但我知道,只有不停地走,才有可能与她更接近。

敢问路在何方?路就在脚下。

一、阳光少年

感恩阳光,播撒阳光!

合肥市阳光中学的办学理念体系提出"培养具有广博学识、强健体魄、美丽心灵、淳厚品德、坚忍意志、开放胸怀的美丽阳光少年",这一培养目标既反映了人发展的一般要求,又点明了阳光学子的独特气质,这就是我们期望的"美的教育"中美的学生。

我对"美的学生"的理解大都渗透在开学典礼、毕业典礼等活动的讲话中。

(一)健康的体格,健全的人格

重视体育一直是"美的教育"追求中最重要的部分。每次看到操场上热火朝天的运动场景，才会觉得学校像个学校；每次运动会，看到学生们那种激情与活力，才会觉得学生像个学生。

1997年，我担任校长的第二年，学校举办了合肥市第五十六中学第一届运动会。那时候，学校运动场很简陋，就是一块泥巴地。记得一次开运动会，下了一点雨，学生个个都成了"泥猴子"；后来运动场被改造成炭渣跑道，不少学生在运动时流血挂彩。但不管条件如何简陋，甚至是遇到阴雨天气，每届运动会都会在9月最后几天如期举行。

2003年9月28日，合肥市第五十六中学举行第七届运动会，我在开幕式上致辞，阐述体育对于学生成长的意义。

> 合肥市第五十六中学第七届运动会即将开幕了，这次运动会的召开有着不同寻常的意义。
>
> 自去年始，新课程改革在合肥市全面展开，如果你是一个敏感而又有着坚定信念的人，你会感受到这是教育的一场深刻的革命。新课程改革的理念要求我们"让每一个学生全面主动地发展"，因此学校第七届运动会的举行有着良好的时代背景，也是教育的必然要求，我们的必然选择。
>
> 在过去的一年里，我校又一次实现了里程碑式的飞跃，这次飞跃是我们拥有一个占地4万平方米，分为本部和东区两个校区，学生1266名，105名教师的新家园。但我们挑战自我的步伐不能就此止步，追求卓越必须成为合肥五十六中人的基本信念。我们不仅要做大，更要做强，而且还要在德育、智育、体育、美育等更广泛的领域内实现新的突破，尤其是体育运动。拥有健康的体格，这不仅是我们的自觉追求，更是时代的客观要求。知识经济时代是全

球竞争的时代，竞争是空前激烈的。没有健康的身体素质，根本就无从适应大时代的要求。因此，一个合格的五十六中学生必须是一个全面发展、能自我完善的学生，是一个无论在考场上，还是在运动场上都能勇攀高峰的学生。

本届运动会要以"团结、文明、创新"为主题。团结是集体凝聚力的重要体现，没有团结的精神就没有运动会的成功，希望大家能在校运会上，充分展现出团结进取、蓬勃向上的精神风貌。文明是一个人素质的重要体现，学校是培育文明的沃土，我们的每一个学生都应该是文明的使者，在赛场上是文明的运动员，在看台席上是文明的观众。创新是一个民族的灵魂，刚才的入场式上，每个班级都有自己独特的创意、独特的道具和响亮的口号，自由地展示了自己的风采和创新能力。但在赛场上更希望我们的运动员，能不懈地追求更高、更远、更快、更强的拼搏精神，为五十六中校运会创造新的纪录。21世纪将是中华民族大振兴、大崛起的时代，我们正获得一个展示创造才能的难得机遇，让我们在参加学校的各项活动中，培养我们的创新意识、创新能力和创新品质，增强我们的创新实力。

本次运动会人数多、时间长、规模大，这是对我校体育教学工作的大检阅，更是对我校师生精神面貌和综合素质的大检阅。希望全体师生要讲公德、讲卫生，在运动场地上不留下一件废弃物，真正体现现代人文明有序的行为习惯；希望全体运动员奋勇争先，再接再厉，赛出风格，赛出水平；希望全体裁判员严守规程，公正裁判，希望全体工作人员忠于职守，热情服务，保障安全；希望全体观众团结友爱，齐心协力，文明守纪。

预祝本届运动会圆满成功！

　　如今学校运动场都改成塑胶材料了，堪比奥运赛场，学生的身影却少了。现在有一种观点，甚至是一些专业人士的观点，他们认为抓体育会影响学习成绩。而我始终认为合理的体育运动不仅不会影响学习，反而能够促进学习。我们的教师或者学校的一些管理者已经习惯了学生坐在教室里心不在焉地看书。

　　我希望学校的运动会能成为塑造学生精神的舞台，成为学生心灵的节日。

（二）最后一课

　　十几年前，特别是在农村学校，还没有举行毕业典礼的意识。但毕业典礼是学校最有价值的"最后一课"，其意义影响深远。2001年，合肥市五十六中第一次举行比较正式的毕业典礼。

　　　举行正式的毕业典礼，在我校还是第一次。今天来参加毕业典礼的有2001届初三全体毕业生、他们的老师，还有初一、初二年级的学生代表。首先，我代表学校向以合格成绩完成初中学业的202位毕业生表示祝贺。

　　　我想，此时此刻你们的心情也犹如我一样的不平静。那些曾经因为太熟悉而不能引起注目的一切，现在都将要与之告别。也许，你们还想再一次坐在教室听老师上课；再一次向"同桌的你"提一个问题或进行一次愉快的"争吵"；再一次为你们班级在体育运动会上流一次快乐或者悲伤的眼泪；再一次在星期一的校园广场上和全校老师、同学一起听《义勇军进行曲》，看五星红旗冉冉升起……然而，岁月不再，当你们今天跨出校门，回过头看到的已是你们的母校了。

　　同学们，在你们临走的时候，我要给你们每人送一件礼物：初中毕业证书。不要小看这薄薄的几张纸，它记录着你们的成功，而这成功又记录着你们自己的汗水、老师的辛劳、父母的叮咛、祖国的希望。它是你们三年青春岁月的浓缩，是你们奋斗的见证，是你们成长的基石。好好地保存它，保存它就是保存那一份永不褪色的同学情、师生情、母校情，就会永远看到同学的致意、老师的祝愿、母校的情怀。

　　三年过得真快呀，刚进校的情景仿佛还在眼前，现在却要离校而去。然而，不管我们是多么难舍难分，我仍然要向你们挥一挥手，走吧，同学们，校园外有你们更广阔的天空！还记得那首《放学歌》吗，"将来治国平天下，全靠吾辈"；还记得那首《毕业歌》吗，"我们今天桃李芬芳，明天是社会栋梁"。跨过第二起跑线，你们虽已走完了三年的路程，但这也只是漫漫人生路上一个小小的驿站，愿你们在今后的征程上，永远做一个理想远大的人、正直善良的人、自强不息的人、有所作为的人。

　　在无限的留恋中，我和你们的老师也感受着幸福和崇高，思索着应该怎样为人之师。初一、初二的同学们你们是否已意识到时间紧迫，是否也在思索着应该怎样学习做人？"人最宝贵的东西是生命，生命属于人的只有一次。一个人的一生应当是这样度过的，当他回首往事的时候，他不因虚度年华而悔恨，也不因碌碌无为而羞耻……"让我以奥斯特洛夫斯基这段曾经激励过无数青年的名言与同学们共勉。

轻轻地，你们走了，正如你们轻轻地来。同学们，一路走好！

（三）阳光的香

在2011届学生毕业典礼上的讲话中，我提到了阳光学子宓志晓在七年级时写的一首诗《阳光的香》。三年过后，阳光学子用优良的品德情操、优异的学业成绩、优雅的艺术气质调制出一种芬芳独特的"阳光的香"。愿这种渗入灵魂的香气伴随你们一生，并且远播四方。

今天，我们欢聚在这里举行合肥市阳光中学2011届学生毕业典礼，共同分享收获的喜悦，憧憬美好的未来。首先，我代表学校向圆满完成学业的2011届375名毕业生表示最热烈的祝贺！向为学生成长付出辛勤劳动的全体教职工表示最崇高的敬意！向关心支持学校工作的家长们表示最衷心的感谢！

初中三年是人生大书中最重要的篇章，而毕业典礼是这一篇章中最后的，也是最精彩的一段，它会深深地烙印在我们的心底，成为一生抹不去的记忆。和以往毕业典礼不同的是，今天我的心里少了些离别的感伤，多了份收获的喜悦。同学们，你们是阳光中学值得骄傲的一届毕业生！三年前，在人生的第二起跑线上，你们以轻快的起跑跃入全区第一方阵；三年后，你们以更加出色的成绩迈进包河区前三甲。

在你们中间，有很多值得我骄傲的名字：九(4)班的黄笑岩同学，人小志气大，学业成绩荣登全区第三名；朱玥坤同学不仅成绩优秀，在区运动会上还拿了两个冠军，为学校获得运动会前三名立下汗马功劳；九(2)班简彦泽同学病床上参加中考，在合肥地区传为佳话；九(8)班的陶特同学弯道超越，奋力冲刺，阔步迈入省重点……还有很多很多同学，你们共同谱写了一曲感人的、奋进的青春之歌、阳光之歌！同学们，你们的成长让我感到莫大的慰藉，你们的成功让阳光中学绽放出夺目的光彩！

三年前宓志晓在她的诗作《阳光的香》中写道："我们来到阳光，相约在这美丽的地方，三年后再回忆这阳光的香。"今天，三年的时光，在江晓老师睿智的讲解中、在钟兰老师蹒跚的身影里、在许明晴老师建造的心灵驿站中、在苏晓松老师关爱有加的目光里、在何银发老师津津有味的历史故事中、在朱学军老师精彩的物理演示实验里、在张银老师不厌其烦的谈话声中、在陈伟老师的你们都不害怕的棍子敲打下……都在不经意中流走了。三年来，我们阳光之所以能时时感受阳光暖暖的香，是因为这里处处有师爱的芬芳。师恩如山，师情难忘，希望你们能带上这份感激追求未来的人生梦想，希望你们能把这颗感恩之心传递到即将到达的每个地方！

同学们，今天，是值得永远纪念和珍藏的日子，你们即将迈出校门，开启新的人生航程。作为你们的师长，我想对同学们说：

希望你们能记住你们有一个共同的、独一无二的名字——合肥市阳光中学2011届学生；

希望你们能记住校训"止于至善"，做一个善良的人，一个对社会有用的人，一个不断超越、追求卓越的人；

希望你们能记住学校倡导的"尚美"风尚，在追求美的历程中使自己拥有美好的人生；

希望你们能记住菁菁校园里留下过你们的青春足迹，记住在漫长的人生道路上你们曾经驻足的阳光驿站；

希望你们能记住每一位老师的谆谆教诲，把他们的恩情永存心底；

希望你们能记住每一位同学的名字，把他们的情谊作为一生的财富和珍藏；

希望你们能记住母校栀子飘香，翠竹挺秀，我们在这里等待着你们的捷报，这里永远都是你们停泊的港湾。

最后，希望大家能记住校歌里的最后一句话：无论走到哪里，我们感恩阳光，我们播撒阳光。

6月28日是阳光中学每一年举行毕业典礼的固定时间，校长讲话是毕业典礼的最后一项固定议程，而最后的"希望……"是每一年我讲话的固定内容，每次讲到最后几段"希望"，我心中都会涌起不一样的感觉，怀恋、感慨、不舍、期待……不能自已，眼睛潮湿。

（四）阳光润泽，星光灿烂

阳光中学经过八年的播种、耕耘，终于到了收获的季节。

连绵的阴雨，今天终于放晴。而全体阳光人收获的喜悦、离别的愁绪也在不断的积累后，在今晚爆发。尽管我已做好了充分的准备，但还是被你们展现出的阳光精神，迸发出的阳光力量，释放出的阳光情怀深深地震撼和感动。

时光荏苒，岁月流金。三年前，你们还是个子不高、懵懂的小孩子，而今你们长高了，长大了。三年来，你们上了数千次的课，而今天的毕业典礼是你们在阳光的最后一课，也是最重要的一课。这一课的主题叫"感恩阳光，播撒阳光"，这是阳光中学毕业典礼永远的主题，也是阳光学子的必修课。为了上好这次课，你们的老师、你们的父母和我一起准备了三年。

三年间，在"美丽阳光教育"的引领下，阳光学子的学业成绩不断超越，迈入包河区第一方阵，合肥市前列。学校篮球队傲视群雄，独霸合肥市冠军领奖台两年，今年夏天将代表包河区参加省级比赛；手球队击败合肥名校五十中获得合肥市第一名；学校"每生自学一样乐器"结出硕果，获得包河区特等奖。学校也因为你们的成绩获得合肥市平安校园、合肥市首批素质教育示范校、合肥市文明单位等众多荣誉。全国人大常委会副委员长严隽琪、国务院以及省市区的领导，北师大、华东师范大学等专家学者对阳光中学的办学思想和办学业绩给予了充分的肯定。

"阳光润泽，星光灿烂"。现在，你们终以你们的优异成绩兑现了你们入学时的誓言："今天我以阳光为荣，明天阳光以我为荣。"你们刷新了阳光中学700分以上人数、总均分、普高达线率等多项中考记录。不仅如此，你们在德智体美劳诸方面业已成长为具有广博学识、强健体魄、美丽心灵、淳厚品德、坚忍意志、开放胸怀的美丽阳光少年。现在，我愉快地在这里宣布：合肥市阳光中学2015届357名毕业生圆满完成学业，成绩合格，准予毕业！在此，让我们以最热烈的掌声向2015届全体毕业生表示热烈的祝贺。你们铸就了阳光中学新的辉煌，阳光中学以你们为荣！

在今天的毕业典礼上，我要特别提到一位毕业生，她叫孙文静，一个学习非常刻苦，成绩非常优秀的女生。在今年中考的英语考试中，她不慎没有把答案完整地填在答题卡上，这可能会让她错失升入名牌高中的机会。但今天，我要告诉你，人生的路还很长，你的实力还在，相信你会因此更加坚强成熟，在未来一定会取得成功。希望你放下包袱，以乐观的心态直面人生的每一次挫折，对你的爸爸妈妈、你的老师、你的同学露出笑脸，让我们以热烈掌声给她鼓励！

今天，我还要向大家报告一组消息，阳光学子在高中阶段发挥了巨大潜力。继2011届毕业生黄笑岩被中国科技大学少年班录取之后，我校2012届毕业生在今年的高考中捷报频传，很多同学考取名牌大学。所以，今年合肥市重点高中纷纷向我校伸出橄榄枝。还有，今年我校招生特别火爆，一大批少年英才即将跨入阳光校园，今天也来了部分代表，让我们以热烈的掌声对他们的到来表示欢迎。

饮水思源。遇见一个好老师是我们一生的幸运，而班主任更是学生人生的导师。本届有八个毕业班，班主任分别是：九(1)班薛彬老师、九(2)班何银发老师、九(3)班刘正会老师、九(4)班万燕燕老师、九(5)班姜萍萍老师、九(6)班杨永兵老师、九(7)班潘丽老师、九(8)班李艾俊老师。还有各个学科的老师，他们像阳光那样，是我们力量的源泉，指引我们人生的方向，点燃我们心中的梦想，他们都是你们生命中的贵人。让我们以热烈的掌声对你们的恩师表示感谢。

今天，参加毕业典礼的还有全体毕业生的家长，这是我们第一次邀请家长参加毕业典礼。之所以这样做是因为初中毕业是孩子一生重要的时刻，分享他们的成长是孩子的幸福，也是家长的快乐。百善孝为先，因此，我们要让孩子懂得父母的养育之恩，以寸草之心，报三春之晖。让我们以热烈的掌声对你们的父母表示感谢。

毕业典礼，已近尾声。虽然经历了很多次毕业典礼，送走一届又一届毕业生，但当毕业的弦歌想起，心里仍然充满着感慨和感动。为时光的流逝感慨，为阳光学子的成长和成熟感动。

2015年7月1日，是值得永远纪念和珍藏的日子，你们即将迈出校门，开启新的人生航程。世界很大，你们也应该去看看。作为你们的师长，在你们即将出发的时候，我想对你们说，这也是我对每一届毕业生的嘱咐：

希望你们能记住你们有一个共同的、独一无二的名字——合肥市阳光中学2015届学生；

希望你们能记住校训"止于至善"，做一个善良的人，一个对社会有用的人，一个不断超越、追求卓越的人；

希望你们能记住学校倡导的"尚美"风尚，在追求美的历程中使自己拥有美好的人生；

希望你们能记住菁菁校园里留下过你们的青春足迹，记住在漫长的人生道路上你们曾经驻足的阳光驿站；

希望你们能记住每一位老师的谆谆教诲，把他们的恩情永存心底；

希望你们能记住每一位同学的名字，把他们的情谊作为一生的财富和珍藏；

希望你们能记住母校栀子飘香，翠竹挺秀，我们在这里等待着你们的捷报，这里永远都是你们停泊的港湾。

最后，希望大家能记住校歌里的最后一句话：无论走到哪里，我们感恩阳光，我们播撒阳光。

（五）最后的叮嘱

这是我在阳光中学2016届学生毕业典礼上的讲话。或许已是"知天命"之年，我的心境就像是一个老人送远行的孩子。记得小的时候写作文经常用"语重心长"来形容长者的嘱托和教诲，而现在，我真实地体会到了什么是语重心长。

首先，我要向在座的2016届毕业生表示歉意。学校本来为大家在运动场上准备了一个非常精彩的有创意的毕业典礼方案，但这些天不是酷热高温，就是雨水不断，现在不得不改在室内，而且只能压缩参会人员，不能邀请全体毕业生家长、你们小学毕业学校的老师校长以及新生代表，也简化了舞美设计和典礼程序。不过，现在看来，这些丝毫没有影响你们的情绪，你们一声声的呼喊和大把大把的泪水，依然令我深深地震撼和感动。

我知道每一年栀子花落的时候，你们就要走了。我的心情很复杂，就像这天气一样，一会热如烈火，一会又被淋得透湿。毕业、离别、感恩、希望……每个字都会触发情感的风暴，尽管我已做好准备，但此刻仍不能自已！

我高兴，你们毕业了。三年前，你们还是一脸稚气的小孩子，现在你们长高了，长大了，懂事了，成为具有广博学识、强健体魄、美丽心灵、淳厚品德、坚忍意志、开放胸怀的美丽阳光少年。你们以优异的学业成绩兑现了你们入学时的誓言："今天我以阳光为荣，明天阳光以我为荣。"现在，我宣布：合肥市阳光中学 2016 届 299 名毕业生圆满完成学业，成绩合格，准予毕业。让我们以最热烈的掌声向全体毕业生表示祝贺！

我感激，你们生命中的贵人。在我们年轻的时候，遇到一位好老师是我们的福气，好老师是我们生命中的贵人。刚才，两位身怀六甲的女教师说，在她们的心里，学生和她们的孩子是一样的。可我觉得她们有时比你们的父母还难，我经常看到老师被调皮的学生气哭了，打不能打，骂不能骂，只能擦干眼泪，又回到教室……三年来，你们的老师为你们付出了多少心血啊，特别是你们的班主任。现在老师大都不愿当班主任，因为太辛苦，因为压力大。这一届有七位老师当了班主任，他们是九(1)班许明晴老师、九(2)班孔泉老师、九(3)班孔群老师、九(4)班康飞燕老师、九(5)班孟晨老师、九(6)班魏敏老师、九(7)班柴绍甫老师。他们不是父母，又胜似父母！孩子们，你们可不要忘记你们的"老班"啊，就像不能忘记父母一样。所以我提议，我们以热烈的掌声对你们生命中的贵人表示感谢！

至于我，心里却怀着不安。每一届毕业生走出校园的时候，我都要问自己为这一届毕业生，为这一届老师做了什么。如果自己做了一点对你们有益的事，心里就感到欣慰；如果想到有的地方没有尽力或者没有做好就会感到自责。作为你们的"老大"，我要利用这最后的机会，再叮嘱你们三句话：

第一句：生命是最宝贵的。没有生命一切都无从谈起。再过几天中考分数就要公布了，但分数不代表你们的全部，更不代表你们的未来。不管分数多少，都已成为过去。只要生命还在，一切皆有可能，未来一定美好！

第二句：立志是最重要的。没有正确的志向就可能会走上邪路；没有远大的志向，就没有奋斗的动力。萧伯纳说，一个人如果不到最高峰，他就没有片刻的安宁，他也就不会感到生命的恬静和光荣。

第三句：意志是最关键的。我从教三十年了，有很多成功的学生，我发现他们身上都有一个共同的品质，那就是坚忍的意志。很多时候，不是我们无能，而是我们没有坚持。谁有历经千辛万苦的意志，谁就能到达成功的彼岸！

刚才郭卫冉同学说，毕业不是结束，而是新的开始！是的，你们即将走出校门，开启人生新的旅程，在你们即将出发的时候，我要说出对2016届全体同学，也是我对每一届毕业生的希望：

希望你们能记住你们有一个共同的、独一无二的名字——合肥市阳光中学2016届学生；

希望你们能记住校训"止于至善"，做一个善良的人，一个对社会有用的人，一个不断超越、追求卓越的人；

希望你们记住学校倡导的"尚美"校风，在追寻美的历程中使自己拥有美好的人生；

希望你们能记住菁菁校园里留下过你们的青春足迹，记住在漫长的人生道路上你们曾经驻足的阳光驿站；

希望你们能记住每一位老师的谆谆教诲，把他们的恩德永存心底；

希望你们能记住每一位同学的名字，把他们的情谊作为一生的财富和珍藏；

希望你们能记住母校栀子飘香，翠竹挺秀，我们在这里等待着你们的捷报，这里永远都是你们停泊的港湾。

最后，希望大家能记住校歌里的最后一句话：无论走到哪里，我们感恩阳光，我们播撒阳光。

(六)写给未来的你们

2017年的毕业典礼与建校十周年纪念大会同时举行。

十年育桃李，阳光中学在"每一位师生都绽放美丽阳光"办学愿景的引领下，培养"广博学识、强健体魄、美丽心灵、淳厚品德、坚忍意志、开放胸怀的美丽阳光少年"。

十年磨一剑，阳光中学已发展为两个校区，拥有27个班级，1200多名学生，成为高质量、有特色的品牌学校。

十年再启航，不忘初心，砥砺前行。阳光中学正以"美的教育"成就每一位师生美的人生。

首先，我当然要郑重而愉快地宣布2017届350名毕业生，完成初中学业，准予毕业。尽管中考成绩还没公布，但分数并不代表全部，也不代表未来。最重要、最有意义的是，你们毕业了，祝贺你们！

当然，我要诚心诚意地感谢陪伴你们三年的2017届全体老师，而且，一如既往地、郑重地点出几位老师的名字——你们可亲可敬的"老班"：九(1)班刘建和杜敏老师、九(2)班丁英老师、九(3)班徐谦老师、九(4)班陈伟老师、九(5)班郑先勇老师、九(6)班王盈盈老师、九(7)班刘冬梅和杨雪梅老师、九(8)班王玲和刘妍老师。老师们，你们辛苦了，谢谢你们！

我想大家已经注意到了今年的毕业典礼和以往有很多不同，或者说很有特殊意味。

一是会标不同。这次毕业典礼同时还是学校建校十周年纪念大会。是的，阳光中学已经走过十年历程。十年对一所学校来说还很年轻，但对一个人来说，一定是漫长而重要的历程。前几天，一位即将离开学校，到其他地方工作的老师对我说"我把人生最美好的年华献给了阳光"。对每一届毕业生来说，尽管只有三年时光，但我相信在你们的身上已经有了一种"阳光的味道"，这种味道或将伴随你们终生。

二是地点不同。今年的毕业典礼在四川路校区举行。十年前，我们创作的校歌中有"巢湖之滨，包公故乡"的词句，真是很巧，太湖路校区在包公街道，四川路校区在巢湖岸旁。从太湖路到四川路，从"止于至善"到"上善若水"，这是发展的见证，也是全体阳光人人生境界的升华。每一个阳光人都为之付出汗水，每一个阳光人都可以为之自豪。

三是人员不同。这次毕业典礼，我们还邀请了退休老师、工勤人员、曾经在学校工作过的同志，此外还有毕业生家长、学区内的小学校长和社会人士等。这样做是说明和昭示：阳光人懂得每一个人都重要，集体的力量大，"阳光很伟大，团结更可怕"；阳光人懂得感恩，感恩为学校做出努力的所有人。

尽管有这么多不同，但有一样东西却是出现在每一次的毕业典礼上，这就是穿在我身上的这件衬衫。这件衬衫是学校建校的时候给老师们做的工作服，平时我都是把这件衬衫小心翼翼地放在柜子里，只在每一年两次开学典礼和一次毕业典礼的时候穿。阳光中学在我心里是光荣和令人敬畏的名称，每一位师生在我心里都是"重量级"人物，所以，我一点也不敢马虎。

在这样一个特殊的时刻，总有很多话想说。这些天我一直在想几件事：阳光中学建校已经十年，未来的路我们应该怎么走；对包括近3000毕业生在内的全体阳光学子有怎样的嘱托和期许；阳光人的内心应该根植什么样的信念和价值……对自己亲手创办、刚满十岁的阳光中学总是这样满怀近忧和远虑，我愿把自己在三十年教育生涯中自以为最有价值的心得献给我热爱的学校、我尊重的老师和充满无限期待的阳光学子。所以，今年我毕业典礼讲话的主题是"写给未来的你"，概括起来叫"五个阳光"，与大家共勉。

其一，正义的阳光。正义就是平等，尊重每一个生命的存在；正义就是公正，公而无私，正而不偏；正义就是博爱，与人为善，爱满天下。正义是社会之基，也是做人之本。"正义"的价值必须是植根于每个阳光人心中。

其二，进取的阳光。《易经》有云："天行健，君子以自强不息"。大自然的规律就是在不断向前。十年来，阳光人正是铭记"止于至善"的校训，发扬"奉献、执着、超越"的阳光精神，才成就了今日网上阳光学子所说的我们"大阳光"。唯进步，不止步，"进取"的精神应该成为每个阳光人的风貌。

其三，坚强的阳光。坚强就要有实力，没有实力就没有发言权，这样说也许对弱者有所不公，但社会法则就是这样。坚强就是要有坚忍的意志，就是要永不言败。"有志者，事竟成，破釜沉舟，百二秦关终属楚；苦心人，天不负，卧薪尝胆，三千越甲可吞吴。""坚强"的性格应该是每个阳光人的特有品质。

其四，温暖的阳光。阳光给我们最直接的感受就是温暖。我们的校歌里有一句歌词：阳光是温暖的地方。温暖是一种同情，悲天悯人，温暖是一种理解，温暖是一种关怀，伸出你的手，伸出我的手。人生在世，谁不需要温暖呢，关键是给予别人温暖，你才会得到温暖。温暖的情感一定是阳光人最吸引人的地方。

其五，美丽的阳光。美是人类生活最重要的因素之一。美是对真和善的感性表达，美是人类共同的追求，是生命的内在需要。"美的教育"是伴随我三十年的教育理想，也是我的人生理想。十年来，全体阳光人以"美"育桃李，冰心凝成花。因为美，我们将继续前行。美的追求应该是每一个阳光人最明显的气质。

如果我们的学校、老师和学生有了这样的"五个阳光"，才称得上是一个真正的阳光人，你们的身上才会有阳光的味道。

最后，我要给每一个阳光学子永恒的嘱托：

希望你们能记住你们有一个共同的、独一无二的名字——合肥市阳光中学的2017届毕业生；

希望你们能记住校训"止于至善"，做一个善良的人，一个对社会有用的人，一个不断超越、追求卓越的人；

希望你们能记住学校倡导的"尚美"校风，在追寻美的历程中使自己拥有美好的人生；

希望你们能记住菁菁校园里留下过你们的青春足迹，记住在漫长的人生道路上你们曾经驻足的阳光驿站；

希望你们能记住每一位老师的谆谆教诲，把他们的恩情永存心底；

希望你们能记住每一位同学的名字，把他们情谊作为一生的财富和感动；

希望你们能记住母校栀子飘香，翠竹挺秀，我们在这里等待着你们的捷报，这里永远都是你们停泊的港湾。

最后，希望大家能记住校歌里的最后一句话：无论走到哪里，我们感恩阳光，我们播撒阳光。

祝同学们人生美丽，一路阳光！

二、美丽园丁

美丽心灵的启迪者

一提到教师，我就会想起北宋教育家张横渠的四句话："为天地立心，为生民立命，为往圣继绝学，为万世开太平"。其意思是为社会树立道德价值，为民众确立生命意义和方法，为先贤继承学统而不致灭绝，为万世开拓太平伟业。在张横渠的心中，教育者的使命是非常崇高而伟大的，但首要的是"立心"。

教育是心灵的艺术，以美育美，美丽心灵是"美的教师"的本质特征。在阳光中学的办学理念体系中，把教师定义为"学生美丽心灵的启迪者"。

(一)不会忘记太阳

在合肥师范学校学习的四年，似乎漫长，却也匆匆，不经意间我从"学生"成为"先生"。一切都还没有想好，却已经结束。每当我自己不知道怎样去当老师，去做教育的时候，就会想起在师范读书的日子，想起教过自己老师的模样。

想起清早就会被班主任从热乎乎的被窝里拉起来，拉到环城河边晨跑；中午在教室里练毛笔字，教室里弥漫着墨香；下午，狭小的琴房里就会传来脚踏风琴纷乱而执着的音符；晚自习，教学楼灯火通明，人影婆娑；即使是十点关灯后，被窝里还会透出手电筒的亮光。

想起在学校里参加的各种各样的活动，这些活动对我产生很大的影响，不仅是能力的提升，还有思想的引领和志趣的陶冶。那时学校非常重视素质教育和全面发展，我经常很自豪地回忆在师范三年级的时候，因为得了"十项全能"冠军（有长跑、写作、钢琴、唱歌、绘画等），得到文化课全部免试的待遇。那时，每个师范生的"三字一话"（钢笔字、粉板字、毛笔字和普通话）都下过硬功夫。而现在一些从师范院校毕业的大学生写的字真是让人看不下去。

想起从安徽师范大学刚毕业、和我们差不多大、教我们文选与写作、年轻美丽的黎丽老师。据说是因为我中考语文成绩全班第一，所以被黎老师选为课代表。其实，我的数学成绩也一直很好，曾经在乡里考过第一名，还作为郊区唯一的学生代表到中科大去参观。听带我去的老师说，接见我们的老师中竟然有华罗庚先生。黎老师在花名册里我的名字上那么轻轻一勾，就改变了我的人生轨迹。后来，我成为师范学校《黄杨》文学社的成员、《师范生活》杂志的编辑。实习的时候选择了语文学科，最终成为一名语文老师。那时的黎老师是我们心目中的女神，上她的课就格外认真。现在我还记得黎老师在教《鸿门宴》时，在黑板左上角写的"从善如流"四个字，说这是刘邦赢得天下的原因。现在阳光中学的校训"止于至善"、四川路校区的"上善若水"或许就是在那一刻起一直在影响

美的教育

着我。

想起教我们书法、绘画的朱白亭老师。那时朱老师年事已高，但在我们书法练字本上批改勾画非常细致。我经常送班上同学们厚厚的练字本给朱老师批改。一位老师对我说，不要让老爷子累着了。朱老师擅画老鹰，经常给我们示范，每次画完都遭到同学哄抢，朱老师在一旁眯眯地笑。我也抢到一幅，可在老家翻盖房子的时候找不到了，非常遗憾。师范学校举行过一次书画展，我写了"书苑"二字，被朱老师评为一等奖。在一次书法讲座上，朱老师拿着我的作品做讲解，我坐在下面很得意。后来朱老师又推荐我代表合肥师范参加全市书法比赛。现在很多年没有练字了，但偶尔还敢于出手，全凭当年的那点功底。

想起那些实习的日子。如果在实习的时候遇到一位好老师，从第一次上讲台就走上"正道"，对尽快适应教学工作岗位，乃至整个教育生涯都非常重要。学校非常重视实习，平时经常组织我们到学校观摩，最后一个学期集中三个月时间实习。当年，我在合肥市南门小学实习，得到了张盛谨老师深切的关怀和严格的指点，受益匪浅，终生难忘。

毕业第二年，我写了一篇文章《不会忘记太阳》，发表在2008年9月12日的《合肥晚报》上，文中回忆了我在南门小学实习时候的经历，表达了我对张老师的怀念和感激。

> 不会忘记他，就像每天不会忘记太阳……
>
> 和他第一次见面，是在去年六月，南门小学的会议室。"第三实习小组指导教师，张盛谨"。见面会前，我们第三实习小组四位成员一致希望指导教师是年轻漂亮的女教师：因为年轻人大方，女教师手软，实习关好过。谁想走来的却是个瘦小的中年人，他那严厉的目光，叫人不寒

而栗。我们诚惶诚恐地迎上去，低身哈腰道："请多关照！"张老师对这句从日本进口的客套话不感兴趣，蹙着眉说："一个月时间很短，要抓紧，多学点实在的东西。"真是唐僧救悟空，见面就套金箍。

后来听说张老师是教语文的行家，他指导的学生，多次在全国、省、市作文竞赛中获奖，于是我们紧张中又不免有点自得。

常言道：严师出高徒。

然而我们的"高徒"却不争气。接班不到两个星期，几个学生就逃课去游鱼花塘，学抽烟，拿家里的外汇券，甚至在作业本上骂实习教师是大坏蛋……弄得我们焦头烂额，只好向张老师禀报，害得张老师三天两头上调下访，终于让那些"小皇帝"俯首称臣。事后，我们向张老师负荆请罪。张老师说："跌倒了不要紧，可不能趴在地上不起来。"这句话好耳熟，噢，那是二十年前父亲教我学步的时候说的……

在张老师的帮助下，我在南门小学上了一节公开课。那天我紧张得像四年前上考场一样，慌乱中瞥见张老师在教案中批的"祝你成功！"心里一下子踏实了许多。奋战了四十分钟后，我不安地望着坐在后面听课的老师和领导。这时张老师快步走来，对我说："你成功了！"。我成功了，这多么像四年前接到了录取通知书。同学们纷纷向我祝贺，而张老师又默默地坐在那张旧办公桌旁，太阳把灿烂的光辉洒在他的身上……

毕业时，由于种种原因，没向张老师辞行。听同学说张老师一直在打听我的去向。一年多了，岁月逐渐冲淡了往日的记忆,但那瘦小的身影、严厉的目光、温馨的话语,像阳光一样无时不在照着我前行的路。

张老师,教师节快到了,在人们即将想起我们的时候,送给你的只有这不足千言的回忆。当人们又要忘记我们的时候,我不会忘记你,就像每天不会忘记太阳……

现在,每次有师范院校组织学生到学校来实习,我都要和他们谈一次话,并安排一位优秀的指导老师。

毕业临走的时候,因为我的去向是农村学校,最后两年担任班主任的洪继文老师特意叫我到他家去,语重心长地安慰我,大概意思是说"金子在哪里都会发光","农村是广阔天地,在那里是大有作为的"。最后他告诉我说,师范学校为我给合肥市郊区教委写了推荐信……

毕业了才发觉,原先那些麻木,甚至是憎恶的生活现在一下子变得亲切美好,令人怀恋并且在内心滋生出一种情感——对母校、对老师的感恩之情!

我就是在这样的心境下走进红砖青瓦的教室,看着头发凌乱、衣着土气、目光明亮、带有野性的孩子们,似乎看到了四年前的自己,一时间,同情、回报、接受、改变各种情绪涌上心头,犹如黎明的微光从愤激和失落的夜幕中透出。

(二)初为人师

刚到五十六中工作时,学校安排我带一个班语文课并任班主任。不知校长从哪获知我字写得不错,又让我到教导处刻钢板,后来才知道这是又脏又累,出力不讨好的活儿。

一个学期以后,校长找我谈话,说大家都说我教学好、干劲大,让我再带一个初三班的语文课。这个班级比较特殊,据说是为了完成"两基"（基本扫除青壮年文盲，基本普及九年义务教育）特招的。课基本上是上不下去的，不被气走甚至挨打就是算本事大，现任老师气得不干了。这次我没有因领导夸奖而放松警惕，而是极力推辞说刚工作没有经验，带不了毕业班，我不行。但领导说得更恳切："大家都说你行，再说这个班不能没人带啊！"然后用信任、坚定、慈祥和威严的眼光看了我好长时间。我心里斗争很激烈，最后居然让"也许我行"占了上风，我没有底气地说："那我试试。"校长开心地笑了，因为试试就是被"套上了"。如果说上次是"误入歧途"，这次是"明知山有虎，偏向虎山行"，与校长宽大有力的手紧紧相握的时候，我感觉就像是走向战场一样壮烈。

不打无准备之仗。怎样让这一群大龄青年愿意听课，第一节课怎么上？书本他们是听不下去了，有的人恐怕书都找不到了，特殊的学生就要用特殊的办法，不能在书本上吊死。讲大道理，肯定听不进去；恐吓，更不买你的账。"打铁还得自身硬"，第一堂课要拿出绝活，证实一下"大家都说我行"不是空穴来风。

第一节课我什么都没带，空着手走进课堂。问好之后，我什么话也没说，环视教室，目光从每一个学生脸上扫过，足足用了三分钟，叽叽喳喳的声音才终于停下来了。

"同学们，我和大家来回顾一下中国文学史……"板书：中国文学史。心想：此处学生的心里有掌声。我接着说："爱情，是一个永恒的话题……"在当时，这是多么敏感而又撩动人心的话题啊！

"我国第一部诗歌总集就有这样的描绘，比如：关关雎鸠，在河之洲；窈窕淑女，君子好逑。"学生表情发懵，似懂非懂，又有点想懂。这节课我背诵了很多诗词文赋，站在讲台背，走到学生中间背，坐在空位子上背……

从学生的表情可以看出这第一堂课我总算拿了下来。但过不了几天，又有回到先前样子的苗头，于是又得想出新招……就这样兵来将挡，水来土掩，而唯一不变的就是"坚持"——不管你们怎么样，我都要站在讲台上。一个学期下来，考试成绩虽然提高不大，但还是看到一些改变。

班上一个沈姓同学，过去衣着邋邋遢遢，学习迷迷糊糊，上课不是睡觉，就是低头看小说。一个学期以后，居然写了厚厚的一本"诗"。他拿给我看，翻看了几首，我笑了，因为我看不懂，而且有好多错别字，但我能感受到他学习的欲望被激活了。我在班上读了他的"诗"，于是他就被叫作"诗人"，他也有了诗人的样子，衣着干净了，人也精神了。

说实在的，这个班带得特别苦，特别难，有很多办法都是被逼出来的，如果说带这个班对我有什么益处，有什么启示，那就是磨炼了我的教育性格：学会忍耐，学会等待。

（三）润物细无声

我当班主任不久，班上的一个学生就在上课时看小说，我很气恼，这不是明摆着和我过不去吗？开班会时，我狠狠地把他教训了一顿，可没想到，他忽地从座位上站起来，拿起书包就走，我火冒三丈，大声呵斥道："你走出去就不要再进来！"他愣了一下后，还是走了出去。我发誓坚决不让他来上课。

一天过去了，他没回来，第二天过去了，他还是没回来，第三天过去了，依然看不到他的踪影……夜里，我辗转反侧，久久不能入睡。我想，当时他很激动，我不也很激动吗？现在他在赌气，我不也在赌气吗？我要面子，他不也要面子吗？可他是个孩子，我是受过专业训练的"人类灵魂的工程师"啊……

第二天我决定去找他，刚到学校大门，看见他正在围墙边低头徘徊，我走上去拉着他的手说："你去上课吧。"他抬起头，已是满眼泪花。以后，我找了他好几次，给他讲要处理好学习和爱好的关系，帮助他阅读写作。后来，他没有考上中专，也没有考上大学。我经常写信鼓励他自学，终于他考上了函大新闻专业，而且在报刊上发表了不少文章，被镇政府聘为宣传员。

在我带的第一届学生中，有这样一位学生，学习成绩非常好，沉默寡言，只知道学习。有一次，我无意中问他："明年中考，你考什么？"他说："我爸爸妈妈叫我考中专。"我问："为什么？"他说："考上中专，能转户口。"我又笑着问："你不想上大学干番大事业？"他茫然地看着我，摇了摇头。

我到班上一问，竟没有一个人报重高，报普高的也只有几个人。都说要考中专，考不上复读。我心里一震，是什么蒙住了他们仰望蓝天的双眼，是什么拴住了他们奋飞的翅膀？只因为他们是农村的孩子？！他们的理想只是要跳出"农门"。

一种沉重的责任感袭上我的心头，于是我利用一切机会对他们讲人生的价值、人生的理想，讲伟大的人物、伟大的事业，讲身外的世界、天外的天，对他们讲，"一个人努力的目标越高，他的才力就发展得越快，对于社会的贡献就越大"……

1989年，学校组织优秀学生到南京春游，正好那位同学也在。在中山陵前，我把他拉过来说："来，和我照张相，以后干成大事，可不要把我忘掉哟。"

一年后，他参加中考，我极力劝说他的家长，让他考合肥一中。可是，他以两分之差落榜（比中专多好几分）。我痛心、内疚，甚至也有些怀疑。后来他没有复读，执意上了一所普通高中。三年后，我收到寄自淮南矿业学院的一封信："老师，您还记得我吗？您还记得那张照片吗？我永远记着您的话，'干一番事业'……"

现在，我不当班主任，走上了学校领导的岗位。在工作中，我常常想起当班主任时经历的这两件事，那使我想起杜甫的两句诗："好雨知时节，当春乃发生，随风潜入夜，润物细无声。"

时隔30年，文中提及的第一个学生已经成为国家干部，第二个学生是一家大型企业的管理者。现在回想起来，颇多感慨。教育不是一件普通的事，一个不起眼的行为就可能影响一个人的一生；教育也不是一件容易的事，做教育非常重要的一条就是要细心，见微知著。

（四）撑起美丽的天空

走上校长岗位之后，我越来越感到教师对一个孩子一生成长的重要意义，对一所学校发展的重要意义。

其时，一位教师在课堂上公然对学生说，学习就是将来"挣大钱，娶美女"，引起社会的关注与反思。2001年教师节表彰会上，我表达了对教师职业的忧虑、思考和期待。

> 在普普通通、忙忙碌碌中我们又度过了第十七个教师节。也许普普通通、忙忙碌碌是我们的每一天，也将是我们的一生。但就是这普普通通、忙忙碌碌的每一天里，我们撑起学校这一片美丽的天空，无数像我们一样的人，撑起国家的教育大厦。我们的工作影响着孩子的一生，决定了民族的未来。我向你们表达崇高的敬意和衷心的感谢。
>
> 振兴民族的希望在教育，振兴教育的希望在教师。我们深深地知道，这几年学校的发展是学校领导和老师们自觉地贯彻党的教育方针的结果，辛勤劳动与无私奉献的结果，团结奋进与敢于开拓的结果。在工作中涌现出不少先进的组织和个人，今天将要表彰的就是其中的代表。他们的精神是学校最宝贵的财富，他们的名声是学校的光荣，

他们的荣誉是我们每一个人的荣誉。

学习改变命运，教育改变中国。我们深深地知道，教师在其中的作用。在各种社会思潮日益激荡的今天，教师的社会作用越来越受人们关注。中国的教育大厦需要德誉天下，学贯中西的大师来支撑。同样，合肥五十六中的今天与明天需要德正学高的名师来支撑和发展。加强教师队伍建设将成为我校今后各项工作的重中之重。教师学习名师，学校造就名师。我相信，在五十六中的教师队伍中会出现德正学高、桃李芬芳、美名远扬的名师。

老师们，在我们自己的节日里，我还要表达对你们深深的祝福：希望每一位教师都有一个健康的身体，吃得香，睡得下；希望每一位教师每天都有愉快的心情，夜晚有一个甜美的梦境；希望每一位教师爱情成功，家庭幸福；希望每一个教师都能到达人生的最高境界——事业成功；希望每一位教师走在大街上都能扬眉吐气，真正为自己的职业而自豪，并由此而让自己的每一天都是快乐的教师节……

（五）班主任的意义

我在担任合肥市第五十六中学校长期间，与当时老郊区的名校合肥市第五十五中学段家凯校长建立了深厚的个人友谊。两校共开展三次大型交流，一次是组织两校学生徒步至溉河，再登船至姥山岛游学（现在阳光中学每年的徒步远足即发源于此）；一次是新课程改革论坛；还有一次就是两校开展的班主任论坛。班主任论坛，结束时我即兴讲话，阐述了对班主任工作的三点认识。

刚才主持人让我来给这次论坛作总结，我感到不胜其力。这是因为给这样一个高水平的论坛作总结，我感到自己水平还不够，况且段校长热情洋溢的致辞，对班主任工作精辟的论述已经是很好的总结了。我只能谈谈自己的感受，权当第十一个发言者。

这几天一不小心得了点"贵恙"，一直躺在床上，本不打算来。但想象这里如火如荼的场面，还是按捺不住……我一进会场就感到这里温度很高，这不仅是因为空调的暖流，还有五十五中的热情，班主任们的激情。

我对班主任工作一直基于以下三点认识：班主任的工作做好了，学校的工作也就做好了；没有做过班主任工作的教师，就没有真正做过教师；一个教师如果班主任工作做不好，他不会做好学校别的管理工作。

这也是我们为什么在首届论坛中把"班级工作与班主任素质"确定为主题的原因。十位班主任的发言，令人钦佩。他们冰清玉洁般的爱心，探索素质教育的智慧火花，以及艰难跋涉留下的足迹，给我留下深刻的印象，让我有了深远的思考。

现在我可以说，这次班主任论坛举办得非常成功。倘若要我说出这次论坛最成功的地方，那就是我们的班主任把班主任工作看成是幸福的工作。正如段校长在致辞中所说的："班主任是辛苦的，也是幸福的；是清贫的，也是富有的。"认识到了这一点，班主任工作就能做好，也只有认识到这一点，班主任工作才能做好。尽管我们班主任的某些教育思想和一些做法还值得商榷，但这次班主任工作论坛的意义，也许在明天早晨就能看出来，我相信更长一点时间以后，会看得更明显。

当然，这次班主任论坛之所以能成功，还因为东道主五十五中做了大量的，特别是一些富有创造性的工作：这会标、这会徽，会徽上翩翩飞翔的两只小鸟似乎也在作交流；给本次论坛收到的论文结集，给参加交流的班主任发证书；而且，下午还给我们安排自由交流活动。这些更加深了我对五十五中早有的印象：五十五中的教师素质高，五十五中的管理已达到自觉管理状态。

明年的论坛在我校举行，期待着那一天早日到来。

（六）创业精神

2007年9月10日是阳光中学建校后迎来的第一个教师节，这个节日当然具有特殊的意义。学校第一批创业者一共17人，他们是：汪昌兵、韦化龙、张俊一、吕宗伟、王永田、刘妍、刘莉、孔群、郑先勇、罗晓玲、江晓、李艳、张斌、王玲、张坦、武娴洁、康力斌。阳光中学会记住也一定要记住这些名字，记住他们对事业的激情、对学校的感情以及"不畏艰难，无私奉献"的创业精神。

今天我们在这里集会庆祝第二十三个教师节。首先我代表学校向参加世纪阳光中学教师节座谈会的各位来宾表示热烈的欢迎。

今年的教师节对于世纪阳光中学来说有着特殊的意义，这是建校后的第一个教师节。作为合肥市33所住宅小区的配套学校，世纪阳光中学见证了决策者的英明果敢、投资者的深明大义、建设者的辛勤汗水。合肥城建发展股份有限公司置业不忘兴教，投入巨资兴建学校；规划、土地、建设等部门协同作战，经常深入施工现场；广大建设者日夜奋战，全天候作业，学校如期交付使用。8

月17日，省委常委、市委孙金龙书记视察学校，仔细询问了学校的筹备情况；9月1日，省教育厅程艺厅长等省市区领导来到学校参加开学典礼……

学校自6月8日正式筹建，为了确保9月1日正式开学，各位老师不论高温酷暑，不分白天黑夜，连续作战，成了搬运工，成了保洁员……你们瘦了，黑了，有的老师累倒了。老师们，你们辛苦了。在你们身上我看到了你们对事业的激情，对学校的感情，并由此看到了世纪阳光的希望与辉煌。作为开创者你们将在学校发展史上留下重重的一笔！

同学们，老师们，当我们怀着光荣与梦想迈进全新而美丽的校园的时候，要知道今天的一切来之不易，懂得这一点，我们就会更加珍惜现在所拥有的一切，就会更加努力地学习和工作。我们应该常怀感恩之心——感恩时代，感恩人民！

我们要弘扬"不畏艰难，无私奉献"的创业精神，尽全力实现"一年打基础，三年见成效，五年创品牌"的办学目标，用行动和实绩给孩子们一个美好的前程，给家长们一张舒心的笑脸，给党和政府一份满意的答卷！

(七) 共浴阳光，扎西德勒

我相信每个人都有令人感动的地方，我们要发现人性中这些真的、善的、美的东西，哪怕是点点滴滴，都能激励本人，感染他人。

于是，我在阳光中学倡议开展"感动阳光人物"评选活动。被选出来的虽然不是学校最优秀的"人物"，但在某个方面，甚至可能只是某件事做得令人感动，我们也给予高规格的赞誉——在全校大会上宣读颁奖辞，颁发证书。发一张印有本人照片和颁奖词的贺卡，赠送小礼品，将其事迹在学校宣传阵地展示。2011年的年度人物颁奖典礼，我们还邀请了社区群众参与，让美德远播。那次正好有西藏两位学校干部在我校挂职，这就是标题中"扎西德勒"的来历！

今天，我们在这里举行2010—2011学年"感动阳光人物"评选颁奖仪式，同时表达对来自西藏错那县错那中学的次仁多吉书记和格桑罗布主任的欢迎。还有，对多年来对我校办学给予大力支持的青年社居委表示感谢。所以说，今天的活动虽然简短、朴素，但是内涵丰富，有感动、有真情、有欢乐、有收获……

首先，让我们以热烈的掌声向被评为2010—2011学年"感动阳光人物"的老师表示祝贺！"感动阳光人物"评选活动是我倡议的。因为我相信每个人都有令人感动的地方，我们要发现人性中这些真的、善的、美的东西，哪怕是点点滴滴，以期激励本人、感染他人。感动阳光人物评选走过了一年多的路程，评选出数十位季度人物和今天的年度人物。这些老师令人感动的点点滴滴将汇集成涓涓细流不断地润泽我们的心灵，成为教师专业发展中最为核心的东西。我们期待"感动阳光人物"评选不断完善和发展，成为阳光中学精神文化建设一个不可或缺的组成部分。

今天，我们在这里欢迎远方的客人——来自西藏错那县错那中学的次仁多吉书记和格桑罗布主任。"有朋自远方来不亦乐乎"，我们因为彼此感受不同的文化而感受惊喜，在短短两天的相处中，我们已经被他们纯净的心灵深深地打动了。我认为，今天的人们，也包括教育人在内，最需要的就是这种纯净，因为没有纯净的心灵就做不好教育，也不会感受到人生的幸福。所以，我们不仅要欢迎，而且要感谢多吉书记和罗布主任的到来。在这里我要说的是，从他们到来的那一天起，多吉书记就是我们阳光中学的书记，罗布主任就是我们阳光中学的主任。在一个月的时间里，我们在一起学习交流、快乐生活，度过人生路上一段最甜美的"蜜月"。

今天，我们还请到了青年社居委的领导，阳光中学在4年的办学过程中得到了社会方面面的关心和支持，特别是青年社居委的领导，每一年教师节都主动热情地到学校慰问，多次给学校捐赠，给学生提供学习参观机会。

让我们共浴阳光，扎西得勒！

（八）在辛苦和快乐中成就美丽人生

学校"四个主人"课题组的孔群老师要我给他们编写的《"四个主人"实践与研究》写序。为这本书写序，我是有很多感慨的。

阳光中学创办至今，已有六载。一路走来，看上去顺顺当当，越来越好，实际上也是坎坎坷坷，伴随着探索者的艰辛和心血。

创办初期，一个重要的问题摆在我们面前——办什么样的教育，或者说办什么样的学校。我们选择了这样一些思想和路径：其一，"让每一个学生沐浴阳光"，坚持学生的全面发展、个性发展和终生发展；其二，坚持美育特色，坚持美的教育、美的生活、美的人生；其三，坚持自我教育，实践何炳章先生的自育自学实验。但是因为很复杂的原因，第一届学生在中考中没有取得大家期望的"一炮打响"的轰动效应，很多好心的同事和领导善意地点出我们要处理好理想与现实的关系，为此我们承受了很大的压力。也许，至少是我，确实是个理想主义者，也是个非常执着的人，我现在依然认为我们当初的选择是符合教育规律和阳光中学办学实际的。阳光中学今天的发展依然得益于当初的那些选择，而且会很好地影响学校将来。它让我们以一个健康的、美丽的、阳光的正面形象出现在公众的视野，并且走出一条属于我们自己的教育之路。我们痛苦过，而现在我们应该为之骄傲！

《"四个主人"实践与研究》这本书就是在这样的环境中孕育生长出来的果实。"四个主人"是自育自学实验子课题之一，行为习惯养成是成就学生全面发展和终生发展的基石，所谓好习惯成就一生。我们都知道这个道理，但实际做起来却是很难的。一是怕"不现实"，在一切向"分"看齐的今天，有多少人还愿意去管那么遥远的事；二是怕累人，现在不仅学生的负担重，教师的负担也是很重的。自身的教学任务已经忙得喘不过气，有多少人还愿意去找些"额外的事"来做呢；三是怕流言，我们身边确实有这样的人，喜欢说三道四，自己不愿做或做不来，也见不得别人做。合肥市阳光中学"四个主人"课题组，坚持信念，不怕劳累，不畏流言，历时两年时间开展此项实验，以至今天能够把这本沉甸甸的书呈现在我们眼前。其间的辛酸苦痛是无以言表的，我深深理解他们的付出和艰辛。但是，我想，对于一个教育者，甚至推而广之到每一个人来说，我们来到世间，能够踏踏实实、力所能及地为身边的人做一些有意义的事，还有什么比这更能够让我们内心平静的呢！我对课题组表达我由衷的敬意！

这本书的编者孔群老师是阳光中学首批教师，一直担任班主任工作，做过几年学生处工作，学校安排她做本课题的首席教师。对于一个初中教师，特别是对于一个爱人身体不好、孩子也正处在学习关键时期的女教师来说，从事教育科研是很不容易的。但孔群老师做到了。在与她很少的交流中，我察觉到她的成长。正如她自己所说，课题研究促使她成为一个喜欢读书的人。事实上，她还成为一个善于思考的人。她留心收集大量资料，便着手这本书繁杂的编纂工作，其执着精神，可赞、可敬、可叹。在此，我也向孔群老师表达我由衷的敬意！

教育是一项伟大而艰辛的事业，不同人会有不同的心态。有些人在抱怨工作累、待遇低的过程中很郁闷地度过有限的教育生涯，而另一些人却在享受着教育者的幸福。愿我们阳光人都能够绽放美丽阳光，在辛苦而快乐的教育生涯中成就自己的美丽人生！

（九）国侠印象

包河区教育局要出一本书，名曰《名师是怎样炼成的》。我校宋国侠老师应邀写了一篇《淡泊宁静，不忘初心》的文章。根据编者要求，校长要为教师的文章写评论，遂成下面文字。

宋国侠是合肥市阳光中学的一名语文教师。我有时称她为"大侠"，为何？

国侠老师是通过包河区"绿色通道"引进的人才，在我盛情邀请之下加盟阳光中学。来校六年余，深受学生爱戴，每次问卷调查，她都是学生最喜欢的老师。她的课我也听过多次，是"生本与智慧"的样板——每个学生都能从她那里得到自信、快乐和温暖。她也深得同事们的尊敬——潜心教学，不时有大作在全国核心刊物上发表，兄弟学校的领导多次点名要她评课。她还深受家长追捧，家长们都希望把孩子送到她的班级……她平时不爱"出头"，不过一旦开口，往往掷地有声。总之，"省星"盛名，名副其实。如此，岂不像教育行当里武艺高强、令人敬佩的"大侠"？！

这样的名师在学校是有巨大影响力的，发挥着积极的引领作用，是学校的核心竞争力。我以学校有这样的老师而自豪！

国侠老师的成功，除了"天生丽质"之外，还在于她对学生既严又爱，是学生"美丽心灵的启迪者和阳光行动的引导者"；在于她对工作的高度责任心和正直、朴实、善良的人格魅力；在于她淡泊宁静，不忘当年走上教育工作的初心，那就是一定要上好每一节课，做一个好老师！正是有了这样的信念，她战胜了成长道路上的风风雨雨，不断累积生命的能量，从而成就了自己美的人生！

我对国侠老师还是有期许的，很多次我都希望她"入世"，她都"倔强"地婉言谢绝。我想说的是，淡泊与宁静，其意在明志与致远，所以，希望她"达，则兼济天下"，期待她有"盛情难却"的时候！

淡泊宁静，不忘初心

宋国侠

1997年，伴随着香港回归的喜悦，我非常自豪地以全系第一名的成绩大学毕业了。即将走上工作岗位，用所学的知识实现人生价值，这对于一个21岁的、洋溢着青春气息的女孩来说是人生中一件多么幸福的事啊！

第一次走上讲台的那天，下着蒙蒙细雨，天气有些微凉，由于住处离学校很远，赶到学校时衣服被雨水迸溅得润出点点印迹。站在讲台上，看到高中的孩子年龄跟我差不多大（有的来自农村的孩子比我还大），圆睁的眼睛里充满对知识的渴望，我隐隐感觉到了什么是责任和压力。学生在日记中写道：语文老师脖子上用丝带挂着钥匙，看起来年龄很小。刘海被风吹得微乱，脸也被风吹得红红的，衣服被雨水溅得点点湿润，看着让人心疼……身在异地的我，在看到这段文字的那一刻，眼里涌出一股酸酸的东西。年龄再小我也是老师，应该是我心疼他们，现在反倒是他们心疼我。也就是在那一刻，我心中有一个洪亮的声音响起：我一定不能辜负这些孩子，一定要做一个好老师！

高一、高二的两年时间里，我把所有的精力都放在了教学上。当时学校只有四个班，两文两理，而我带的一文一理成绩都非常优异，因此我成为当时所在学校唯一的一位在三十岁之前带第一轮就可以带高三的老师！然而快乐的余温未散，随之而来的是深深的忧伤：我所带的理科班要求换语文老师！我带的成绩那么好，为什么要把我换掉？就是因为我年轻，而不信任吗？愤懑中，我和几个学生进行了谈话。学生肯定了我教得很认真，该教的都教了，教得成绩也好，可是一节课讲东讲西，他们不知道我这节课到底要教什么。

冷静下来想想，是啊，学生的高三决定他们的命运，他们希望换一个教学经验丰富的老师是应该能理解的。而这件事正如一场大雨浇醒了我，让我从对教学成绩的满足中清醒过来。学生要的不仅是成绩，他们更要教学艺术。譬如一个食客不仅要吃饱，更要吃好！没有自己的教学艺术，无论教得成绩多好，都谈不上是一个好老师！而这时另一个班主任主动伸出热情的双手，说："让国侠带我们班，我相信她能行！"

这件事给了我很大打击，但也促使我转变了教学观念，更给了我前进的动力，时刻提醒着我。我把眼睛从仅仅盯在成绩上转移到多去研究教学艺术。而那个总在耳边响起的声音从来也没有停止过：要把每一节课上好，一定要做一个好老师！

接下来的高三的日子成了我工作近二十年来最辛苦、最拼的一年。每节课上课前要先看课本、教参，形成自己的教学方案，明确每节课教什么、怎么教，而不是稀里糊涂上完就好。然后拿至少两份别人的优秀教案和自己的教案去比较，比较自己的设计和别人的设计差别在哪里，别人的思路和教法有哪些可取之处，自己的思路和教法有哪些不足，然后去整理完善。每一节课都是如此，从来不敢稍有随意。教学基本功逐渐积累，后来随着教学经验的丰富，对别人的借鉴越来越少，逐渐发展为以自己的教学设计为主，再后来形成了自己的教学理念和教学模式。

　　想要成为一个好老师，仅仅专注于课本教学是远远不够的。高中的孩子喜欢教学有深度，我就大量阅读中外的教育教学论著，从理论上对语文教学形成清晰理性的认知；学生喜欢教学有广度，能向课外延伸，我就不仅在备课时准备好要延伸的内容，还在平时大量阅读各类书籍，尤其是文史著作，只有日常丰厚的积累，上课才能信手拈来；学生喜欢轻松愉快的课堂，我就力求课堂设计简约高效，幽默风趣；学生希望作业少一些，我就追求课堂效率，作业批改及时有效……我站在学生的角度，学生喜欢上什么样的课，我就往什么方向去努力。最初几年的教学生涯里，为了把课教好，晚上从没有在十二点之前睡过觉。因为我知道，作为一个老师，二十岁到三十岁这一段岁月对自己的成长是多么的至关重要。

　　除了个人的努力之外，我在教学生涯中很幸运地遇到了我生命中的贵人们。带第一届高三的时候，因为换班的事情掉过不少眼泪，李运海老师把自己所有的高三资料拿给我，帮我指点迷津。好朋友丁老师、侯老师、舒老师、张老师、吴老师、王老师等都一直鼓励我，给我加油。而带完第一届高三以后，校长更是信任有加，一直把年级仅有的两个直升班交给我带，给了我莫大的鼓励。参加省级比赛之前要在学校先进行遴选，全校只有一个名额。比我资历深的老师多的是，学校要求所有老师都要参加，我只是为了完成学校的任务，却没有想到我们的教研组长王侠老师并没有因为我年轻，给了我第一名的成绩。直至现在我还记得我们的教导主任欣慰地笑着说："小国侠得了个第一！"

美的教育

自身的努力，贵人的相助让我在历练中羽翼渐丰，渐渐形成了自己的教学风格。然而我的努力只是为了把每节课上好，只是想当一名好老师，从来没有想过去竞技，也不愿意展露什么，所以最初对于参赛我是拒绝的。后来在"为了学校的荣誉"，"为了区里的荣誉"的使命下才不得不参赛。校赛、区赛、市赛后，虽然市赛上课环节第一名，但我也不想参加省里的比赛了，这种比赛压力真的很大，很累，而且我也没有自信。这里我要感谢两个人，一个人是我的爱人。在我打退堂鼓的时候，他鼓励我要咬牙坚持，"行百里者半九十"，一定不能放弃！市里把名单报上去之后，背负着"为市争光"的使命，我已然没有退路，硬着头皮也要去！另一个人是我的好朋友张老师，他告诉我市教研员说我天生就是"星坯子"，随便就能拿一颗星回来。没想到教研员对我有如此高的评价，我便也充满了自信！比赛归来后，他才告诉我教研员没有说这样的话，是他自己说的。这善意的谎言给了我多大的信心和力量啊！至今回想起这一段经历，时常感慨，既然有实力，如果最后一次放弃了参赛，该是多么可惜啊！一个人的自信是非常重要的，年轻人应该有一股冲劲！

虽然荣获了"安徽省教坛新星"的称号，我仍清醒地认识到，我最多只能算是经验型老师，连专家型教师的门槛还没有进。考入阳光中学后，学校和包河区非常重视对人才的培养，而我也格外珍惜。学校设置了校名师工作室，让我带了徒弟，促使我提升业务水平，还多次派我们赴池州、淮北、山东杜郎口、南京等地学习；包河区教育局也多次提供机会让我赴东北、深圳学习；我还有幸参加了教育部组织的"国培"；区名师工作室也经常开展活动……这些都给了我更多的学习机会，让我在专业的路上一步一个脚印向前行走……

四十不惑，教学近二十年，回首走过的路，虽然取得了一点成绩，可在几十年的教学中并没有想过去得到什么称号，只是想上好每一节课，只是想做一名好老师，也许正如老子所说"无为而无所不为"，无论何时，淡泊宁静，不忘初心……

(十)生死 300 秒

2017年4月的一天，我正在和一家文化传媒公司谈学校宣传片的事。"有学生在教室里晕倒了，很危险！"团委汪丽勤老师急匆匆地冲进我办公室说。我们一下子全站起来了。

"别慌，"我跟着汪丽勤一边小跑，一边问："打120了吗？""打了。""通知家长了吗？""通知了。"

教室门前站着一群惊慌失措的学生，教室里面一位女生平躺在地上，脸色惨白，眼睛似睁非睁。

班主任张瑜老师双手放在一起，快速有节奏地做胸口按压，满头大汗。张老师平时穿着非常讲究，而此时是跪在地上的。

学生处胡青春主任，正用手掰着这个女生嘴巴，女生紧咬牙关，胡青春疼得面部扭曲，但一直没有松手。

学生脸色慢慢地开始发紫。"啊，没有呼吸了……"张瑜哭了，呼喊着学生的名字，使出浑身的力气一个劲地按压，再按压。

站在旁边的语文老师肖芬对我说："我在上课，她就突然倒下了。"肖老师怀孕九个月了，此时脸色惨白，满脸的焦急和紧张。我对她说："应该没事，你把其他学生带到操场上去。"

我对身旁的谢军主任说："立刻向教体局报告。"之后连忙下楼来到学校大门口，大门已打开，分管安全工作的孙永清副校长正焦急地向外张望，对我说："已启动安全应急预案，救护车正在路上，路口已安排老师迎接救护车。"

时间过得很快，又显得很漫长，空气似乎凝固了，大家在大门边默不作声，焦急地等待。不一会儿，学生处李慧倩老师带着孩子的妈妈冲了进来，快步跑向教学楼……

终于，听到救护车急促的警笛声，听声音好像不是从主干道太湖路过来的，而是从人比较少的靶场路过来的，我立刻叫人去路口迎接。

终于看到白色的救护车一头冲进来，车还没停稳，医生已从后面一跃而下，两名护工快速抽出担架跟上。

到了教室，晕倒的学生已经坐起来了，哇哇地哭，张瑜老师抱着她不停地安慰："好了，没事了……"医生询问了一些情况，进行了简单的听诊，说："你们抢救得很及时，方法也是对的。孩子现在已经脱离危险了，到医院做进一步检查吧。"

大家都松了一口气。回到办公室在网上搜到以下信息：

心脏停搏3～5秒钟：出现头晕和眼前发黑；5～10秒钟：由于脑部缺氧而引起晕厥，意识丧失；10～15秒钟：出现意识丧失并伴有全身性抽搐及大小便失禁；20～30秒钟：出现呼吸断续或停止，同时伴有面色苍白或紫绀；1分钟：瞳孔散大；4分钟：大脑出现不可逆损害。

心脏停搏后，有效的抢救时间极短：1分钟、4分钟、8分钟内抢救的成功率分别是90%、50%、10%；10分钟后抢救，世界上还没有救活的先例。因此，对心脏停搏的抢救不是争分夺秒，而是争秒夺秒。

看完我吓了一身冷汗，又感到非常幸运，这幸运不是无力地等着恩赐或者是怎样虔诚地祈求，是深藏于内心的爱，是厚积薄发的智慧，是不可替代的专业姿态……阳光人共同演奏了一曲荡气回肠、激动人心的交响乐。

谢谢我的同事们，你们让我感动，让我敬佩，让我刮目相看。你们看上去是那样的平凡，但在危急时刻，你们表现出如此的冷静和智慧，不仅回击了以贬低教师、抹黑教育为快的一些人的无知和阴暗，而且让社会看到了教师的美丽以及中国教育的希望。

三、多彩课程

适合的才是最好的。

教育目标的达成主要是依靠课程来完成，所以没有课程化的教育行为都是不完整的，发挥不了持续的作用，教育效率和效果都会大打折扣。

课程设置反映了教育者的价值追求，有什么样的课程就会培养出什么样的人。换句话说，要想培养什么样的人就要设置什么样的课程。事实上，课程集中回答了"培养什么样的人"和"怎样培养人"这两个教育的根本问题。

教育改革与发展的一个方向就是个性化，一方面因材施教是教育的一个基本规律，另一方面社会经济的发展使得个性化教育成为可能。要实现这一目标，一个重要途径就是提供可选择的、个性化的课程。

(一)探路新课程

想当年，我是新课程改革的积极实践者，但也只能摸着石头过河。现在看来，新课程改革是在我国政治经济改革开放的大背景下，全面反思当时教育种种弊端的基础上，一次教育界的思想解放运动。同时，也是一些教育精英带有理想主义的教育探索。虽然至今仍在戴着镣铐跳舞，但毕竟在近二十年的时间里，给教育工作带来一股清新的气息，给沉闷的教育氛围带来希望。彼时"正当年"的我也心潮澎湃，意气风发地行进在新课程改革的道路上，并因此成为"安徽省新课程改革的优秀教师"。

校长带头

新的课程理念、新的教材、新的课程评价观，强烈冲击着现有的教育体制，对广大教师和教育工作者提出了新的挑战，包括必须重建与新课程改革相适应的学校管理体系。

新课程改革伊始需从思想观念入手，把观念的转变作为推动改革的先手。于是我们开展了各项活动：组织教师学习政策、法律文件、教育理论，开展通识培训、学科培训，听魏书生、李镇西等名家的讲座，研讨课程改革教学实例，参观考察名校，调查了解教育发展现状，组织教师参加座谈讨论，组织新课程改革论坛，让老师们撰写心得体会……

然而，新课程改革并不如我们想象的那样一呼百应，也并不像人们想象的那样开展得顺顺当当。随着新课程改革的不断深入，存在的主要问题倒不是教师或者学校管理者思想观念没有改变，而是更深层次的原因，是社会经济的发展、教育体制、学校管理体制不适应新课改，甚至阻碍其开展。还有就是教师教学习惯和学校管理者的管理惯性，所谓"习惯成自然"，"江山易改，本性难移"。另外就是"人"的素质达不到新课程改革的要求。因此，坚持不懈地推动新课程改革，依然是当前的重要工作。

首先校长要带头。校长的管理理念、管理措施、管理方法，就学校这一层面来看是新课程改革是否成功的关键。校长不仅要做指挥员，还要当战士，校长只有亲自抓，亲自干，才能把握住新课改前进的方向，才能真实地了解新课程改革过程中碰到的问题，和教师们一起品尝新课改的酸甜苦辣，才能带动教师一步一步前进。

那段时间我很兴奋，对新课程很憧憬，也比较活跃，很热情地参加各种培训、继续教育、论坛、研讨会、课题研究，撰写文章，发表"真知灼见"。和老师一起备课、说课、听课、评课，每学期都坚持上观摩课，为学生开展语文实践活动。那时，计算机刚刚兴起，我对计算机产生浓厚兴趣，玩起了步步高学习机。后来有了DOS系统的计算机，你发出一个指令就会出现不同颜色的字体，我觉得非常神奇。1999年，我花了8000多元买了一台Windows系统计算机，那是我大半年的工资。自己又跑到合肥工业大学学习"网页制作三剑客"软件。有了一定的计算机基础后，我便捣鼓计算机技术与语文教学的结合，搞起"信息化与语文教学"的课题研究，制作大量的教学课件，多媒体教学"作文讲评"受到同行好评，多媒体党课"八十一年风雨路"在市级观摩评比中获一等奖。一个校长在计算机方面有如此"造诣"，大家都很惊讶。

管理重建

观念重建。思想是行动的指南，确立正确的教育观念，并且让这种观念深入人心，扎下深根，是推动新课程改革必须首先解决的问题。为此，我们根据新课程改革的要求，将"让每一个学生全面、主动地发展"作为办学宗旨（"每一个"要求我们要关注全体学生，承认学生的个体差异；"全面"要求我们要提高学生的综合的、和谐的素质；"主动"要求我们要培养学生的创新能力和实践精神；"发展"要求我们要把促进学生发展作为行动准则），并把它作为学校铭志写进校史，刻在墙上，让教师和学校管理者天天看到，天天想到，天天做到。

文化重建。学校管理学界和实践者都越来越真切地感受到文化深刻而长远的影响力。同样，校园文化对包括新课程改革在内的学校各个方面工作的影响也是不可估量的，我们注重建设符合新课程改革理念的校园文化，专注于传统精粹与现代意识的有机融合。我们确定了：校训为"爱国、民主、科学、奉献"，教风为"爱生、敬业、求真、创新"，学风为"学会做人，学会学习，学会生存"。我们还设计了校徽，谱写了校歌，并决定把银杏作为校树，桂花作为校花。我们在每周一举行规范的升旗仪式，评选礼仪之星，举行隆重的校庆活动，请优秀毕业生回母校作报告……我们企望营造真的、美的、善的校园文化。

机制重建。传统的教育观念是以教师为核心的，所谓"师道尊严"。而新课程改革则更加强调以学生为核心，学生已不再是教育专制的对象，而是教学活动的主体和创造者。教育不仅是一种认识活动的过程，更是一种人与人之间平等的精神交流，所谓"教师是平等对话中的首席"。这必然要求学校要把管理重心从教师"教"转移到学生"学"上来，我们采取的措施主要有三：其一，积极探索年级组管理模式，教研组的管理核心在"教"，而年级组的管理核心在"学"，年级组管理模式是一个非常具有价值的理论和实践课题，非常值得我们去探讨研究。其二，强化了针对学生的德育管理，成立了德育办公室，制定"合肥市第五十六中学德育纲要"，从一点一滴做起，不断强化一日常规管理。其三，抓课堂教学，我们要求走下讲台与学生平等交流，注重学生情感、态度、价值观的培育；走出书本，注重学习的过程与方法；走出教室，开展综合实践活动，培养学生的创新精神和实践能力。

评价改革

在某种意义上说，能否建立符合新课程改革基本理念的教育评价是新课程改革能否成功的关键。传统的教育评价主要目的就是把少数的优异者选拔出来，强调评价的甄别选拔功能，这样只有少数"优秀者"能够体验成功的快乐，获得鼓励，而大多数人却成为失败者。

在评价功能上,"由侧重对少数优秀者的甄别、选拔转向侧重对全体学生的引导和发展"。因此,我们取消了用考试分数给学生和教师排序,把学生巩固率、后进生转化率、提高率纳入全面质量管理教育评价体系。在学生评优中设置学习进步奖,把"成绩通知单"改为"素质教育报告册",学生评语中冷冰冰的"该生……"成为对"你……"理性的分析、判断和热情的关怀、激励,要求每一位教师都要联系两名后进生,制订后进生转化方案,等等。

在评价的对象上,"从过分关注对结果的评价逐步转向对过程的评价"。新课程改革倡导的是以促进发展为基础的过程性评价,因此评价不仅仅发生在教育教学之后,同时也应伴随和贯穿于教育教学活动的每一个环节。我们的做法主要有:"课评",教师每节课都应有课后小结;"日评",对学生行为规范进行一日常规检查;"周评",班会课对学生的一周生活学习进行综合评价和周三政治学习对教师工作的评价,还有每周的"国旗下讲话";"月评",每个月对教师教学工作做一次检查;"学期评",通过填写素质教育报告册和教职工工作鉴定表,对教师和学生进行评价,以及每学期的开学典礼的校长、教师、学生讲话;"年度评",评选优秀学生和进步的学生,对教职工进行学年度考核,对教职工工作进行系统的评价……这样,通过不断的鉴别和评价及时纠正教师和学生行为的偏差,及时肯定教师、学生正确的做法,鼓励他们所取得的成绩,从而促进了教师和学生的发展。

在评价主体上,"强调评价主体多元化和评价信息的多元化,重视自评、互评的作用"。传统教育评价主体比较单一,信息来源比较单一,评价主客体之间缺少互动。因而,评价的结论很容易出现片面、主观等问题,特别是被评价者处于消极、被动的状态,往往造成被评价者对评价的对立和排斥心理,不利于评价结果的反馈和认同，发挥不了评价的作用，甚至适得其反。我们重视评价主体的多元化和评价信息的多元化，以"学年度考核方案"为例，我校学年度考核方案分为评价分和量化分两大块，体现了定性与定量相结合的原则。在评价分中有教师自评分、教师互评分、学生评教分、领导评教分，充分体现了评价主体的多元化和评价主体之间的互动；在量化分中，有工作量的信息、教学检查的信息、教科研的信息、课堂教学的信息、班级管理的信息、学生成绩的信息、教学评比的信息等，充分体现评价信息的多元化，保证了评价结果客观公正。

在评价的结果上，"不只是关注评价结果的准确、公正，而是更加强调评价结果的反馈以及被评价结果的认同和对原有状态的改进"。新课程的评价理念关注评价结果的认同，也就是如何使被评价者最大限度地接收评价结果，在自觉的反思中变"结果"为"新起点"，从而获得新的发展。如教学规范的制订，我们分教研组讨论如何备课、批改作业，老师不仅认真地参与了讨论，而且他们拿出的方案比我们设想的还要严格。相反，如果我们不让教师参与，也许要求还低，他们或许还不能接受。而且，教师自己制订的教学规范，在实际过程中，教师们都能很好地遵守。在每次评价之后，我们都采取榜样激励、表扬与批评、公示、谈心、关怀与帮助等多种措施，努力促使教师对存在的不足加以改进，充分发挥评价的作用。

在评价方法上，"强调评价方式的多元化，尤其注重把质性和量化评价结合起来，以定性评价统领、整合定量评价"。受飞速发展的现代科技影响，教育评价开始追崇评价的客观量化，企图把复杂的教育现象以量化方法达到科学、准确，反而会使评价变得僵死、简单、表面。不仅无法从本质上保证对客观性的承诺，而且往往丢失了教育中最有意义、最根本、最有价值的内容,教育的复杂性和人的丰富性将会泯灭于其中。我们在实施教育评价过程中注意把质性评价和量化评价结合起来,上文提到的学年度考核方案,我们收集了教师工作过程中的备课笔记、"五个一"材料、获奖证书等大量记录,把质性的东西以量化的形式表现出来。我们坚持在学年度考核中,教师要撰写述职报告并对全体教师述职。在对教师的评价中注意发现教师的发展变化,注重对教师师德的评价,增加了"直接定为优秀"和"一票否决"的内容,这些质性评价对量化评价的不足作了很好的补充。现在,我们准备建立教师和学生的电子档案,收集整理教师和学生的行为记录、项目调查、工作报告等以发挥质性评价的作用。

(二)新课程、新挑战、新希望

合肥五十六中与合肥五十五中举办的一年一度的教育论坛,邀请了教育行政主管部门、学校管理者、教师、家长、学生共同参与,采取论文教案交流、上实验课、演讲答辩等多种形式,取得了非常好的效果,引起了非常好的社会反响。两个学校自发联合举行新课程改革论坛,在当时也是比较"前卫"的,我代表主办方在论坛上致辞:

> 在去年成功地举办了班主任工作论坛之后,我们确定了今年的论坛主题是新课程改革,因为新课程改革代表着教育方面的先进生产力、先进文化和广大人民群众的根本利益。我们认为,这是一个适时的、正确的选择。
>
> 跨入21世纪,人们敏锐地感觉到新时代的气息。这个时代的特征是知识经济初见端倪、社会竞争空前激烈、人类生存与发展面临困境。这使我们清楚地看到具有高度

科学文化素养和人文素养的人，对于21世纪人类的发展具有越来越关键的意义。然而以应试为特征的、现实的教育强调的是知识本位和应试能力，学生、教师、教育管理者的活力被束缚，创造精神被压抑，与时代对人才的要求形成极大的反差。我们共同的感觉是"活得好累！"

面临悄然到来的新时代，作为为未来社会培养人才的教育行业，理应思考和调整自己的培养目标，改革现行的教育体制、教育管理、教育内容、教育方式，以适应未来社会的需要。国家第八次基础教育课程改革正是顺应了时代的潮流，这也是学生的呼唤、教师的呼唤、教育管理者的呼唤。

新课程不是简单地换了几本教材，它是在全新的教育理念指导下教育内容、教育方式、教育管理、教育体制全方位的变革，我们迎来的将是全新的教育。全新的教育给我们带来全方位的挑战——改变旧观念的挑战、改掉旧习惯的挑战、提高自身素质的挑战、放弃眼前既得利益的挑战，一个跋涉者面临孤独甚至是指责的挑战……但我们有信心，有能力接受这些挑战，因为我们心中有希望，我们希望孩子们有一个美丽的人生，我们希望家长们有一张舒心的笑脸，我们希望我们伟大祖国的复兴，我们也希望我们自己每一天都有一个愉快的心情。当新课程改革成功的那一天，我们的感觉一定是"活得真好"！

来自教育教学第一线的老师们有投身于教育教学改革的极大的热情，校际论坛是极好的舞台，它是校本培训的拓展，又是区域性教研活动的取萃，它实用、灵活、质朴。其所表现出的自主、探究、协作、开放的精神正体现了新课程改革的理念。本次论坛我们希望能够"做实、做活、做新、做大",使大家有所发现,有所启迪,有所收益,有所提高。而且我们还有点野心,希望能产生一点影响。两所学校的领导和老师都无比珍视这个论坛,为此倾注了大量的心血。瑶海区、包河区教育局及教研室的领导也给予肯定和鼓励。在此我也向为这次论坛作出努力的全体同志表示衷心的感谢。我们将坚定地走下去,前进的路上希望能与你们同行,我们将拥有共同的未来!

值得一提的是,这次论坛成就了两位校长,一位是合肥市五十五中校长徐文良,另一位是合肥市五十六中校长张琴,他们是这次论坛的主持人。

(三)文化视野下的校本课程建设

现在不缺学校,缺的是好学校。提升学校品质的策略和路径很多,但最重要的是学校文化和课程建设。

文化和课程是不能割裂的,如果我们把学校当作一个生命体,那么课程是树木,文化是水和阳光。

"文化实际上是一座监狱,除非一个人知道有一把钥匙可以打开它。"爱德华·霍尔说。

钥匙在哪?对于学校来说,就是文化与课程的融合。先说文化,有五个关键点。

文化意识:每一所学校都有文化,好学校一定有好文化。包河区全面推进学校文化建设,取得显著成效。

文化认识:人在中央,价值是核心。从教育的本质上看,从文化的分类及其关系来看,文化就是人化,价值是核心。

文化特征:文化是内生的,文化也是变化的。每所学校文化有其个性，植根于学校发展的学校名称、地理环境、历史、理念、重大事件等。文化也会随着其主体人的变化发生改变。

文化实践：文化在行动中，文化在细节里。文化建设往往会出现"两张皮"现象，学校文化必须融入学校的制度、环境及师生的行为之中，最集中地反映在学校课程之中。

文化自觉：文化要坚守，文化要创造。文化冲突过程中需要坚持和担当，文化建设要发挥人的主观能动性。

再说课程。课程是学校为实现培养目标而选择的教育内容和进程，包括学科教学和有计划的活动。

课程来自于文化，把课程看成文化。如果说文化就是人化的话，那么课程就是自然人与文化人之间的桥梁。

好学校一定有好文化，好文化也一定有好课程。因为好的文化一定有好课程作为支撑，好课程也一定是在好文化环境中孕育成长的。

学校文化的核心是价值追求，课程正是这一价值追求的具体体现，主要载体。学校文化贯彻人在中央，课程建设必须思考培养什么样的人，怎样培养人，包括课程实施主体教师的精神生活和专业成长。

文化个性要求，课程的设置也必须秉承"适合的才是最好的"的理念。文化实践要求课程的实施重视师生行为和教学细节。文化坚守强调文化形成的持久性，力求解决文化冲突及学校建设的过程中的文化意识与创新。

合肥市阳光中学是包河区文化建设试点校，建设"美丽阳光"文化，以"每一位师生绽放美丽阳光"为目标，培养"广博学识、强健体魄、美丽心灵、淳厚品德、坚忍意志、开放胸怀的美丽阳光少年"。

从"美育特色"走向"美的教育"依赖以下几个方面的建设。教学：卓有成效的魅力课堂；管理：公正公开的人性化管理；德育：欣赏型德育模式；课程：美丽课程·阳光课程；环境：绽放美丽阳光的自然环境与人文环境；教师：美丽心灵的启迪者和阳光行动的引导者。

美丽阳光课程是"美丽阳光"文化的核心价值观，也是培养目标在课程上的反映。

"美丽课程·阳光课程"是系统的、适宜的、育心的、扎实的、个性的、渐进的课程。魅力课堂是和谐的、自由的、创造的、积极的、公平的、合作的课堂。

用文化的视野审视课程，把课程看成文化。我们期待"阳光润泽，星光灿烂"！

(四)每位学生自学一样乐器

2007年建校伊始，合肥市阳光中学确立了"让每一位学生沐浴阳光"的价值追求和"以美育人"的办学方略。

艺术教育是实施美育的重要途径。2008年，学校科研顾问何炳章先生撰写了《引导自学一样乐器，提高每生艺术素养》一文，作为礼物送给建校不久的阳光中学。他认为，"凸显艺术教育，是学生沐浴阳光、学校创造特色的基本载体，是深化'自育自学'实验的一个重要举措"。

让每个孩子都拥有一样乐器并伴随终身，这是一件多么美好而有意义的事啊！学校从2011年起，正式启动校本课程——每生自学一样乐器。

学校在征询学生、家长和教师意见后，确定了竹笛、古筝、吉他、口琴、小提琴和打击乐等易于上手、便于携带的乐器。经个人申请、班级审核、学校批准，由学生自主选择一样乐器。学习同一种乐器的学生4~6人编为一个学习小组。

学生可以自己去商店自由选购乐器，学校也遴选、推荐信得过的厂商，让学生自由选购。对于家庭困难的学生，学校给予资助。

自学乐器分三个阶段。第一学年以"引导自学"为主，每周利用两节活动课时间进行指导，学生自练，小组成员交流学习心得体会；第二学年以学生"自学帮学"为主，学生利用课余时间自练，已经掌握演奏技法的同学担任"小老师"，教师每月进行一次集中指导；第三学年以"自学展示"为主，小组成员通过排练节目方式，巩固提高自学成果，每学期展示一次学习成果。学生自学乐器，重在自学过程的体验和收获，不以表演为目的。

由于学习乐器专业强，学生学习乐器种类多，指导教师成为关键。学校一是充分利用自有的艺术教师特长，通过"绿色通道"引进音乐专业人才；二是面向社会聘请专业器乐教师；三是邀请社区艺术中心"老艺术工作者"，他们乐于奉献，很开心到校给学生进行义务指导。

2014年，学校与合肥市师范学院音乐学院合作，聘请优秀学生担任辅导教师，开展自学乐器科学研究，既解决了学习乐器的师资问题，又为大学生提供了教学实习平台，实现教学相长，把自学乐器推向新的高度。

自学乐器已经成为合肥市阳光中学的校本课程，有课时、有教师、有评价，学校还研发了自学乐器的校本教材。

学校还通过在校园定时播放经典音乐营造艺术氛围；成立艺术团队以利在普及中提高；举办艺术展演活动让学生充分表现，收获成功；开展教师学习乐器活动，给学生做榜样，增进师生之间了解和互动，让教师感受学习乐器的苦与乐；开展"高雅艺术进校园活动"，邀请专业音乐团体来校表演，提升师生艺术修养，增强学校艺术教育的氛围。

通过自学乐器，孩子们逐步养成健康向上的审美情趣，自学和小组合作学习，提高了学生的学习能力，培养了良好的合作意识和团队精神，整体提升了学生的艺术素养，带动了学生、教师和学校的全面发展。学校组织教师学习乐器，实现"让每一位师生绽放美丽阳光"的办学理念，使阳光中学成为合肥市美育特色学校，合肥市首批素质教育示范校。

现在，每周的乐器学习课，孩子们提着、背着乐器欢快地走进校园。学习乐器时那一张张专注的小脸，那此起彼伏的乐曲声，让人惊喜地感受着艺术之美、教育之美和生活之美，成为合肥市阳光中学"以美育人"道路上一道亮丽的风景线。

（五）高雅艺术的盛宴

我曾经在东北慕名去看"某某大舞台"表演的二人转，多是在男女关系上打趣，拿人的生理缺陷开玩笑，在这样的"艺术"熏陶下，人只能变得庸俗。现在低级庸俗的文化艺术充斥大街小巷，也流入校园，给青少年带来极大的消极影响。"走近大师，感受经典，陶冶情操，提高修养"，高雅艺术进校园无疑是一件好事！

安徽省音乐家协会西洋管乐委员会来我区开展高雅艺术进校园活动，首站选在阳光中学，并在我校举办 2015 年启动仪式，我在启动仪式上愉快地致辞：

> 春风和煦，阳光明媚。今天学校来了这么多艺术家，来了这么多重视艺术教育的领导、支持艺术教育的家长，让我们以热烈的掌声对各位的到来表示最热烈的欢迎！
>
> 艺术教育太重要了！美国国家艺术教育大纲中有这样几句话："我们依赖艺术帮助我们实现人性的完整。我们

深信了解艺术和艺术实践对儿童精神思想的健康发展是十分重要的。艺术与教育一词的含义是不可分的。长期的经验告诉我们，没有一个缺乏基本艺术知识的人能够表明自己受过真正的教育。"然而现实的情况是一方面艺术教育被严重地忽视，艺术教育变得可有可无了；另一方面一些低俗的艺术充斥于大街小巷、电影电视、报刊图书之中，对孩子们的心灵产生了不良的影响。

阳光中学自建校之日起，就把实施以艺术教育为核心的美育作为学校的办学方略，通过"每生自学一样乐器，提高学生艺术素养"课程，带动学校艺术教育的全面发展，并在绘画、书法、合唱、摄影、经典诵读等方面取得了突出成绩。经过努力，我校已经成为合肥市美育特色学校，合肥市首批素质教育示范校。

包河区教体局盛邀安徽省音乐家协会西洋管乐委员会来我区开展高雅艺术进校园活动，首站选在我们阳光中学，并在我校举办2015年启动仪式，这给我们送来了高雅艺术的盛宴，让我们足不出户领略高雅艺术的美妙和艺术家的风采。这既是对我校艺术教育的肯定，也是对我们的鞭策。此次活动犹如春风，犹如阳光，给我们爱的温暖、美的享受和心灵的洗礼，必将对我校艺术教育工作起到巨大的推动作用，成为我校培养广博知识、强健体魄、美丽心灵、醇厚品德、坚忍意志、胸怀开放的美丽阳光少年不可或缺的精彩篇章。

四、活的教学

一段真实而愉快的时光。

我常想,如果不是在 30 岁前就去当校长,自己会不会成为一名好的语文教师,抑或自己更适合做一名语文教师。不管怎样,我都很怀恋和感恩教语文的日子,那些有关课堂的记忆总是顽强地影响着我对教育的思考和实践,并且觉得那也是自己 30 年教育生涯里一段真实而愉快的时光!

(一)语文教育要活起来

我常常喟叹:语文改变了我们,而我们却没办法改变语文。恢复中高考后,语文和其他学科一样被分数绑架。但我从自己的学习经历中体会到,语文素养不等于"分数",而是自己读出来的,写出来,更重要的是"活"出来的——生活是语文唯一的源头。

刚开始工作的时候,年轻不谙世事,并没有把分数看得那么重要。课堂上经常和学生讲一些他们喜欢听的课外知识,时而还带着学生到野外去上语文课。

有一年元旦联欢会,我拉着性格内向的黄先来同学一起朗诵我自己创作的《一位教师和学生的对话》;和喜欢文艺的吴颖扮演杨白劳和喜儿,演唱《白毛女》:"北风那个吹,雪花那个飘……";聪明活泼的李宏宇在班上说起相声,逗得同学们快活地大笑。不知当年的学生是否还记得这些场景,也不知这些会给他们未来的生活带来什么。只是觉得学生喜欢语文,而且能让他们感到语文与他们生活紧密相连,语文会成为生活的工具和人生的教科书,那才是真正的语文。

但是不能否认,如果语文教学很明确地指向考试,短时间肯定对提高分数有利。

后来，全区要举行统考，统一命题，互换老师监考，统一阅卷，动真格地抓分数。学校召开动员大会，要求我们全力以赴获得好名次，为学校争光。两个多月的强化学习，每一个知识点都梳理了一遍又一遍，没想到一不小心获得全区第一。校长从区里开会回来，一路笑呵呵的，学生们也很高兴，家长们也高兴，我也因此被评为区优秀教师。

尽管如此，我仍然痴心不改，一直在语文教学的道路上很不安分地"折腾"。

2002年，我写了一篇文章《语文教育要活起来》，比较全面地阐述了我的语文教育观。现在看来，那些观点颇有点愤激，也似乎不合时宜，但却是我那个时候真实的想法。

陶行知先生说："教育可分为三部：A. 死的教育；B. 不死不活的教育；C. 活的教育。"那么，现在的语文教育呢？

在推行素质教育的大环境下，经过语文教育工作者上下求索，语文教育好像是有了一点生气。但语文教育长期背着传统的桎梏，套着应试的枷锁，再加上日益膨胀的思想上的功利主义、认识上的形而上学、实践中的形式主义充斥其间。沉疴新痛，我们已站在了"沉舟侧畔""病树前头"，不是吗？上上下下花了那么大气力，想了那么多点子，学生的语文水平还是太"凹"。相反，语文教育的一些"弃儿"，却才情四溢，洋洋万言。语文教育倘若不能与学生的语文水平成正相关，那么，可能意味着语文教育就要走上绝路了。我们的内心渴望着活的语文教育，"正像鱼到了水里，鸟到了林里一样"。

以"死"活相论，不是危言耸听，故作惊人之谈。而是在语文教育实践中体验了切肤之痛以后，有感而发，不吐不快。下面择语文教育现状之要害者,逐一论之。

为应试而教者"死",为人的发展而教者活。应试教育以升学为教育目的,以分数高低论优劣,以考试成绩论成败。它是一种以片面、狭隘的知识为教学内容的选择和淘汰教育。在语文教育上表现为只承认语文姓"工具",不承认语文还姓"人文",文道割裂,重文轻道。重知识传授,轻能力培养,生吞活剥"字词句段",高谈阔论语法、文法。对待成绩好的学生,是"我的眼里只有你",对待成绩差的学生,则是"想说爱你并不是件容易的事"。在这样的教育下,多少学生是以"我不行"的失败者的心态走上了社会,而那些只会考试的"成功者"在社会上又有何用?

世间万物,人为灵长。促进人的全面和谐发展,是人自身生存的需要,也是社会发展的需要,更是教育者神圣而重大的责任。活的语文教育就是要让每个学生在自己的发展过程中获得必需的,并且可以得到的语文素养。能让学生正确认识语文这个工具,熟练地运用这个工具,并且从中获得高品位的人文精神。如能这样,则学生幸甚,国家幸甚。

只教书者"死",在教书中育人活。有许多人问魏书生:"你是靠什么办法,使各类学生都能积极、主动地学习的?"魏书生回答只有两个字:"育人。"他认为,育人是国家利益的需要,人民利益的需要,学生切身利益的需要,教育者工作的需要,也是语文学科性质的需要,提高语文成绩的需要。他说,要让学生懂得,语文能帮助我们认识自己,改造自己,认识世界,改造世界,实现自己的人生目的。要让那些升学无望的学生也学习,就得做思想工作,增强他们学习的责任感,提高学习兴趣,这些都需要通过育人来完成。只教书不育人者,没有认识到育人乃教育之本,也没有认识到育人对教书的促进作用。死教书,最后只能落得个教书"死"。

为教而教者"死"，按照学习的规律而教者活。长期以来，教育领域普遍存在着只重视教法，而忽视学法的倾向。事实上，学习的规律是教学的基础。教学理论与实践证明，只有正确地反映学生学习实质，遵循学生学习规律，才能成功地促进学生学习。现在，书架上"语文教学法"之类的书比比皆是，而要找一本"语文学习法"之类的书却如同大海捞针。现在有不少语文教师盲从于一些教育家的理论与成果，不顾教育内容、教育对象、教育环境的差异，生搬硬套一些教学模式，把语文教育搞得本末倒置，为教而学。还有不少语文教师闭门造车，研究出"六步十三法""六级九阶三十六因素"等一大堆吓人的东西，这同肢解活人何异？！更为严重的是，不少语文教师，甚至教法也不研究，著名的"满堂灌""填鸭式"教学，现在仍然大有市场。这样的语文教学，必是言者谆谆，听者寥寥。这让我们想起了三味书屋里那位私塾老先生，读到入神处就要"微笑起来，而且将头仰起，摇着，向后面拗过去，拗过去"。而这时候于学生最相宜，他们可以"用纸糊的盔甲套在指甲上做游戏"……

"工具"与"人文"，只求其一面者"死"，两者互存者活。正确地认识语文性质，对指导语文教育实践起着至关重要的作用，是语文教育的根本问题。只看到语文的"工具"性质，忽略语文的"人文精神"，孤立地进行字、词、句、段、语法、文法教学，必然会导致"语文学科人文价值、人文底蕴的严重流失"。现在，学生们甚至教师自己本人也感觉到，一篇灵性飞扬的好文章，拿到课堂上一教，就会变得一点味道也没有。这正是对语文性质偏颇认识的结果。但是，我们也不能以"人文"教育代替"语言的习得、语言的感悟、语言的训练、语言的运用"，这就像盖房子，如果没有砖、瓦、沙、石等材料，没有按照一定的方式方法合理的砌合，是盖不成房子的，也就谈不上房子深藏其间的韵味。更不能回到"文化大革命"期间以思想教育来代替语文教育。"工具论"与"人文论"与我国古代文论中的"文道论"一脉相承,两者互相依存,教学中不可偏废。顾明远说:"语文是最重要的交际工具,也是最重要的文化载体,只有把工具论和文化结合起来,在教会学生使用汉语的同时,又能使他们受到中华民族优秀文化的熏陶,才能达到语文教学的目标,完成语文教育的任务。"

唯"本"、唯"纲"者"死",唯实者活。"以本为本,以纲为纲。"这句名言流传已久,深入人心。没有人怀疑,因为"本"和"纲"是法定的,"本"和"纲","你有我有全都有"。更重要的是,"本"和"纲"是考试的蓝本。然而"本"和"纲"的广度、深度及其结构并不一定适合每一个地区、每一位学生的学习,甚至也不一定适合每一个地区、每一个教师的教学。如果我们语文教师捧着"本"和"纲"不敢越雷池半步,那就等于:不管北方人要吃面食,南方人要吃米饭;上海人喜欢吃甜,湖南人喜欢吃辣;不管你是胖的,还是瘦的;吃饱了,还是没吃饱,我统统要用"本"和"纲"来喂你。这样下去,学生怎能不消化不良,营养不良,厌食偏食呢?被称为"语文教学的叛徒"的黄玉峰,发现课本的养料不适合学生的需求,便"删掉了很多'庸文''照顾文',而增加了大量的篇目,无论文史哲,甚至科技文,凡适合我们的都在被选之列","学生的视野一下子打开了"。不仅如此,他还突破"本""纲"的桎梏,开展"研究性学习",学生的语文素养有了很大提高,而且"以素质教育对付应试"取得了成功。他的"教学班百分之八十几进了重点大学"。现在教育决策者们已开始计划在开设地方课程的基础上,开设"校本课程"。我们盼望着这一天早日到来。

唯"我"者"死","拿来"后活。语文教育要善于继承中华民族的优良传统,从古代的孔夫子到近代的陶行知,直至现代的"三老",

他们的"文道统一"思想、"学生本体"思想、"学以致用"思想、"生活本源"思想、"读写结合"思想等都值得我们学习。国外现代教育理论中的诸如"发现学习""接受学习""累积学习""掌握学习"等也很值得我们借鉴。语文教育还应借助社会科学和自然科学中与语文教学有联系的理论和成果(比如心理学、脑科学等)。按照科学的教育规律，开拓出语文教育的新领域。现代化教育手段，特别是多媒体技术、网络技术的发展，又为语文教育开辟出一片新天地。唯我独尊，终会自灭；他山之石，可以攻玉。没有"拿来"，语文教育就不能活起来，但我们要"沉着，勇猛，有辨别，不自私"。

囿于课堂内"死"，课内外互动活。课堂教学能发挥系统性、容量大、密度大的优势，便于普及，能体现教师的主导作用。但难以解决学生个体差异，难以发挥学生主体作用，内容固定，形式单一。而课外活动能创造一个自由的、生动活泼的学习环境和气氛，有利于学生个性和特长的发展，便于培养学生的独立思考能力，独立实践和探索创新精神，内容丰富，形式多样。课内外互动能冲破封闭的教育模式，便于和社会生活、生产生活、科技活动联系起来。练书法、学朗诵、听讲座、做讲演、编刊物、看展览、游天下……生活外延有多大，语文教育就应有多大！

只想改造学生者"死"，不断改造自己者活。一个学生学语文没有兴趣，语文成绩不好，对他讲了一百遍"学语文很重要，学起来也很有趣味"，但他还是没兴趣，语文成绩还是不好。怎么办？是匆忙下个结论"孺子不可教也"，还是"吾日三省吾身"？语文教师作为为人师表的教育者、人文精神的弘扬者、民族语言的示范者，应不断地改造自己的世界观、人生观、价值观，在追求道德完善的过程中潜移默化地影响学生，教师在做人上能为人师表是教育的最高境界。语文教师要不断地改造自己知识的广度、深度及其结构，因为"语文几乎以人类的整个文化作为背景"。语文教师的知识越丰富,上课就越能触及学生心灵,否则只会言之无物,空话连篇,使学生心灵空虚。语文教师要不断地改造自己的语文教育观和教育方法,心明眼亮才能明察秋毫,"对症下药"才能"妙手回春"。还要不断提高自身的语文素养,因为语文教师的语言规范化是最好的语言教学。语文教师语文素养越高,越能引起学习对语文的热爱。热爱才会产生学语文无穷的巨大的力量,才会达到"教是为了不教"的教育理想。"去以自己的火点燃旁人的火,去以心发现心",不断地改造自己你就会发现"最难教的学生今天可能变成最知心的学生,昨天最不愿讲的课,今天讲起来可能成为一种享受"。语文教育就会进入阔大畅快、常变常新的美妙境界。

论及于此,意犹未尽。概论之,活的语文教育应该是"活的教师用活的东西、活的方法教活的学生"。所谓"活",在于它符合教育各因素之间的内在运动规律。它是全面的,而不是片面的;是发展的,而不是静止的。它符合社会发展需要,也符合人自身发展规律,特别是每个个体不同的发展规律。它是对"教育力"的一种解放,它使教育者感到高尚充实,受教育者感到愉快满足。它是"大"的、"动"的、"通"的、"新"的……

"沉舟侧畔千帆过,病树前头万木春"。语文教育要活起来,也一定能活起来。我们相信陶行知先生说的:"死的教育,我们就索性把它埋掉,没有指望了。不死不活的教育,我们希望它渐渐趋于活。活的教育,我们希望更活。"

(二)我的一堂作文讲评课

当老师的估计都上过公开课,我也是。尽管现在有人对公开课有非议,但从我教语文的经历来看,公开课伴随我的成长。

上公开课确实很磨人,白天黑夜、走路吃饭都在想这节课怎上，会逼着你去查阅很多资料。记得有一天晚上，我突然想起有本书对上公开课有过精辟的分析，但书丢在老家。于是我连夜骑了一个多小时自行车赶回老家找这本书。刚开始的时候，上公开课格外紧张累人，走上讲台往往就失去"知觉"，45分钟不知是怎样度过的，浑身冒汗，上完课几乎虚脱。

公开课上完之后一般会有评课环节，每一句肯定和鼓励对自己都是非常大的鼓舞，而每一次质疑和批评都会觉得如坐针毡，特别是遇到那些不愿说好话，尽是一针见血地指出问题的，会让你疼得终身难忘。老郊区教研员韦化龙先生就是这样的人，所以他一发言，心就会提到半截。

尽管如此，韦化龙先生却是我语文教育成长的重要关系人，伴随着他一次又一次毫不留情的批评指正，一次又一次的大力推荐，我上了很多不同层次、不同类型的公开课，最终获得安徽省首届语文骨干教师的资格，在阜阳师范学院参加脱产培训。

每一次公开课都是我对语文教学探索的最好平台。我在讲《观沧海》的时候，总结出"诗歌教学五步法"，一时间引来不少人围观。我在讲《乡愁》的时候，请历史学科李金梅老师来讲历史背景。这种多学科参与的教学方式被现在的专家起了一个很高大上的名字——"项目教学"或"整合式教学"。我在讲《从甲骨文到口袋图书馆》的时候，采用信息化教学手法，让学生用聊天工具讨论，这在当时相当的时髦，因为很多人从来没有用过，甚至没有听说过。

2002年，在参评安徽省首届语文骨干教师培训之前，区教研室要我上一堂市级观摩研讨课，课后引起了一定的反响。合肥晚报以《一堂别开生面的作文讲评课》作了报道。

上公开课最重要、最艰苦的工作倒不是课堂上的45分钟，而是课前准备，所谓"台上一分钟，台下三年功"。

思路是什么？

我思忖，既然是市级观摩研讨课，总得让大家有点"嚼头"。于是我确定了选择难点，突出新意，体现先进的教育理念，展现自己教学优势的思路。

上什么？

散文与诗歌一直是语文公开课的宠儿，大概是容易"出彩"的缘故。而文言文和作文往往少有问津，特别是作文讲评。那我就上作文讲评吧！这倒也不是"明知山有虎，偏向虎山行"，以显示自己的勇气与高深，而是因为我始终认为语文教学最重要的是培养学生说和写的能力。选择这一课型希望能引起大家对作文教学中的重要环节作文讲评的关注与探讨，平时自己在这方面琢磨的也较多，上起来会更有把握。而那时正好在批阅学生以"最需要……"为话题写的作文。

怎么上？

首要的问题是希望实现怎样的教学目标。我想一堂成功的作文讲评课之后，学生应该有更强烈的写作兴趣和写作欲望，明确自己写作的优点和不足，学习到更多的写作知识等实实在在的收获。如再能得到思想感情上的熏陶，那就是锦上添花了。

其次，教学活动其实质是教师教育观念的反应，一堂成功的公开课无不体现先进的教育思想。我认为，现实的语文教学需要张扬学生主体、师生平等对话、兴趣激发、合作学习、熏陶感悟等教育理念。因此，我想在这堂示范研讨课中极力体现这些观念。

于是，我找来班上一些学生，谈了我的想法，听了他们对这堂课的意见和建议。我们商议后决定采用栏目主持人模式，这是从一些电视节目中得到的启发。我把整节课分为"再回首""榜上有名""佳作欣赏""艺海拾贝""你说我说""与你同行"六个专题，分别由卫勤丽、郭慧、尚磊、孙文磊、方培、沈稳稳同学主持。开始，我很担心，怕他们"演砸了"，但看到他们兴趣很浓，热情很高，还是决心让他们试一试。

"再回首"——让学生重温上次作文的内容与要求。

"榜上有名"——把学生作文分为佳作奖、优秀奖、进步奖，意在激发学生学习兴趣，给学生以写作上的成就感。

"佳作欣赏"——请刘莎莎同学、孙丽娅同学分别朗读自己的习作《理解》和《爱在彼岸》。这个想法缘自二十多年前我上初中时，老师在班上朗读我的一篇作文《战鼓催春》，给我带来极大的鼓励和影响，我自此爱上了文学，以至今天走上语文教学之路。

"艺海拾贝"——我从学生的习作中撷取精彩的片段，在课堂上加以点评。我是这样考虑的：写作上，我们既要通篇把握，也不能忽略精彩片段的价值。有些学生尽管写作水平不高，但思想上的点点火花、写作上的精彩之笔，也应该给予肯定和赞赏。

"你说我说"——从学生的习作中选一篇反映本次作文带有的共性问题的典型习作(不公开作者姓名)，学生自由讨论后点评，我再作总评。这个栏目的设计目的是发挥学生学习的主动性，倡导合作学习，自主建构知识经验，同时也能活跃课堂气氛。

"与你同行"——展示我自己的"下水"作文。我认为"下水"作文的意义不仅仅在于其示范性，让学生得到思想艺术上的熏陶，它的更大的价值在于与学生同甘苦，获得学生感情上的认同。写作不是教师强迫学生完成的学习任务，而是师生在共同建筑思想感情的大厦！

在教学手段上采用学生喜闻乐见的、适合展示较多内容的多媒体教学。当然，这和我自己对多媒体辅助教学有浓厚兴趣，而且能够独立完成课件制作有很大关系。

在片头，我设计了在黑暗的背景中一支蜡烛在闪烁的画面，悠扬深情的音乐缓缓飘出……学生一进教室就受到艺术的感染，情绪也被调动起来。而在"榜上有名"栏目中，我设计了鼓乐队演奏的多媒体动画，大有颁发奥斯卡金像奖的派头，学生情绪高涨。在刘莎莎、孙丽娅两位同学朗读自己习作时，我设计了符合文章内容的背景画面和音乐。如孙丽娅的习作《爱在彼岸》写了她父亲得了癌症住院时的一段经历，我设计了以河岸边的小屋为背景画面，以深沉的小提琴曲 Tell me on a Sunday 作为背景音乐，场面很感人。而最后，我集视频、音频、图片、文字等方式，自己配音，把我的"下水"作文《最需要的是爱》制作成 Flash 动画，由此将这堂作文讲评课推向高潮。

由于课前作了充分的准备，实际的课堂教学反而很轻松。有不少出彩的地方，比如，主持人把听课老师也调动起来，让他们参与对学生习作、我的"下水"作文的点评等教学活动，听课的老师们很紧张，也很兴奋。还有在"佳作欣赏"专题中孙丽娅的含泪朗读以及画面、音乐的渲染，很多学生和老师都跟着流下眼泪。最后，当 Flash 动画《最需要的是爱》播完时，一阵静默之后是热烈的掌声。

当然，这堂课也并不是没有瑕疵。比如，课后大家在评课时说，主持人太多，课堂显得有点忙乱，学生主持水平也影响了课堂效果，应该让主持最好的卫勤丽同学一个人来主持。这一点我事前也不是没有考虑到，但这样就不能够让更多的学生得到锻炼。我认为公开示范课是要努力使本堂课教学成功，但如果因此而丢弃语文教学的真谛，一味追求场上需要，甚至搞课前"走台"，丧失了"真"，公开教学是不会成功的，负面影响也是很大的。还有，孙丽娅同学到台上读《爱在彼岸》时泣不成声，出现了短时间的冷场。事后，我想，当时我应该给她以安慰，让她回到座位上，然后告诉学生真挚感情在写文章中的作用,那就好了。

是的,一堂成功的公开课应该始终以"人"为本,而不能以"课"为本。

——这就是我的一堂作文讲评课,这节课得到韦化龙先生很难得的"高度评价",我把这次公开课整理成文发表在《学语文》杂志2003年第5期上。

文中的刘莎莎后来成了一家航空公司的空姐,孙丽娅现在是奢侈品行业的新秀,卫勤丽,当年的语文课代表,至今还保留着我奖励给她的一枚塑封的香山红叶……这堂课的很多细节,学生们都还记得。虽然,他们现在并不从事专门的文字工作,但语文已然成为他们日后生活的一种态度、一种能力、一种气质!

(三)今夜星光灿烂

从我自己个人的学习经历中,我体会到把一些兴趣相同、有特长的学生组织在一起开展"合作探究性"学习,对一个人兴趣的培养、能力的提高有着非常重要和深远的影响。我在师范读书的时候是"黄杨文学社"社员和《师范生活》杂志的编辑,这段经历一直影响着我后来的工作。语文教育不能局限于课堂,不能被书本束缚,不能完全被分数绑架。

刚参加工作的时候,农村学校还没有清晰的社团概念,在我的极力倡导之下,合肥市五十六中学文学社在异样的目光和搞花样的嘲笑中成立了。尽管当时我已经担任校长工作,还兼带历史和音乐课,但为了推动这项工作,也是不想完全丢掉语文学科工作,我亲自担任指导老师。

文学社有办社章程,社长是通过竞选产生的。还记得第一任社长是一个叫韩倩的,很瘦小的女孩子,在我宣布她当选社长后她热泪盈眶……这个女孩子据说家境很特殊,很清寒,总体学习成绩并不突出，但很喜欢语文，很喜欢写作。自从当了社长以后她像变了一个人，每次看到她的时候，她都是蹦蹦跳跳、说说笑笑的。韩倩，还记得当年的故事吗，你现在哪里呢，不知你现在是否依然钟情于看书写作，而这段当社长的经历给了你什么？

后来我们还创办了文学报，我请担任过五十六中校长，退下来后还坚守语文教学岗位，在当地很有名望的吴大章老师起了名字。我根据他起的名字，写了发刊词。

今夜星光灿烂

从吴大章老师所拟的众多的刊名中，我选了"星光"。在我制作的课件中，也常常以深蓝的天幕闪现几颗星星为背景。我不知道自己为什么对"星光"情有独钟，只是一次又一次地感受着它给我心灵的冲击和无限的遐思。

假如在苍茫的夜幕下踽踽独行，在惊异于宇宙的博大与深邃的同时，我们也会恐惧宇宙的冷寂与诡秘，会感到内心的空荡与无助。这时倘若有一点或者几点星光在夜幕中闪现，你一定会感到欣喜，感到希望，感到在前行的路途中有了自己亲密的伙伴。

传说，每个人都对应着天上的一颗星。出生时星光闪现，死亡时星光陨落。在感叹生命短促的同时，我们又渴望自己的星光在有限的时空里会更加明亮。我们在痛苦的燃烧中感受快乐。

不必感叹自己星光的微弱，也不必惊美别人星光的明艳，更不必为自己一时的闪耀而眩晕，只需平静地燃烧、发光，照亮自己，也照亮别人。再明亮的星光在茫茫的宇宙中也是很微弱的，只有我们每个人的星光都明亮，才会有繁星闪烁、相互辉映的奇观。

流星稍纵即逝，而星光是永恒的。人生短暂，而生命的光芒是永恒的。

我常常突发奇想，那漫天的星光都是从落日中飞出，又汇集成

明天的太阳。我们不留恋昨日的明媚,甚至也不苛求明天的辉煌。我们只祈愿:

今夜星光灿烂!

这篇发刊词,也是我对语文、对教育、对社会、对人生的心灵独白。康德说,世上只有两件东西能够深深地震撼人们的心灵,一是我们头顶上灿烂的星空,一是我们心中崇高的道德准则。做教育不能没有道德感,也就是我们经常说的,要凭良心教书。我们必须抛却一些媚俗的东西,必须有发出自己光芒的勇气,尽管微弱,却是希望。工作三十年来,我一直在寻找那片属于自己的星光。

(四)教学改革的若干思考

教学改革看起来是件永远也做不完的事。每个时期都有每个时期的"新理论",随之而来又会创造出很多"新经验",而要解决的依然是老问题,风光一阵之后,往往是昙花一现。现在回过头来看,重要的还是要把握教育的基本规律,回归教育常识。

1. 教学改革的现实需要

毋庸置疑,当前教育竞争日趋激烈,竞争的本质是效率,有效教学是提高学校核心竞争力的关键。同时学校在改革中发展,教师在改革中成长。

当前学校教学工作存在的迫切需要解决的问题主要有:

一是状态差。学生状态差有学生自身的原因,如没有理想目标,对学习没有兴趣,没有良好的学习习惯,学习基础差跟不上,进入青春期情绪波动等。也有外部原因,如家庭环境、单亲家庭、留守儿童、学校校风和班风等。教师状态差,主要有职业认同感不够,工作压力大、负担重,人际关系不和谐等。教师的状态对学生的状态有着很大的影响。

二是负担重。学生负担重，主要表现在学时多、作业多，以及高期望值带来的心理负担；教师负担重，主要表现在课时多、作业多，还有备课、辅导和考试。教学的负担一部分转移到家庭上，家长参与了对学生的学习辅导和监督。

三是能力弱。现在的教学方式仍然是灌输式，注重知识的传授，忽视学习方法的培养，注重教师"讲"，忽视学生"做"。所谓"授人以鱼"，而不是"授人以渔"。

四是效率低。以上方面的原因造成教学效率低。教师被迫采用题海战术、疲劳战术，以致越陷越深，恶性循环。

所以，教学改革的目标就是要激发状态、合理负担、培养能力、提高效率。

2. 教学改革的理论支撑

现在教学新理论很多，可谓"乱花渐欲迷人眼"。但主要的，或者说有说服力的有以下几个：

其一，建构主义理论。知识不是通过教师传授得到的，而是学习者在一定的情境下，借助其他人（包括教师和学习伙伴）的帮助，自己通过意义建构的方式而获得的。建构主义教学基本观点是：教学是激发学生建构知识的过程，学生是教学情境中的主角，教师是学生学习的引导者、辅助者、资料者提供者。教学活动体现为合作、探究方式，教学活动是引导学生发展的一个过程。教学评价要趋于多元化，学生的学习不仅限于教科书。

其二，最近发展区理论。一种是已经达到的发展水平，另一种是儿童可能达到的发展水平，这两种水平之间的距离，就是"最近发展区"，把握"最近发展区"能加速促进学生的发展。

其三，学习金字塔理论。美国学者埃德加·戴尔（Edgar Dale）1946年提出了"学习金字塔"（Cone of Learning）理论。以语言学习为例，在初次学习两个星期后，听讲能够记住学习内容的5％，阅读能够记住10％，视听能够记住20％，看示范和演示能够记住30％，参与讨论、发言能够记住50％，实际演练在做中学能够记住70％，马上应用，教别人能够记住90％。

3. 教学改革的成功经验

教学改革不乏成功经验，特别是生源差的学校通过教学改革大幅度提高了教学质量，尤其值得我们学习和借鉴。

洋思模式："先学后教，当堂训练"，在课堂结构上体现学生"自主建构"，在教学方法上体现"马上应用"和"堂堂清"。

杜郎口模式："三三六"（三个特点：立体式、大容量、快节奏；三个模块：预习、展示、反馈；六个环节：预习交流、认定目标、交流合作、展现启示、交叉巩固、达标测评）。还有"10＋35"（教师讲解＜10分钟，学生自主＞35分钟）。很明显杜郎口经验也是体现学生自主学习，重视小组讨论和课堂展示。

东庐模式：讲学稿。东庐经验体现了教、学、研合一，通过集体备课形成共同学案，有利于减轻教师和学生负担，有利于学生自主学习，有利于教师专业发展。

三种模式的共同特点都是先进教育理论的具体应用。

4. 阳光教育理念下的教学

教学经验必须联系实际，教学经验同样不可复制。我们应该有我们自己的东西。这些年来，我们一直在孜孜追寻心中的阳光教育。

阳光教育应该是生命教育，"阳光是温暖的地方"，无微不至地呵护生命。教育的第一要义应该是使我们的生命更健康，包括身体和心理的健康。反之，没有健康的身体和心理，就不可能有教与学的效率。

阳光教育应该是生长教育,"阳光是力量的源泉"。教育的本质就是促进人的发展。我们在进行每一个教学活动时,都要问一问这种方式是不是最大程度促进了学生的发展。

阳光教育应该是生活教育,阳光普照,无处不在。教学不仅是教科书,要从生活中来,到生活中去。教育也不仅仅是学校教育,还包括家庭教育和社会教育。

所以,我们的教学改革必须关爱生命,促进发展,融入生活。

5. 教学改革的基本思路

教学改革还是要从教学常规入手。

(1)备课。要坚持不备课不上课;要克服备课中的形式主义,比如抄袭、补教案和写法上刻板以及无用的教条。备课有利于团队学习和个人专业发展。

备课基本程序:①备课组集体备课;②确定一人执笔写出指导学生学习的基础方案(简称学案,可以课为单位,也可以单元、章节、模块等为单位);③备课组其他成员根据教育对象和教学风格对基础学案进行修改,作为自己的备课笔记。

(2)上课。激发学生的学习状态,明确学习目标任务,以学生自主、合作、探究为主要方式(包括小组讨论、实际演练、做中学、马上应用、教别人等),学习效果要当堂检查。

(3)作业。布置作业要注意这样几个关键词:适量、精选、分层。作业批改形式多样。

(4)辅导。辅导不是集体补课和订正作业,辅导要关注学生情感、态度和价值观,要有针对性。

(5)评价。日清月结,让学生有成功体验(成功教育)和正面肯定(赏识教育),评价要多元化(包括内容、方法、程度)。

6. 教学改革的主要方法

要推进教学改革，办学者和教学者首先要有积极的态度、坚定的信心。"上层"要有行政力量，给予必要的政策、经费等方面的支持。在方法步骤上可以点带面，稳步推进。在具体操作上要解决以下问题：原因（why）、内容（what）、时间（when）、地点（where）、人员（who）、办法（how），这"5w＋h"解决了，工作才能做实了。

让我们通过——也只有通过教学改革，飞得更高，跑得更快，走得更远！

五、人本管理

顺乎天而应乎人——《周易》。

美是自然的人化，"人化"的指向和过程要合乎"规律性和目的性"，这与《周易》中"顺天应人"精神是一致的。"顺天"就是符合客观规律，"应人"就是符合人的需求。

对于"美的教育"来说，"顺天"就是要找到符合教育规律的办学机制，"应人"就是要以人为本，"美的管理"必须，也一定是遵从了这两个原则的。

（一）知难而上，负重前行

1997 年 8 月 26 日，我做校长工作的第二年，在合肥市郊区教育工作会议上，我作了题为"知难而上，负重前行"的发言。那时候的想法和做法都是"摸着石头过河"，有着鲜明的时代烙印。回过头来看，都是在不自觉地寻找特定环境下学校管理的规律，关注人在学校发展中的作用。

一、从"校长难当"说起

校长难当，现在几乎成了校长们共同的感叹。辩证唯物主义指出，人类的活动总是要受到主客观条件的制约。在一个新旧体制变革的特定的历史时期，校长们正在承受着更为激烈的阵痛。尽管这是社会发展前进性与曲折性相统一的必然现象，但不能不引起从事或了解校长工作的人们的关注。作为一名校长，我们更愿意去探索，在这个特定的历史条件下，我们自己应该怎么做，知难而上，负重前行。

二、"好校长"的一般解说

教育学和社会学告诉我们，所谓校长，是指在学校这个特定的客观环境中，影响和指导师生员工，利用教育资源，为实现教育目标而进行社会活动的一种人。因此，我们可以概括出一个好校长应该具备的基本特征：对学校这个特定的客观环境有全面而准确的认识；有正确的教育目标；具备影响和指导师生员工的能力；能合理地利用教育资源。

从整个社会看，学校是一个特定的客观环境；从学校看，自己的学校又是一个特定的客观环境。所以，一个校长不仅要全面而准确地认识学校这一特定的客观环境，掌握学校工作的一般规律，更要全面而准确地认识自己学校这一特定的客观环境，掌握本校工作的特殊规律。譬如，我和我校的同志们在分析学校面临的主要矛盾时得出这样的结论：教职工（包括领导）素质不适应教育发展的要求；学校的办学条件不适应教育发展的要求；素质教育，特别是德育不适应教育发展的要求。这是对我校校情的宏观认识，从微观上看，我校学校领导班子年轻，但团结好、干劲足；教职工普遍具有敬业奉献精神；教育秩序逐步正常，教育管理逐步规范，教育质量逐步提高；老领导多，年轻人多；教师在家办公，住房存在"剪刀差"问题。对于校长来说，对校情的把握要细化到每个部门、每个教研组、每个班级、每个教师，甚至到一些有影响力的学生。一个校长只有全面、准确地认识学校这一个特定的客观环境，才能在工作中高屋建瓴，游刃有余。

什么是正确的教育目标？正确的教育目标从哪里来？正确的教育目标应该是国家的教育政策和学校实际情况的完美结合。一个校长一方面应该是国家的教育政策的坚定拥护者、忠实执行者，另一方面，又要从本单位的实际情况出发，集思广益，制定出准确、明确，鼓舞人心，经过努力能实现的教育目标。正确的教育目标主要是起方向作用，同时又起激励作用，当人们受到富有挑战性的目标刺激时，就会迸发出极大的工作热情。我们学校新的领导班子成立后，立即制定出"巩固'两基'，贯彻'两全'，争'三个一流'，创有特色学校"的远期教育目标。每学期我们又根据总目标和现阶段学校教育的发展状况制定近期教育目标。对每个教育目标，我们又细化量化出较为明确的分项指标。学校的教育目标由部门分解到教研组、班级、每个教职员工。做到人人有目标，人人有责任，人人有任务。教育目标的制定，为学校工作指明了方向，凝聚了人心，鼓舞了干劲。九六至九七学年度，为实现"有特色"这一教育目标，学校成立了艺体组，抽调有专长的教师担任艺体课教学工作，积极开展第二课堂活动。艺体组教师为实现他们的教育指标，"精心育桃李，冰心凝成花"，不到一年就取得了可喜成绩，为郊区，为学校争得了荣誉。

校长为实现教育目标要履行激励、控制、协调的作用，管理职能就必须要对教职工（包括其他领导成员）和学生施加影响。影响的方式主要有三种，即以权、以法、以德。利用行政手段、法规制度施加影响是很有必要的，但更具有深远意义影响的是"以德生威"。孔子曰："为政以德，譬如北辰，居其所而众星拱之。"一个校长在政治上、思想上、个人生活上，都能为人师表，以身作则，给被领导者以榜样的力量，就会产生巨大的号召力、磁石般的吸引力、同心同德的凝聚力。校长为实现教育目标，在实施过程中，还要不断地给教职工（包括其他领导）和学生以指导，这就要求校长在很多方面必须"高人一等"，特别是在以下几个方面：统揽全局、着眼未来的能力；多谋善断、科学决策的能力；敏锐的洞察、鉴别、预测、分析能力；知人善任、因人施用的驾驭能力；周密严谨、抓住要害的组织能力；沟通关系、改善环境的协调能力；反应灵敏、适时调整的应变能力；不畏艰难、勇于开拓的创新能力。

合理地利用教育资源就是使有限的教育资源发挥最大效益，所谓"人尽其才，物尽其用"。在教育资源中最富有能动作用的是教育的主导者——教职工，以及教育的主体——学生。因此，充分挖掘"教"与"学"的两方面的积极性是校长的重要职责。在教育资源中容易被忽视的是诸如教育环境、优良传统、公共关系等"软"资源，对这些资源要充分开发利用，以求发挥教育资源的整体效益。

在新旧体制变革这一特定的历史时期，教育的发展对校长的素质提出了很高的要求，这正是校长难当的原因之一。提高素质，也就成了我们知难而上，负重前行的动力。

三、做校长工作的几点启发

"加强学习，提高素质"是我校制定的《领导干部八项规定》的第一条。在做校长工作的短短几年中，我深深感到学习的重要性。就书本而言，对我受益最大的当然是教育管理学，其次是哲学和社会心理学。哲学教给我们科学的世界观和方法论，从社会心理学中，我们可以学到"识人之明"，了解到"用人之策"。此外，诸如历史知识、人物传记、政治著作、军事著作等也使我受益匪浅。当然，加强学习最重要的还是实践，在干中学，学中干，不断检查总结，从无知到有知，从知之甚少，到知之甚多。我们学校领导班子经常召开"反省会"，以求对前期工作进行检查总结，做到"前事不忘，后事之师"。另外，就是向他人学习，所谓"他山之石，可以攻玉"，我们学校很多做法就是从兄弟学校学来的。我们一直在奉行读万卷书，行万里路，兼听自省。我们一直在学习，提高，再学习，再提高。

毋庸讳言，"不团结"日益严重地危害着学校的工作。"不团结"的根本原因是利己主义和自由主义。为了个人和小团体的利益，不惜损害学校的整体利益，说话、做事由着性子来。特别是领导班子的不团结，容易导致领导班子的软、懒、散，最后发展到学校工作不能开展的瘫痪状态。因此，校长不能不注意"不团结"严重的危害性。我校制定的《领导干部八项规定》中明确要求领导干部"维护大局，团结协作"，我们对容易导致领导干部不团结的各方面有明确规定，诸如不准泄露会情，以讨好他人；不准推卸责任；不准在群众面前表露对其他部门领导的不满；全校工作一盘棋，不准搞部门本位主义，等等。我校《校园管理规定》中也明确要求每位教职工"不做不团结的事，不说不利团结的话"。团结就是力量，分裂最终要殃及自己。

凡事"预则立，不预则废"，"预"有两层含义，一是"预见"，二是"预备"。我在工作中，深深体会到"预"的重要性。临阵擦枪难免手忙脚乱，万事俱备，则处之泰然。

变革与稳定是学校工作的两大主题。学校的发展需要稳定，稳定才能发展。稳定是首要工作，但怎样才能保持稳定呢？稳定不是无所事事，更不是什么事都不做的消极状态。相反的，恰恰需要用变革的手段消除不稳定因素。

物质、精神、机制是调动教职工积极性的三种主要方法。在实际工作中人们往往采用简便却短效的物质刺激，极易导致不给钱就不干事，甚至发展到参加政治学习一次要给多少钱。学校管理心理学告诉我们，教师的需要有以下几个特征：精神文化生活的自觉性、创造成就需要的强烈性、自尊荣誉需要的关切性、物质需要的精神丰富性。思想工作是必不可少的，但关键还是机制。

处理"核反应堆"。每个学校可能都有几个颇有影响力的同志，在群众中有一些号召力。我跟我校的同志们说，他们每个人都是一个"核反应堆"，处理不好是"原子弹"，处理得好是"核电站"。我们对这些同志感情上尊重、生活上关心、工作中信任。特别难处理的还是一些"没里没面"的人，我们一般采取"退一进三"的办法，当他和你吵闹的时候，你"退一步"，当他"火"消了，再去"交心"，一次，二次，三次……

四、最后感言

教委把谈"怎样当好中学校长"这个任务交给我这样一位在校长工作岗位工作不久的新兵，如果说这是一种荣誉，那么这荣誉应该属于五十六中这块热土，是这块热土滋养了我，锻炼了我，造就了我，我的内心对学校的师生员工充满着感激。但我更愿意把这看成是一种鞭策，因为"一个好校长，就是一所好学校"。

(二)顺天应人，变中图存

世界唯一不变的就是变化，而机遇就在变化之中。所以，一方面我们要适应变化，顺势而为，另一方面，我们要在变化中寻找机会，主动作为。

"两基"验收

20世纪90年代对教育产生深远影响的一件事就是"两基"达标。何谓"两基"，就是在20世纪末基本扫除青壮年文盲，基本普及九年义务教育，这是时任国家领导人在国际上的承诺。

中国五六十年代出生的人，特别是妇女还有不少没上过学。到了90年代，扫盲的重点主要是在老少边穷地区，但"普九"的任务就全国来讲，面还是非常大，问题也比较严重。尽管合肥郊区地处省会城市边上，形势也不容乐观。除了办学条件不达标外，最大的问题就是辍学率高。我刚到五十六中的时候，初一学生还是满满一教室，到了初三就会走了一小半。

硬件达标是办学的最基本要求，比如有围墙、大门、升旗台、厕所等。但是，那时上上下下都还很穷，政府投入有限，免不得学校要去四处化缘。记得当时对图书的要求是每人不少于15本。我的母校合肥师范学校图书馆的图书正在更新换代，于是我就找到馆长，把他们淘汰的图书连买带要地拉来不少。在整理图书的时候还惊喜地看到当年上学时借的读书卡，插在书后面牛皮纸做的袋子里。看到当年借还书时的签名，翻阅当年摩挲过的书本，往事历历在目，美好而又心生感慨。即便如此，图书数量还是不够，又发动教师向学校捐书。我个人捐了两百多本书，贴上了书签，盖上了学校印章（现在图书更新很快，当年我捐的书流失很多，好在夫人在学校图书馆工作，拯救几本回来留存）。最后，又买来一些新书，放在显眼的地方，才总算凑得差不多了。

教师队伍建设也有不少硬指标，比如学历。新来的年轻教师大部分都是中专学历，达不到初中任教的最低学历大专要求。所以当年的师范毕业生参加工作后都忙着提高学历。那时渠道也比较多，有电大、夜大、函大；也有脱产进修的，但只有极少数人有这样的好机会，绝大多数人都是一边工作，一边进修，忙得不亦乐乎。

我毕业第二年就去参加高等自学考试，1991年拿到大专文凭。我参加自学考试的同时，1989年，安徽教育学院特招一批中专起点的函授本科生，全省只有两个班，我很幸运地考上了，考上了基本上都可以毕业，于是1992年我顺利拿到本科文凭。其实，本科还未毕业，我又去报考研究生，就赶上了硝烟弥漫的"两基"验收。学校任命我为团委书记，又担任"两基"验收的资料员。当时爱人老是咳嗽，孩子又很小，就把考研放下了。1993年，凭着考研学的一丁点儿英语，报了安徽师范大学的学位考试，获得了文学学士学位。有了本科学历，在初中当老师就稳稳当当的了，在以后的很多次职评、评先中也起到一定作用。

"两基"最难的事情是控制流生，辍学率要控制在3%以下。记得"两基"预检的时候，区检查组拿着"入学登记表"（这个表保存在教育行政部门)到班上去点名。20世纪90年代初虽然辍学有所好转，但一个班走了七八个人也是常有的事。教育部门就想尽办法控制流生，比如开展"无流生班级"评选。那时，我们经常到学生家里动员学生上学，有的动员回来后，没几天又跑了。记得"两基"正式验收临近，我带的班还有一个学生没回来，这个学生在外面学理发已有半年时间了，不好意思回来。我在理发店和他的师傅磨了好几天，总算是把他动员回来了。那年，我带的班是全区为数不多的"无流生班级"中的一个，受到表彰，还奖励了100元钱。这样，我带的班巩固率是100%，验收组来的时候，校长很自信地把验收组带到我们班，一个都不少，验收组非常满意。

举办校庆

2002年，合肥市进行区划调整，五十六中所在的合肥郊区南片划入新成立的包河区。此时的包河区既有发展很好的、在全省领先的学校，也有非常落后的农村学校，形成巨大的反差，所谓"二元结构"矛盾突出。五十六中要想突围，摒弃"土气"，首先必须在眼界和思想上换上"新装"。于是，我们就想到了举办二十年校庆。

那时，在农村学校举办校庆几乎没有先例，筹备过程也很艰难。没钱，我四处化缘，跑了十几家乡镇企业拉赞助，凑了大约三万元。没节目，我请城里的学校来支持。记得当年青年路小学送来了鼓号队，屯溪路小学送来了舞蹈团。学校没有礼堂，就借用淝河厂大礼堂。1000多名五十六中的学生、城里来的师生和邀请的来宾浩浩荡荡来回走好几里路，引起乡野四邻好多人围观，大家议论纷纷，都说城里人就是不一样。

时任屯小校长，现在大名鼎鼎的包河区教体局陈雪梅局长，作为受邀嘉宾代表做了很"洋气"的发言，全场啧啧称赞；城里孩子们的表演，大家眼睛都看直了。因为礼堂没有空调，穿着演出服表演的孩子们冻得直抖。

那些日子，学校就像家里办大事一样，忙碌而又热闹。我拟了一副对联——"回首往昔，岁月峥嵘，五十六中学，已是桃李芬芳；展望未来，与时俱进，二十一世纪，再创教育辉煌"，并请时任包河区教育局长宋方鹏书写，和林局长的题词一并印在宣传彩页上，这也是五十六中第一次用宣传彩页。

照例，我在纪念大会上致辞，题为"再过二十年，我们来相会。"

今天，2002年12月29日，我们在这里隆重集会，举行合肥五十六中学建校20周年庆典，我代表学校对各位的到来表示热烈的欢迎！

斗转星移，岁月如歌。二十年的风雨，二十年的奋斗。五十六中伴随着改革开放的春风一路走来。从1981年11月3日批准建校的那一刻起，"给学生一个美好的前程，给家长一个舒心的笑脸，给党和政府一份满意答卷"是成了她始终不渝的追求。学校在一片荒岗地上建立起来，1982年开始招生，当时只有12名教师，162名学生。历任校长带领斗志昂扬的五十六中人，奋发图强，学校稳步发展。1999年学校被确立为原郊区示范窗口学校，学校进入发展的快车道。随着2000年一幢现代化综合大楼的落成，学校的环境面貌发生了翻天覆地的变化，学校各方面的工作取得突出的成绩，成为包河区教育一个新的亮点。如今已初具规模，有68名教职工和近千名学生。百名园丁曾在这里耕耘，数千学子在这里越过第二起跑线，奔赴大江南北、世界各地。春风化雨，桃李芬芳，二十年来五十六中已为国家培养近5000名优秀毕业生。在此，我向为五十六中发展做出贡献的所有同志表示衷心的感谢和崇高的敬意！

"回首往昔，岁月峥嵘，五十六中学，已是桃李芬芳；展望未来，与时俱进，二十一世纪，再创教育辉煌。"我们将与时俱进，开拓进取，为建设"强、大、名、美"的现代化包河新区做出新的贡献！

校庆期间很多单位、个人、在外地工作的校友发来贺信或给予慷慨的捐赠，几所兄弟学校还给即将举行的庆典联欢会带来精彩的节目，有的校友从外地赶回参加校庆，很多同志为校庆不辞辛劳，夜以继日的工作，教育局领导也给予亲切的关怀和指导。在此，我向大家表示诚挚的谢意！

此时此刻，我心潮澎湃，感慨万千。我想起80年代传唱的一首歌"再过二十年，我们来相会"。现在，二十年过去了，回首往事，我们心中无愧。从今日起，再过二十年，我们伟大的祖国该有多么美？我们的学校该有多么美？但愿到那时，我们再相会。

我们感慨时光飞逝，多少人"白了少年头"；我们欣喜学校英才辈出，旧貌换新颜。我们祝愿五十六中的明天会更好！

一转眼，又一个二十年就要到来，作为一个曾在五十六中奉献了17年最美好青春年华的校友，常思忖岁月静美，常默念学校安好，期待着我们再次相会的那一天。

学校合并

21世纪初，我国掀起学校合并浪潮。客观地说，合并学校在教育发展不均衡、环境发生变化等特定环境下，在推动教育公平、发挥规模效应、实现学校做大做强等方面有着积极意义。

随着经济的发展，国家对教育的投入越来越大，合肥市五十六中办学条件有了很大改善。2000年建成的带有欧式风格的大楼在当时的合肥非常显眼，现在依然是当地标志性的建筑。经过几年的辛苦，学校教育质量有了很大提升。儿子从南门小学毕业，我和妻子商量后决定让他回到五十六中读初中。校长把孩子从城里最好的学校转回来，对学校教师和周边群众产生了积极影响，此后生源不断回流。

2003年，合肥五十六中提出把学校建设成为"合肥东南基础教育名校"的办学目标。而邻近安凯汽车制造厂的学校由于企业改制，办学条件多年没有改善，学生数量减少。国家实行企事业剥离政策后，该校整体并入合肥市第五十六中学。

2003年7月28日，召开了两校合并大会。我在讲话中分析了两校合并的积极意义，特别着重稳定教师的思想，强调"现在我们已经是相亲相爱的一家人，五十六中是我们共同的家园"。

> 今天，我们在这里召开合肥五十六中、安凯学校合并大会，两校的合并是根据合肥市政府第149号文件，在区教育局充分论证的基础上，经区政府专门会议讨论通过决定的。合肥五十六中、安凯学校两校具有较强的互补性，且相距较近。两校合并，有利于通过教育资源整合，避免教育资源闲置，提高教育资源利用效益；有利于发挥规模效益和两校优势，为当地群众提供优质的教育服务；有利于学校做大做强，实现"合肥东南基础教育名校"的办学目标。
>
> 两校合并得到包河区委区政府和教育局的高度重视，

多次听取两校领导的汇报，到两校实地考察。两校合并的决定，体现各级领导高瞻远瞩的眼光、果敢决断的魄力、严谨求实的作风。两校合并得到两校领导、教师、家长、学生的理解和支持，大家表现出了高度的历史责任感、大局意识和组织纪律性，令人感佩。在此，我代表学校对为两校合并工作做出贡献的各位同志表示真诚的谢意。

社会在飞速地向前发展变化，这是社会的进步，也是不可抗拒的规律。适应这种变化，是对人的最基本的要求，而推动这种变化，才是时代的骄子。我想，在座的各位学校管理干部和教师，不仅能很快适应两校合并带来的变化，而且，能为推动这种变化向着有利的一面发展做出自己的贡献。

同志们，毛主席曾经说过，我们都是来自五湖四海，为了一个共同的目标，走到一起来了。现在两校115名教师，1200学生走到了一起，就是为了给孩子们一个美好的前程，给家长一个舒心的笑脸，给人民政府一份满意的答卷，就是为了把学校建设成为"合肥东南基础教育名校"的办学目标，就是为打造"学在包河"的教育品牌做出我们的贡献。同时为了每一个合肥五十六中人在这里能实现自己的人生价值，幸福地生活着。

为了实行这一目标，我们必须发扬顶风傲雪的自强精神、坚韧不拔的拼搏精神、众木成林的团结精神、百折不挠的进取精神、广迎四海的开放精神、全心全意的奉献精神。以"学习改变命运，教育改变中国"为己任，以"让每一个学生全面、主动地发展"为宗旨，以"以德立校、以法治校、以名师强校、以科研兴校"为方略。牢记"爱国、民主、科学、奉献"的校训和"爱生、敬业、求真、创新"的教风。当前尤其需要我们有高尚的精神境界、宽广的胸怀、热情的态度和高度的组织纪律性,而绝不允许破坏团结,影响稳定。

两校合并给我们创造了很好的发展机遇,同时我们必须清醒地看到面临的困难和问题,比如教师超编、学科不配套以及年龄结构等问题。小学部生源不足,东区的办学条件还很落后,学校的办学经费将面临暂时困难。区政府、区教育局的领导已注意到这些问题,并表示尽全力予以解决。另一方面,也需要我们开动脑筋,发挥优势,乘势而上,把劣势转化为优势。我想,有各级领导的关怀支持,有全校教职工的共同努力,我们一定能克服暂时的困难。

同志们,现在我已经是一家人了,相亲相爱的一家人,五十六中是我们共同的家园,让我们团结奋斗,乘势而上,再创辉煌!

(三)教学管理上的几个问题

教学管理是学校的基本问题,是个大问题,也是个难问题,更是一个必须解决好的问题,其根本还是人的问题。阳光中学在建校之初提出的教学管理问题,既有一所新建学校在教学管理上从一开始就要规范的内在要求,也体现了改革创新的阳光精神,一些观点借鉴了当时的前沿理念,具有那个时期的烙印。这篇文章是根据我在全体教师会上的讲话内容整理的。

1. 积极改进课堂教学

提高教学质量的有效途径是抓好课堂教学。向45分钟要质量绝不是口号，每个教师要牢记心中并切实行动。加班加点或延长教学时间看似有效，但却会使学生失去学习兴趣，疲于应付，是一种短视行为。因此，全体教师应着力于通过不断改进教学，不断调整自己的教学行为，使课堂教学更加高效和富有针对性。

理论界提出了最近发展区的观点，实践层面上的意思就是个性化教育。教学中要面向全体，积极实施有利于后进生全面提高的"分层教学"。要做到：①备课时分层，把握准教学难度，为好中差学生设置不同的内容；②上课时分层，如内容分配、课堂提问、教师巡视等方面，努力让每个学生都在最近发展区活动，不能让学困生在课堂上无所事事，痛苦地煎熬；③辅导时分层，鼓励面批作业，给学生开"小灶"；④布置作业时分层，设置必做题、选做题；⑤期中和期末考试时分层，设置A、B卷。

充分发挥学生优势互补，切实有效地引导学生开展"合作学习"。每个班级根据学生学习成绩、能力、表现、性别、住址等因素建立4~6人合作学习小组，相对固定下来。学校每学期评比优秀合作小组。

2. 严格遵守教学秩序

教学秩序是严肃而又必须要得到保证的，这是学校完成教学任务和提高教学质量的前提，也是学校实现办学目标的前提。学校的教学安排应得到不折不扣的落实，教学时间内，一切活动应首先考虑维护教学秩序的稳定，全体教师要认真自觉按照学校的课表上课，严禁缺课，严控调课。要做好科学安排，全体教师、教研组、年级组、各处室都应自觉将拟开展的活动纳入学校整体工作安排中，严格履行报批手续。每学期学校开展的活动要统一安排，制成行事历。临时、全校性活动，教务部门要及时向校长室汇报，经同意并做好课程安排后方可开展。学校的教学常规和学生一日常规应得到有效执行，相关部门和同志要加大检查监督力度。

3. 健全教学管理制度

改革教育教学评比方法。教学指导处每学年开展一次学生评教活动，要把自学课堂、有趣课堂、分层教学、合作学习作为指标，其结果作为教师年度考核依据。

建立教学检查报告制度。每个月的教师教学检查（教学指导处执行）、班级一日常规评比（学生发展处执行）形成书面材料在全体教师大会上报告并公布。报告中应分析取得的成绩和存在的问题，点名表扬好人好事，明确下一步措施。

4. 引导学生自我管理

在教学方面，无论是课程的改革还是教学的改革，均需要从过度灌输式和片面追求升学的误区中脱离出来，要让学生的主动性得到真正的发挥。在德育方面，要强化思想教育的针对性和实效性，关键在于学生的自我教育和自我管理的加强。学生的内在需求是学生成长发展的依据，不能揠苗助长，不要包办代替，更不能放弃引导，积极引导学生管理好自己的学习和生活，管理好自己的语言和行为，管理好自己的思想意识。引导学生逐步学会确立目标、自我计划、自我执行、自我小结、自我评价、自我检查。全体教师都应在自己的岗位上，高度重视学生的自我管理并促进学生养成良好的习惯，同时不断探索引导学生自我管理的有效途径和方法。

5. 切实转化后进生

学校的办学理念是"让每一个学生沐浴阳光"。对学校来说，一个学生只是几百、几千分之一，但对一个家庭来说却是全部的希望。后进生不仅在"平均分"上拖后腿，而且会成为学校的不安定因素，影响一大批学生，个别学生的不良行为甚至会败坏学校的声誉。

我们要充分认识后进生问题的严重性和迫切性,后进生转化是教师日常教育教学工作和学校管理工作的重要组成部分,也是提高教学质量的前提。后进生同样享有受教育的权利,转化一个后进生和培养一个优秀生同样有价值。后进生转化要做到"两有":一是"有信心"。树立"两个信心",即教师要树立能教好的信心,学生要树立能学好的信心。要让后进生有进步,有成功感。二是"有事做"。后进生由于"落后",不入"主流",造成没事做。同时对后进同学的点滴进步和闪光点及时给予鼓励和表扬。发挥他们的长处,在班级竞赛等方面发挥作用,培养一项特长,把精力放在他们喜爱的特长上。转化工作的过程要全程记录并建立档案。学校将对转化后进生成效显著的教师给予表彰和奖励。

6. 改进工作作风

作风是能力,也是素质。现在确实存在讲了不做,或做不到位,做事效率不高,效果不好,甚至造成教学事故。我们做任何事情都要有责任心,我们承担的每一项工作都关乎学生的人生命运和学校的生死存亡。要有"止于至善"的境界,努力去做到最好,我们的每一次努力都会使学生和学校得到发展,最终我们自己也会得到发展。要有关注细节的意识和行动,因为细节决定了成败。要有为人师表的品格,学校无小事,处处都育人,我们的每次言行都会对他人产生影响。

(四)五个"一点",提高质量

2011年,合肥市阳光中学建校的第四年,中考放了一个"响炮",位居合肥市前列,获得包河区教育质量突出奖。包河区号称安徽第一城区,而这个奖中学只有三个,所以这个奖含金量很高。这对于阳光中学以美育人的发展道路具有十分重要的意义。区教育局安排我在毕业班工作会议上做经验交流，我发言的主旨是发挥人的作用。

对领导要求要高一点

对领导，特别是对校长要求要高一点，首先就是要"掌好舵"——把握正确的办学方向。几十年的教育实践让我深刻地意识到安全和质量是学校的生命线。没有安全，就不能安心抓教学；没有质量，就不能发展乃至不能生存。我们还意识到教学上的问题往往可以从教育上找到原因，在工作中始终把师生的精神成长放在更加突出的位置。

对领导要求要高一点就是要有清晰的工作思路。我们抓毕业班的工作思路概括为"三从"，即"从快、从严、从优"。"快"，就是时间上要早点谋划，遇到的问题要快速解决；"严"，就是各项工作高标准，严要求；"优"，就是队伍要优化，管理要简化，教学要精准化。

对领导要求要高一点就是要严于律己，做出榜样。本学年我已听课60多节，为了深入了解情况，到一个班担任一个月的班主任。学校领导每人联系一个初三班级，联系2～3名后进学生。学校领导责任大，工作多，但在绩效工资上比教师拿得少。学校领导的积极性主要是来自事业上的成就感。

提升一所学校首先要提升其校园精神，我们倡导"奉献、执着、超越"的阳光精神，我们追求"止于至善"的工作态度，而这一切必须从领导做起。

对老师要好一点

现在做老师不容易，压力大，很辛苦，甚至还有风险。有次，我在会上提出身体第一、家庭第二、工作第三，老师报以热烈的掌声。真心地爱护老师，老师回报的是把工作放在了第一位。

对老师要好一点，在工作上要从严要求，严格是真正的关爱。我们在教师中旗帜鲜明地倡导奉献精神、负责精神和奋斗精神以及高雅文明的课余生活；旗帜鲜明地反对拜金主义，对工作敷衍塞责、不思进取等自由主义倾向，努力形成全体老师专心教学，以教学成绩论英雄的风气。

对老师要好一点，在专业发展上给教师提出明确要求并提供机会。我和老师谈心都要问一句，你下一步准备怎么发展？我们主张培训是最大的福利，在教师培训学习、教科研活动上不遗余力。

对老师要好一点，在生活上给老师无微不至的人文关怀。比如帮助解决教师子女上学问题，适当减轻怀孕教师工作量等。为了营造轻松的办公环境，我们给老师买了鱼缸、绿植，让他们养养鱼，养养花。教师的职业特点是特别需要精神慰藉的，我们每学期开展"感动阳光人物"评选，挖掘教师身上的闪光点并使其发扬光大。很多教师不计报酬、辛勤工作的感人事迹，令人为之动容。

提升教师首先要提升他们的价值追求，我们觉得调动教师积极性主要还是满足他们精神和情感方面的需求。现在学校里有个别教师不干事，想多拿钱，还要说话算数，这样的人多了，教育质量就很难提高。由于现代社会价值的多元化以及人事制度方面的束缚，这样的教师往往难以改变，但必须改变！

对学生关爱要深一点

初中，特别是初三的学生学习很辛苦，而且正处青春期，有着极为复杂、敏感的心灵世界。如果把学生当作学习的机器，效果往往事与愿违。我们对学生的关爱主要体现在阳光教育的基本内涵"生命教育、生活教育和生长教育"三个方面。

对学生关爱要深一点，首先要体现在对学生生命的关照，培养师生对生命的敬畏。现在中学生任意践踏生命的案例比比皆是，触目惊心。因此，学校管理的每个方面都要体现对学生生命的呵护。教师教学的每个行为都要高度关注学生的生命状态，因为只有激发学生的生命活力，才能让他们更主动、更自觉地学习。生命教育的基础是学生的身心健康。目前，心理健康问题已经成为影响学生学业成绩，甚至生命安全的主要诱因。为此，我们有针对性地开展了毕业班学生心理健康辅导。

对学生关爱要深一点，不仅要关注学习，更要关注生活，特别是精神生活。苏霍姆林斯基在《和青年校长的谈话》中有这样的话，"学校集体和家庭的精神生活，是学生顺利学习的极其重要的条件之一"，"上课的质量取决于……学生的家庭和学校的集体生活、课外活动（特别是课外阅读）"。学校不应该只是教师教书、学生读书的地方，而应该成为师生共同生活的精神家园。我们的教育行为只有植根于生活的土壤，才会更为亲切自然，充满活力。教育要延伸到课本之外、课堂之外、学校之外。为此，我们根据学生的身心特点制定了《阳光中学活动课程纲要》，为师生积极健康的校园生活搭建平台。

对学生关爱要深一点，要让学生能够成长并由此感受学习生活的快乐！在教育教学管理和日常教育教学行为过程中要关注每个学生的发展起点（最近发展区）和发展能力取向（多元智能），做到因材施教。这一点尤其要体现在对待后进生的态度上。后进生是影响教育教学质量的一个关键，我们采取的方法主要是促进个性发展和开展个别辅导。

提升学生首先要提升他们的人生目标。我们无法想象，教育如果离开了学生的生命、生活和生长，还有什么生命力，而这一切都和学生的人生目标息息相关，学生的学习积极性或在于此！

向他人学习的态度要诚恳一点

阳光中学是所新建学校，充满活力，但仍在蹒跚学步，必须以开放的心态、谦恭的态度向他人学习。我们主动请教体局的领导来校指导办学；请教育局教研室几乎所有学科的教研员来校把脉毕业班教学，请名师工作室的名师来校具体指导教学；请我区和外区的名教师、合肥师范学院的老师来校听课、评课、上课；我们还专门请来原南园学校副校长赵蓉老师帮助我们抓初三工作；我们还组织老师、班主任到洋思中学、东庐中学、淮南实验中学等地学习交流，也到偏远农村学校五十七中学习教师的吃苦精神。

坚守理想信念要执着一点

最后一点，我想说的是，我们是带着理想来到阳光中学的，现实的教育却太功利了（诚然，我们必须面对现实的教育体制）。但如果没有理想信念，就会没有方向和目标，就不会有追求教育规律、坚持改革创新的勇气，就不会有持久的工作激情和动力，就不能守住清贫，守望未来！

温家宝总理说，一个民族有一些关注天空的人，他们才有希望；一个民族只是关心脚下的事情，那是没有未来的。坚守理想信念，又能面对现实，我们正努力并相信会找到两者的结合点。

（五）学校怎样才能获得持久的生命力

大概是在20世纪末和21世纪初，在世界范围内掀起建设学习组织的热潮。我在五十六中工作的时候对建设学习型学校有过较长时间的思考和实践。我比较认真地读了彼得·圣吉的《第五项修炼》。（这本书对我的管理思想产生过较大影响）事实上，从事学校管理工作以来，我一直在思考这样一个问题——学校怎样才能获得持久的生命力？

1

学校发展是每一位校长的期望，学校怎样才能发展更是让每一位校长殚精竭虑。当今社会最显著的特征就是竞争。据统计，企业的平均寿命只有十年，1970年被列为财富杂志"世界五百强"的大企业到80年代有三分之一销声匿迹。学校呢，不也是"潮起潮落无绝期，花开花谢会有时"吗？因此，让学校获得持久的生命力成了校长们的渴望与梦想。

从学校这一层面看，竞争力体现在哪里呢？办学条件、生源、学校的福利、上级的扶持、名师……认真地分析一下，这些都不是绝对的因素。未来唯一能保持持久竞争优势的是"有能力比你的竞争对手学习得更快"。竞争力的核心就是学习力。如果我们把一所学校比作一棵正在生长的树，学习力就是不断地给这棵树输送养料的树根，所以有人又把学习型组织理论称为"树根理论"。创建学习型学校的目的就是通过学习为学校生存与发展注入持久的生命养料。

然而，现在的教育组织设计很像工厂里的装配线，强调规定、程序、控制、标准化、一致化、反复检验、大量制造。一切由外部严格控制和管理，由外部决定目标、内容、流程、进度、标准。也就是说，学生（甚至是老师、校长）也没有办法自己决定。学校就像一部大机器，一个没有生命的系统，里面的人都只不过是这部大机器里的零件。

学校其实是一个充满生命的系统。我们却把有生命的组织当作没生命的机器来控制，难怪问题重重，越改问题越多！仔细思考我们才能察觉，许多改革的中心思想其实还是属于"控制"，虽然是一种善意的控制。其实任何外在的控制都无法使一个生命充分地成长，就像园丁无法完全控制植物的成长一样，他只能提供适合的环境，让植物顺其自然地成长。如果我们把学校想象成一个花园，而不是一部机器，让学生在其中自然地成长，我们只提供适合的环境与必要的协助，那会是什么样子？工作、学习，不仅是一种事业，更是生命的一种历程。学习型学校的真谛，就是"活出生命的意义"。

2

学习型组织非常重视文化建设，或者说其本身就是一种文化。这种文化具有以下五个方面的内涵。

其一，学习文化。学习不应成为工作之外的一种负担，而应该作为生命的一种需要。提倡"在工作中学习，在学习中工作"，促进教师教育教学实践的改善，教育教学能力的提高，解决教育教学的实际问题。学校应成为最具学习精神、学习能力的场所，而校长应成为全社会最优秀的学习者。

其二，反思文化。每一个学校都或多或少地存在组织智力障碍，如：①局限思考。由于受到专业分工或工作分工的影响，学校成员只关注自己的工作内容，形成局限本位的思考模式。②归罪于外。当工作出现问题时，或任务无法完成时，常归咎于外在原因，而不会先检讨自己。③缺乏整体思考的主动积极。组织领导者常认为应由自己提出解决方案以示负责，所谓"敢做敢当"，而忽略与其他组织成员共同思考解决问题。④专注于个别事件。当组织产生问题时，大家通常只专注于事件或问题本身，而忽略事件或问题其实是经由缓慢、渐进的过程形成的。⑤从经验中学习的错觉。组织中的许多重要决定的结果，往往延续许多年才会出现。因此，组织成员难以从工作经验中学习，我们必须不断地反思消除这些组织智障。

其三，创新文化。鼓励自我超越是学习型组织建设的核心目标。激发学校管理者、教师、学生创新能力和自主发展的能力，鼓励教师自我超越，以适应时代和社会发展的新要求。

其四，快乐文化。关注学校师生员工的生命价值，是学习型组织建设的根本追求。工作、学习不仅是付出，不仅是奉献，同时也是获取，获取自身的成长，获取成功的愉悦，获取生命的价值，获取人生的快乐。"快乐文化"就是要在师生中倡导热爱生活、热爱学习、热爱学校、乐于从教、奉献教育。

其五，团队精神。团队精神来源于共同的目标和价值观，组织成员能坦然相对，自由交流，消除自我防范心理，形成相互激励、相互帮助和共同提高的团队关系。

3

创建学习型组织的理论很多，其中最为人们推崇的是美国管理学家彼得·圣吉以及他的著作《第五项修炼》。这本书对学校管理也有诸多启发。

不断自我超越。这是学校生命力的源泉。具有高度的自我超越意识的教师，能不断扩展他们生命中真正心之所向的能力，以个人追求不断学习为起点，形成学习型学校的学习精神、反思精神、创造精神和团队精神。自我超越的张力越大，教师的学习就越快，工作就越主动，责任心就越强。教师的充分发展，对于学校追求卓越的目标至关重要。可是我们很多学校的管理者和教师都在等待外力实现自我超越，因此学校可以从以下三个方面对教师进行培训：一是开展境界教育；二是从工具性工作观转变到创造性学习观，不能把工作当成换取报酬的工具；三是向极限挑战。学校里很多人总是把不成功归责于学校和环境，事实上责任主要在于自己。最大的问题在于自我设限，总认为"我恐怕不行"或者"我已经尽我最大努力了"。没有最好，只有更好。如果我们现在不去努力，时间留给我们的将是满头白发，两手空空。

改善心智模式。心智模式根深蒂固于每一个人心中，大多数人对自己的心智模式感觉良好，事实上每个人的心智模式都有缺陷。怎样改善心智模式呢？把镜子转向自己，"吾日三省吾身"，开放心灵，容纳别人的想法，以及有效的表达。一个组织或个人要获得成功，第一必须修炼大气度，第二必须学会沟通，第三必须具备良好的3Q心智模式——IQ(智商)、EQ(情商。了解自己的感情吗？能管理自己的感情吗？能控制自己的感情吗？能理解别人的感情吗？能管理好人际关系吗？)、AQ(逆境商)。

建立共同愿景。 过去我们常说，学校的远景规划只是体现少数学校管理者的设想，主要表现物质上的内容，离现在"远"，离教职工"远"。而愿景则是组织成员共同的目标，其核心是具有共同的价值观和使命感。所以，校长的办学理念转化为全校教职工的共识，是学习型组织建设的必要条件。通过学习、讨论，把办学理念转变为自己的认识，转化并落实到自己的教育教学实践中。另外，组织的大愿景来源于个人的愿景和学校组织的愿景，学校在制定办学目标时应该考虑师生的个人愿望和学校各个组织的要求。

强调团队学习。 社会的发展很多工作需要协作完成，学校也是如此。但在学校中，即便每个成员的智商都在一百二十以上，但团队的智商却可能只有其一半。比如开会，为了保护自己，不提没有把握的问题；为了维护团结，不提有分歧性的问题；为了不使人难堪，不提质疑性的问题；为了使大家接受，做出折中性的决定。团队是最佳的学习单位，团队学习的目的就是达到团体智商大于个人智商。团队学习的关键在于深度会谈，学会聆听，用耳、眼、心（耐心、虚心）。

注重系统思考。 第五项修炼指的就是系统思考。为什么不叫五项修炼，而叫第五项修炼？因为在五项修炼中团队学习、改善心智模式是基础，自我超越、建立共同愿景是向上张力，而系统思考是核心，是关键。怎样系统思考？我们在思考问题的时候要防止分割，防止静止，防止表面。避免出现以下几种现象。蝴蝶效应：一只蝴蝶扇动翅膀我们感觉不到，而无数只蝴蝶同时扇动翅膀甚至可以引起旋风，用中国成语来说叫"防微杜渐"；钉子缺与国家灭：一个信使送一封重要的信，因为马掌上的钉子脱落没有发现，导致信没有及时送到，进而导致国家灭亡，也谓"细节决定成败"；Y23定律：事物发展开始的时候变化并不明显，但累积到一定程度的时候会发生急剧变化，也谓"量变到质变"；青蛙效应：给水中的青蛙加温，开始的时候青蛙感觉很舒服，但却慢慢地在安逸中不知不觉地死亡，也谓"生于忧患，死于安乐"。

4

学习型学校要求校长是一个思想家，用系统的方法思考学校的每一项工作；是一个设计师，逐步建立为广大师生认同的愿景；是一部学习的发动机，把组织师生员工学习当成最重要的工作，当然自己也要成为最优秀的学习者；是一个鼓动家，不断地激发师生员工自我超越的愿望；是一个教练，精心指导、协调、改进学校各种组织、个人关系；最重要的是甘心做一位仆人，诚心诚意地为广大师生服务，为教育事业献身。在创办阳光中学过程中，我也一直把建设学习型学校作为学校获得持久动力的途径。

5

建立共同愿景。阳光中学在创建伊始就确立"让每一位学生沐浴阳光"的办学思想，以此作为学校的核心价值观；之后确立"阳光教育，以美育人"的办学方略，以此作为阳光人的共同追求；接着又制定了《学校办学章程》和学校三年发展规划，以此作为学校的行动指南。共同的目标能够凝聚人心，鼓舞干劲。

自我超越。阳光中学的校训是"止于至善"，即要做好事，而且要做到最好；阳光精神是"奉献、执着、超越"；学校对工作有一个挂在嘴上的要求，就是"比上次做得好一点"；通过团队拓展训练，提升教师自我超越的信心和勇气；不断地肯定和赞赏教师和学生的进步，在教育教学奖励中大面积设置进步奖。

改善心智模式。 发挥教代会作用，不断修正组织缺陷；重视民主评议干部和年度考核工作，不是简单地定性，而是使之成为改进与提升自己的途径；倡导写教学反思，不断改进教学方式；开展领导与教师、教师与学生深度会谈活动。

团队学习。 每学期全体教师通读一两本书，撰写心得体会，在全体会上交流；凡是外出参加学习培训，回来都要在全体会上做专题报告；校本培训是团队学习很好的载体，学校高度重视，认真谋划；每次校务会议有一位领导带大家学习他认为很有价值的文章；积极组织教师集体外出学习，回来召开学习心得交流会。

系统思考。 每次开校务会议，每位领导按照紧急和重要程度列出自己过去和将要做的几项工作；学校组织分工以"项目"为抓手，避免条块分割，等等。

现在我着力于学校文化建设和倡导阅读，依然是对这一问题的探索。弹指二十年，路漫漫其修远兮，吾将上下而求索！

（六）班主任的春天何时到来

教育部《中小学班主任工作规定》（以下简称《规定》）颁布以来，在提高对班主任工作重要性的认识和规范班主任工作管理等方面发挥了一定的作用，但随着社会和教育的发展，施行过程中也出现一些问题。

《规定》中明确指出"班主任是中小学的重要岗位，从事班主任工作是中小学教师的重要职责。"但现在不少教师不愿意当班主任，因为班主任工作压力大，任务重，待遇低，所以往往都借故推辞。

即使当了班主任也是因为与评职称等挂钩，或者是学校领导做了工作，盛情难却，不是心甘情愿的。教师不愿担任班主任成了校长头疼的事。

教师基本都承担标准教学工作量，因自身教学任务繁重，担任班主任期间往往不能如《规定》所说"将班主任工作作为主业"。事实上，担任班主任工作的教师，教学和班主任工作都必须是主业，所以，班主任工作特别繁重。

《规定》说"每个班级应当配备一名班主任"，由于学校教师基本是按照"生师比"配备的，所以如果按照《规定》所说"班主任工作量按当地教师标准课时工作量的一半计入教师基本工作量"必然会造成教师缺员。目前班主任大都是承担标准教学工作的同时兼任班主任，超工作量，工作压力大（尤其是安全责任和各种评比），任务繁重，这是教师不愿做班主任的主要原因。

目前如《规定》所说"班主任津贴纳入绩效工资管理"，但绩效工资总量是以教师数为基数的，而教师数是根据学校教学岗位确定的，未考虑班主任工作岗位。

班主任在日常教育教学管理中，对于《规定》中所说的"采取适当方式对学生进行批评教育的权利"把握不准，工作中常出现不敢管理或管过头等现象。

班主任工作缺少专业标准和专业化的培训。对班主任工作的指导、管理、考核、评价等缺少科学的标准和完善的机制。

教育行政部门已注意到在职称评定和表彰奖励等方面体现班主任因素，但力度仍不足以让优秀的教师积极地承担班主任工作。《规定》中"建立科学的班主任工作评价体系和奖惩制度"有待加强。

针对以上情况，我对班主任工作提出如下建议：

提高认识。 我一直这样认为，班主任工作做好了，学校工作基本上就做好了。各级各方面都要进一步提高对班主任工作重要性的认识，通过多种形式提升做班主任工作的获得感、成就感和荣誉感，促使更多优秀教师担任班主任。

增加编制。人事部门在教师队伍建设过程中，应充分考虑《中小学班主任工作规定》中"每个班级应当配备一名班主任"和"班主任工作量按当地教师标准课时工作量的一半计入教师基本工作量"的要求，增加教师编制，这是解决当前班主任工作问题的关键。

提高待遇。人事、财政等部门建立班主任工作岗位的专项津贴，或者在绩效工资中以班级数（班主任数）为基数增大绩效工资总量。

明确权利。规范和细化班主任"适当方式"对学生进行批评教育的权利。同时对监护人的职责也要明确，建立家校调解机制和对学生的惩戒机制，避免产生日益严重的家校纠纷。

加大表彰。教育行政部门和学校出台有关班主任选聘、考核、奖励等配套制度。加大对长期从事班主任工作和做出突出贡献的教师予以表彰奖励，单列"名优班主任"。在年度考核、职称评聘、评优晋级、选拔干部等活动中优先考虑班主任。

建立机制。树立"班主任专业化"理念，建立选聘、培训、考核、评价等规范科学的机制。

班主任的春天就是教育的春天，呼唤中期待有你的声音！

（七）教师节放在哪天为好

一年一度的教师节在幸福与辛苦中就这样过去了。

之所以说幸福，是因为每年教师节来临之际就会有来自四面八方的祝福，对于像我这样"虚荣"而又极容易满足的人来说，幸福感会油然而生。

但是，9月10日，正是开学伊始，学校工作十分繁忙。既然过节就免不了会有慰问、座谈、集会、庆祝、表彰、演出等各种各样的活动，这些活动有的甚至在开学前就要开始准备，在9月10日前陆续展开和完成。每学年开学的前几天又是教育教学工作的关键时期，一点不能马虎。学校领导和教师都是起早带晚，没有歇时，因而造成没有时间参加各种教师节活动，也没有心情分享节日的喜悦。有的老师因为忙不过来或是歇不下来，就口生怨言："不如取消教师节，让我们平平淡淡地过日子。"

于是我就想，如果教师节时间能往后推迟两周就好了！设置教师节当然是有必要、有意义的，但为什么一定要安排在9月10日？上网一查，还真有说法，据说还是官方的：确定9月10日为教师节，是因为在开学之初就开展尊师重教活动，可以创造良好的气氛。

教师节究竟放在哪天最好？既然是给教师过节，最好还是听听教师们的意见。腾讯教育频道曾发起的讨论结果显示，37571人支持教师节修改至9月28日，另外有4875人持否定态度，支持者超过八成以上。看来大家还是希望等忙好开学工作，再来过教师节。

不过，查阅有关资料发现，调整教师节日期的呼吁已由来已久。比如，有专家认为教师节应当是有文化内涵的节日，建议以孔子的诞辰作为教师节日期。经专家推算，孔子诞生于公元前551年的9月28日（也正好在每学年开学的第一个月）。

值得一提的是，如能改到月底，与中秋、国庆假期连在一起，氛围会更好。对教师安排假期生活、缓解开学疲劳也会更加有益。

据说，国务院法制办2013年公布的《教育法律一揽子修订草案（征求意见稿）》中就有把每年9月28日作为教师节的条款。

至于能否放一天假，《全国年节及纪念日放假办法》第五条已明确规定：教师节不放假。但实际情况是，教师因为要坚守教育教学工作岗位而无法参加教师节各种活动，有的学校就自行放假或通过调休来开展教师节活动。同一区域的学校做法各不相同，教师、家长和学生都会有意见。还不如统一规定，放假一天，至少可以调休一天，让教师从从容容、安安心心地过节。

六、优美环境

把学校建成最美最适宜读书的地方。

"把学校建成最美最适宜读书的地方"是我的一个理想，也是阳光中学环境建设的指导思想，是"美的教育"的重要组成部分。学校是师生教书、读书的地方，最适宜读书的地方莫过于"建在图书馆里的学校"；学校又是师生共同生活的地方，应该绿树成荫，富有文化气息，最美的环境莫过于"建在园林里的学校"。

(一)学校建设"八字诀"

学校建筑是教育的重要内容，其特点是基本固化，潜移默化，对师生影响广泛而深远，因此必须精心设计与建造，以求一劳永逸。包河区委书记宁波视察滨湖六校时提出学校建设的原则是"安全、环保、适用、美观"八个字，其本质是"以人为本"。

2014年滨湖六校建设项目启动，包河区教体局让阳光中学代建四川路中学，投资方、设计方、建设方、政府教育主管方以及校方共同完成了一次不同寻常的合作——这就是教育规律与建筑规范的亲密接触和融合，引领学校建设迈上一个新的境界。尽管由于多方面原因还不尽如人意，但在我经历过的数次学校建设中，这次确实迈出了非常宝贵的一步。下面，以阳光中学四川路校区学校建设为例，谈谈心得。

建筑风格

我喜欢古典田园式的建筑风格,觉得那样更能让人静下来读书。我们向设计方提供了被誉为"最中国化"的学校——苏州十中为样本。后来规划部门认为,学校所在滨湖第六单元区域建筑整体是以现代风格为特征的,无论是金融街还是地铁站都极具现代性。而且,四川路中学的设计要考虑与对面的贵阳路小学的一致性。所以,最终确定为现代风格。我们觉得也有道理。其实,风格不是本质,内涵最为重要!

四川路校区建筑形体敦实,多直线条和几何面,整体感觉沉稳、庄重和大气,具有现代感和艺术气质,与对面贵阳路小学的活泼错落相映成趣。在风格上着力体现阳光中学的"美丽阳光"文化。比如在建设后期,据说设计方请了中央美院的专家对色彩进行较大改进,廊柱涂刷成渐变色彩,远远望去,犹如阳光映照,又如绚丽彩虹,亦如艺术彩绘,让人一眼望去就知道这是阳光中学。室内色彩根据学校建议以浅蓝和暖黄为基调,像水一样的亲切,像阳光一样的明丽,给人以智慧灵动和温暖贵气的感受。

平面布局

尽管四川路校区已经占地 5 万平方米,是太湖路校区的 3 倍有余,但相对于 4 万平方米的建筑体量仍然显得局促,这就需要精打细算和谨慎取舍。四川路校区建筑布局由四个单元组成,正好组成"四川"字样。各个教学单元相对独立,并且拥有自己的庭院,所有建筑都有廊道相连,做到分而不割。

我们采用了集中留空方略,运动场、篮球场、主次入口、一楼架空层(约 1000 平方米)连成一片,所以校园显得格外开阔,增加活动空间和通透感,利于人流疏导。运动区都在主干道另一侧,避免对教学区的干扰(在开始的方案中,四个篮球场紧邻教学楼,经过我们提出意见后，移到体育馆北，贵阳路一侧）。

由于每个建筑单体每层都有连廊，每条道路通过架空层通道相连，每个单体的两端都有步梯，南北有两处室外步梯，综合楼还设有电梯。这样，无论你身处哪个位置，都能以最短的距离到达目的地，不会绕行。

单体设计

三幢教学楼各设置20个班，都有教师办公室、合办教室以及开放、宽敞的交流平台，这样三个年级相对独立，缩小管理空间，又避免了相互干扰。尽可能地加大教室空间，加宽廊道。总之，一切都为了生命的舒展，让学生从桎梏中解放出来。

我们坚持要400米的运动场有四个原因，一是基于让学生拥有更多的活动空间。二是因为阳光中学只有一个不到200米的操场，但因为中考有800米跑，每年我们都要租车把九年级学生拉到48中滨湖校区，借用他们的400米运动场找一下感觉，浪费很多精力和财力。三是如今足球运动如火如荼，阳光中学太湖路校区因为条件限制，一直未能跟上全区步伐。四是400米是标准运动场，能够举行高层次赛事。

四川路校区建设的另一个亮点是建有一个标准化的手球馆，建筑面积达2200平方米，应该是合肥市中小学唯一的室内手球馆（也可能是安徽省，无资料可查）。横过来可作两个篮球场，一端有舞台，可举行大型集会，顶部采用自然采光，节能环保。这是为了适应学校手球运动的发展需要，计划在两至三年中举办国家和安徽省级别的手球赛事。

我一直希望学校有一个独立的图书馆，但由于占地面积的限制，图书馆设在综合楼的二层（底层不利于图书保管，太高不利于借阅），全开放式，有1200平方米；以后会向有150米长、近1000

平方米的二楼廊道和交流空间延伸，形成室内外交相辉映、深邃壮阔的阅读空间。和阳光中学太湖路校区一样，学生在校午餐后，可到图书馆，在教师的指导下读书和休憩。

配套设施

为师生提供午餐和课间餐是未来学校的发展方向。四川路校区餐厅建筑面积达2020平方米，后堂面积很大，设有厨房、备餐间、更衣室、洗浴室等，可为全校师生提供午餐和课间餐。餐厅风格极具现代感和青春气息，打造温馨舒适的就餐环境。

在建筑材料的使用上注重安全、环保和品质。厕所的隔板采用高铁列车材料，不仅提升了建筑物的档次，更是着眼于中小学厕所隔板易损坏的问题；廊道地面多用石材，坚实又防滑；机动车停车设有地下车库和地面车位，既考虑停车数量，又兼顾停车方便；自行车停车位根据人群分散在不同区域，节省存放和提取时间。

此外，办公区设置了"生态空间"，南北通透，让人仿佛置身室外，也是紧张的办公会议之余很好的休憩场所；报告厅设置了贵宾接待室和通道；每个教室都留有物品存放区并且预留了空调位置，待日后条件允许安装空调。同时，还设置了卫生室、家长接待室，后勤有仓库，体育馆有洗浴室，舞蹈房有更衣室，行政楼有电梯，建筑入口有盲道……

所有这些都体现了学校不仅是读书的地方，也是生活的地方。

（二）大师，大楼，还要有大树

我一直对校园绿化情有独钟，觉得它在育人中有着不可或缺的重要作用。每次回到曾经工作过的合肥市第五十六中学，看到十几年前栽植的香樟、棕榈都已长成参天大树，紫藤已爬满廊架时，就感到无比欣慰。现在还经常和学生谈及当年校园内一口老井旁的柿子树及当时发生的种种趣事。可惜现在校园因为扩建已经"硬化"

了。到阳光中学工作，乃至参与四川路校区建设，我都极力推崇校园绿化的意义，想方设法多栽一些树。

有天我推辞了一个参观活动，去参加一个绿化会议。一位同行开玩笑说："你也亲自来参会啊？"我也开玩笑说："学校有两件事最重要，一个是买书，一个是种树。"

人要活得好，最基本的一是要有好食物，一是要有好环境。可以说，我们每天都在为这两件事忙碌着，各行各业也都在为这两件事提供产品。学校给学生提供的产品一个是书，是精神食粮；一个是校园环境，种树是其中很重要的一部分。

书，很多人已经说得很多了。但环境，尤其是绿化还没有得到应有的重视。对于学校教育，我觉得与其空洞地说教，还不如种树。

比如，我校在门前栽了一棵银杏树，每天学校师生一进校门，就会看到这株在植物学上被誉为"活化石"的银杏树。我们栽种这棵树更侧重它的象征意义：银杏多果，寓辛勤耕耘，硕果累累；树干挺拔，寓品格正直，积极向上；果实可食用，又可入药治病，寓阳光学子知恩图报。这棵银杏树树形独特，一权枝环抱主干，似母子偎依，我们给它起名叫"母子树"，寓示师生情谊，爱满校园。银杏树春天吐绿，夏天繁茂，秋天金黄，冬天萧瑟，流金岁月，寓示我们要珍惜美好时光。故此园名为"流金园"。我常得意地说这是我们的"镇校之宝"。今年树的叶子格外青翠，我心里总想着这是好兆头！

再如，我校种有很多竹子，刚竹、水竹、紫竹、慈孝竹，等等。竹子，古有"君子"之美誉。古人云："宁可食无肉，不可居无竹。"白居易在《养竹记》中总结竹的品性为"本固""性直""心空""节贞"，其正直挺拔、虚怀若谷、淡泊宁静、洁身自好、宁折不屈的品格已成为我们民族优秀文化的象征，也是现今"为人师者"需要汲取的精神养料。

校园环境建设得好，一年四季你会领略不同的风光，有不同的心境。春天，你可以欣赏桃李，不由得你不奋发；夏天，你可以享受绿荫，不由得你不心静；秋天，你可以品尝果实，不由得你不心满意足；冬天，你可以踏雪寻梅，不由得你不惊喜。种树，其实是在"行不言之教"！

现在，雾霾时常笼罩，"我们不能扭转季节，但可以努力营造局部的春天"，人们都在说"建在图书馆里学校"，我认为，还需要"建在树林里的校园"。人们都比较喜欢豪华气派的装修，但这种没有生命力、冷冰冰的装修，会使我们与自然产生隔膜，让人心变冷。而且很多装修材料会产生有毒气体、造成辐射等二次污染……还不如多栽一些树！

我们对一所学校的记忆，一是遇到了好老师，所谓"大师"，还有就是好环境，其中不乏对树的记忆。比如，一提到武汉大学，我们就会想到樱花，樱花给予武大学子的记忆和影响，不亚于一堂思想教育课吧？！

中国有所著名的学校叫毛坦厂中学，东侧围墙外有棵据说有百年历史的柳树，被称为"神树"。这棵树我见过，虽长在校外，但大部分树枝却伸在校园内，时有家长、学生来此烧香祈福"金榜题名"。当然，这有点迷信，但树的影响可见一斑。

所以，我说，在学校里，大师，大楼，还要有大树！

（三）美丽阳光校园

2012年，包河区举办学校文化建设现场会，全区及外地中小学校长来校参观交流。我按照参观路线，撰写了学校环境文化解说词，供担任讲解员的几位老师参考。

流金园：每天学校师生一进校门，就会看到这棵在植物学上被誉为"活化石"的银杏树，我们栽种这棵树更侧重它的象征意义。银杏多果，寓辛勤耕耘，硕果累累；树干挺拔，寓品格正直，积极向上；果实可食用，又可入药治病，寓阳光学子知恩图报。这棵银杏树树形独特，一杈枝环抱主干，似母子偎依，故又称"母子树"，寓示师生情谊。银杏树春天吐绿，夏天繁茂，秋天金黄，冬天萧瑟，岁月流金，寓示我们要珍惜美好时光。故此园为"流金园"。（学校规划建设八个园区、两个广场）

学校建筑：阳光中学占地 16000 平方米，建筑面积约 11000 平方米，高楼以学校"三风"命名，分别是自育楼、求真楼、尚美楼。自育楼与求真楼之间为梦想广场，这源于校歌中的一句歌词"阳光点燃心中的梦想"。升旗台长 7 米，宽 6.8 米，表示学校 2007 年 6 月 8 日建校。

正衣镜：进入门廊有一面镜子，古人云："以铜为镜，可以正衣冠；以史为镜，可以知兴替；以人为镜，可以明得失。"这面正衣镜时刻提醒阳光人要外塑形象，内塑气质。

校园经典歌曲牌：学校注重对学生艺术鉴赏能力的培养，从清晨到校至下午放学，学校广播定时播放晨间曲、课间曲、中午放学曲、午间阅读曲、下午上课曲、傍晚放学曲，这些中外经典曲目给了孩子们艺术的熏陶。

栀子花：栀子花是我们学校的校花，栀子花的花语是"永恒的爱与约定"。栀子花从冬季开始孕育，直到近夏至才会绽放，含苞期越长，花香越久远。栀子的花洁白芬芳、朴实温润；栀子的叶，也是经年在风霜雪雨中翠绿不凋，蕴含着朴素、美丽、坚韧、醇厚的生命本质。杜甫有诗云："繁枝碧绿雪如花，艳映湖波显贵华。播得芳香倾市醉，亲情润入万千家。"

自育楼：每个班级都有学生自己设计的"班级文化展示窗"，包括师生合影、班风、班训、班徽等，以此展现班级不同的精神风貌。楼梯墙面展示学生活动图片和艺术等方面的作品，体现阳光中学坚持素质教育，促进学生全面发展。班级装饰也是由学生自己动手设计布置，学生很有想象力和创造力，装饰更贴近学生的生活和审美情趣。每学年装饰一次，学校组织评比。学生们在劳动展现了自我，收获着快乐，体现学校倡导学生自我管理和自我教育的教育理念。

求真楼：教师办公室分合有度，年级主任既可以及时与教师们交流，又可以有独立的办公空间，提高办事效率。办公室设计充分考虑了教师的工作特点，比如给每个老师配备一个储物柜，每个办公室都有软包式张贴栏，便于张贴通知。我们学校每个教职工每学期都领养几条鱼，这样在紧张的工作之余，既可放松身心，美化环境，陶冶情操，更可培养爱心、耐心及对生命的关注和呵护。工会在学期末进行检查奖励，我们称之为"鱼缸文化"。教师办公室是经过精心设计的，既要考虑实用，也要符合审美要求。比如玻璃隔板设计，"割而未割，界而未界"。各自既有独立的空间，又是不可分割的整体，便于交流。

秋实园：这里栽种三棵枇杷树、三棵柿子树，秋天到来，硕果累累，寓示学子勤奋学习终能收获成功，教师辛勤耕耘终将结出硕果。旁边配之以波浪形石块，代表教育应汲取水的智慧——宽容、柔韧和灵变。

阳光广场：东南边是阳光广场，三块条石与地面图案组成八九点钟的太阳，寓示学生们的朝气和希望。操场两头有两个小品，分别象征团结、超越的体育精神。

冬蕴园：阳光广场南边栽有雪松、水竹和蜡梅，松竹梅岁寒三友,寓示生命的顽强,经得住挫折。

夏荫园:东边围墙周边栽种众多高大乔木。十年树木,百年树人。待到来年,绿树成荫,在炎炎夏日中为操场上的运动健儿带来清凉。

春华园:漫步于温暖而自然的木栈道,南边一丛丛小叶栀子花,在平凡中吐露芬芳。两丛慈孝竹不断繁衍,寓示要学会感恩。北边的迎春花、樱花、紫薇,争相斗艳,春天到来,万紫千红,寓示美好的青春岁月。圆弧形花池,如波浪起伏,寓示岁月流逝,要惜时如春。

竹韵园:我们学校种有很多竹子,它是我们的校树。竹子有很丰富的、积极的文化内涵,古有"君子"之美誉。古人云:"宁可食无肉,不可居无竹。"白居易在《养竹记》总结竹的品性"本固""性直""心空""节贞",其正直挺拔、虚怀若谷、淡泊宁静、洁身自好、宁折不屈的品格已成为中华民族文化传统的集中体现,也是现今作为教育工作者需要汲取的精神养料。

金色大厅:这个大厅定名为"金色大厅",具有两大基本功能,一是音乐殿堂——建有一个钢琴小屋,供学生在课余时间弹奏。二是将校史搬到室外,易于观瞻,这里有学校发展历史长卷,有学校办学理念(校训、学校宣言等)标牌,有学校荣誉墙,有学校校歌曲谱歌词,有包公故事展示墙……

荣誉墙:这里有一个校牌。我校是世纪阳光花园住宅小区配套学校,2007年6月8日宣布成立,以小区名字将其命名为"合肥市世纪阳光中学"。9月1日正式开学,省教育厅程艺厅长等领导,为学校成立揭牌,后合肥市教育局正式命名为"合肥市阳光中学"。

学校宣言:学校精神文化的集中体现,凝聚着我们阳光教育人的价值追求和教育信念。

阳光之歌：《阳光之歌》是我们的校歌，汪昌兵校长作词，张坦、胡敏两位老师作曲，已由学校合唱团录制成光碟，每天课间在校园播放。学生入学要学唱校歌，毕业时唱校歌表达对母校的怀念。

点石园：寓意点石成金，是教育和教师的职业价值所在。此处规划建设一个雕塑。

科学实验中心：步入尚美楼，一、二层是科学实验中心。有两个物理实验室、两个生化实验室以及仪器室、药品室和准备室。还有一个综合实践教室。每个实验室都挂着责任牌，倡导责任文化，明确责任，增强责任感。

星光休闲书屋：师生午间用餐、休息和学习的地方，也可用作会议和活动场所。整个空间采用蓝、灰、黄学校基本色调，显得庄重大方又活泼温馨。各个功能区错落有致，体现以人为本的设计理念。

艺术教育中心：这里有一个素描、绘画教室，一个手工、书法教室，一个舞蹈教室，一个声乐教室，一个器乐教室。素描、绘画教室打破传统教室格局，为学生营造艺术自由创造的空间。手工书法教室的桌子、柜子都是几何形体构成，富有艺术情趣。器乐教室学校开展"每位学生自学一样乐器"课题的研究，现已开展了八种乐器的学习。学校还组织教师参与自学乐器。我校现有艺术、体育、生物等二十多个社团。声乐教室兼有教学和排练的功能。

学习活动中心：这里有一个图书室、一个阅览室、一个合班教室、一个心理咨询中心（包括个体咨询室、团体活动室和办公室）。学校图书室现有藏书30000多册，人均30多本。为配合学校美育特色的开展而特别设置了美育图书专柜。阅览室木质屋顶，温暖、古朴、自然，让人沉静淡定，感受到知识的博大精深。图书阅览室每天中午对师生开放。心理个体咨询室色调柔和，布置温馨，使咨询者心灵得到放松。心理团体活动室师生开展团体活动场所，现在周四下午学生心理社团开展活动，教师每周五在这里练习瑜伽，放松身心。

空中花园：学校面积小，绿化向空中发展。二楼的空中花园，学生可在这里自学乐器、休闲、下棋、读书、开展小型活动。"爱乐地带"与学校美育特色、艺术教育相契合。空中花园由学生维护。五楼空中花园的主题是"阳光、绿色、生命"，是师生活动、休闲场所，集中体现了学校的文化个性。一是体现了"阳光"，楼顶阳光充足，各种植物在阳光照耀下茁壮成长，绿意葱茏，生命勃发；二是体现美育，师生在这里可以徜徉绿树红花之中，品味自然美，可以写生、演奏，创造艺术美，可以读书、喝茶、聊天，享受生活美；三是体现"自育"办学思想，空中花园由学校生物社团小组养护。

2014年，为推动廉政文化进校园，我们在金色大厅、多功能厅和尚美楼的中间地带建造了清峻园。清者，从水，意纯净透明；峻者，从山，意挺拔峻节。此园清流峻石，刚竹碧莲，鱼翔浅底，琴音相闻。常思古仁人之心，砥砺为人师之德也。清峻园有人工瀑布，与钢琴小屋相映，亦有"高山流水"之寓也。

2015年为推广校园阅读，"制造亲近书的机会"，我们在班级设置图书角，在廊道和公共场所设置一些阅读空间，在阅读教室直接把推荐书目放到桌子上，加一些软座，增一些绿植，摆一些工艺品，让阅读空间温馨舒适。

2016年，我们对学校的环境绿化进行了提升，着力于垂直绿化。除了对校园绿化进行补种，还在两栋楼宇之间的过道建了廊架，栽植紫藤，在走廊外侧悬挂绿植。我国古代书院园林建造中，有种榉树传统，以寓"中举"，意在表达美好的愿望和对学习的激励，我们也在醒目处种了一棵榉树。在李树边上增植了一些桃树，寓桃李满园……

以上种种都是不断挖掘校园环境的文化内涵，发挥环境育人的作用。

(四)学校空间管理

包河区举办以"学校空间管理"为主题的精细化管理现场会有点儿出人意料，细想却是很有必要、很有意义的。近年来，新建、扩建、改建不少校园，各学校面临学校空间设计和管理方面的很多工作任务，而这又恰是我们的短板。而且，教学工作固然是学校的中心工作，但就教学抓教学往往抓不上去，用当前时髦的话来说，我们是不是要从"供给侧"去找原因呢？学校空间管理应该是教育"供给侧"重要的、亟待加强的一面。

今天现场会让我在这里主持"学校空间管理"工作坊，固然在近30年的工作中主持并参与过好几所学校的建设，但更多的是遗憾和反思。特别是这次去香港参访了两所中学和六所小学，更是觉得与之存在很大的差距，需要反思，需要补课。应该说，近些年来，包河区的领导和校长们，在学校建设和空间管理方面有很多有价值的探索，每所学校都建得很漂亮，今天在这里只是把阳光中学作为一个案例，供大家剖析研究。

我们现在都很重视课程，实际上学校空间环境可以看作最重要的课程，这个"课程"具有稳定性和持久性的特点，我在《大师，大楼，还要有大树》一文中说"与其空洞地说教，还不如种树"，富有文化意蕴的校园空间环境每时每刻都在"行不言之教"。

学校空间管理的根本是育人。所以在建设项目立项的时候就要思考，我为什么要设计这个空间，终极答案一定是为了教书育人。然后再思考这个空间怎么设计，终极答案依然是为了教书育人。教书育人有两个基本点：一个是教育的基本规律，这是共性，是我们每所学校都要孜孜追求的；另一个就是每所学校的办学理念和实践，这是个性，是每一所学校的办学特色。所以，我觉得我们做学校空间管理工作，首先是要遵循教育的基本规律，其次就是要把学校的办学理念和办学特色想好。阳光中学太湖路校区为什么要栽种那么多竹子和栀子花，因为"五育并举，德育为首"是教育的一个重要规律，而竹子和栀子花寓含着很丰富的教育内涵。学校空间设计反映了校长对教育的认识和办学个性。我一直认为体育塑造性格，艺术陶冶情操，因此阳光中学在学校空间建设上比较重视体育和艺术，在这两方面不遗余力。我们在四川路校区建有400米标准运动场。近几年手球运动成为学校体育运动的品牌，所以在四川路校区建了手球馆。阳光中学以美育为特色，所以我们强化了学校的艺术空间。另一方面我觉得学校绿化在学校环境建设中非常重要，所以有了垂直绿化，这一点在《大师，大楼，还要有大树》一文中有说明，这里不再赘述。

学校空间建设可以有三个结合，一个是与教学结合，一个是与文化结合，一个是与校园生活结合。比如我校太湖路校区的"流金园"，每天学校师生一进校门，就会看到一株在植物学上被誉为"活化石"的银杏树。阳光中学的植物类型有近百种，这些植物可供生物课教学使用。同时，我们还挖掘这些植物的象征意义，使之富有文化意蕴。校门口的银杏树树形独特，一杈枝环抱主干，似母子偎依，故又称"母子树"，寓示师生情谊。这棵树有四层楼高，树边栽了几棵石榴树，地上铺满四叶草。校园有高大树木、花花草草、满园果树，可以纳凉、采摘，增添了校园的生活情趣。

现在一个普遍现象是重视空间建设，而轻视空间利用和管理。这一点，阳光中学做得也不好，不是不重视，而是做起来很难。当然说到底还是认识不够，学习不够，行动不够。这次参访香港学校感受尤为深刻。香港中小学空间利用得很充分，管理得也很好。香港中小学校园一般都不大，学校建筑平实简单，总体感觉我们不比香港落后，但他们在学校空间利用上显得煞费苦心，管理得井井有条。香港中小学有很多"多功能"用房，不像我们功能单一，造成大部分时间闲置。比如香港的中小学图书馆面积都不大，但空间布置非常精心，利用得非常充分，紧紧围绕"人"和"书"两个核心要素和逻辑起点，不断地寻找沟通两者的有效"支点"。图书馆里一般会有新书推介区、阅读成果展示区、藏书区、自由阅读区、表演展示区、阅读教学区、馆内阅读区、电子阅读区等，有的还有专题展览区、休息区和特藏区，功能十分完备。图书馆的设备很人性化，强调方便、舒适与私密。比如借阅台的高度都是按照不同年龄段的学生设计制作的。我们到一所学校看到墙上的几排木桩，不知道是干什么用的，一问原来是学生挂包包的地方。图书馆也设置无障碍通道，专供残障人士使用。总之，几乎每一个空间都被利用，而且会让你在有某种需要的时候就会有惊喜的发现。对于空间管理，香港中小学重视家长义工和学生志愿者的参与，这不仅是管理的需要，也是教育的需要。

近年，我校也想了一些办法，希望把空间管理好、利用好。比如推行"责任田"，把学校的室内外环境空间"分田到户"，明确承包人，定期督促检查；推行学校领导"巡校"制度，即每天在校园走一圈，填写学校日志，与其他领导共享；在学校招募学生志愿者，让学生参与空间的利用和管理，努力做到校园每一个空间都有人管；对于部分适合学生家长参与管理的空间，比如图书馆，由家长义工和学生志愿者担任；对于特殊时间段和特殊区域安排专人值班。尽管如此，由于多方面原因，这些办法执行得不够到位，有的还不能坚持。

第四章 "美的教育"之思

人是一枝有思想的芦苇

法国思想家帕斯卡尔有一句名言:"人是一枝有思想的芦苇。"人的全部尊严就在于有思想。然而,在当下的环境中,一个普通的人似乎是没有资格说思想的。

但不知从何时起,也不知是什么原因,"美的教育"一直让我思来想去。或许是因为教育、生活和人生都离不开美,叫我如何不想"她",或许是因为"美的教育"需要在不断的思考中得到充实和完善。而且,一个教育者对教育问题的不断思考,也应是"美的教育"的一个特征。

我思故"美"在。

一、教育哲学

天地有大美而不言——庄子。

哲学可以看作一种尺度,其意义在于,从客观事物的本身出发来探究其本质(本源)及其关系。

教育哲学是用哲学的观点和方法来研究教育基本问题,哲学对教育的影响是根本性的。历史上的教育变革无不受到哲学思潮的影响,一所学校的教学哲学支配着办学者的价值追求,影响着学校组织和个体的行为。

美学作为哲学范畴下的一个领域,与教育的融合,给教育带来理性思考和感性体验,"美的教育"本身就是一种教育哲学观。

《庄子·知北游》中有:天地有大美而不言,四时有明法而不议，万物有成理而不说……"美的教育"及其规律是客观存在的，需要我们去思考，去发现，去探索。

(一)活的教育

20世纪八九十年代，应试教育的危害日显，尽管相应地提出了素质教育概念，但从概念到方法都模糊不清。此时，陶行知"活的教育"思想和智慧，给了当时的我很多有益的启示。1998年11月，我撰文论述陶行知的"活的教育"与素质教育的关系。

陶行知说，教育可分为三部：A. 死的教育；B. 不死不活的教育；C. 活的教育。

什么叫作活的教育？陶行知说，"我不容易下定义"，但"活的教育，正像鱼到水里，鸟到树林里一样"，它是"高尚的、完全的、永久的"。"活的教育"在陶行知的心目中是美丽的，也是朦胧的，但从他一生孜孜追求的"生活教育"中，我们可以看到"活的教育"的概貌。他认为"生活教育的特质"应该是"生活的""行动的""大众的""前进的""世界的""有历史联系的"。这和我们现在倡导推行的素质教育是何等的一致！

更难能可贵的是，当我们至今还在为如何推行素质教育而苦苦探索的时候（在相当一部分人那里还要为转变其陈旧的教育观念而磨破嘴皮）。20世纪20年代的陶行知不仅提出了"活的教育"这一鲜活的思想，而且对如何推行，作了明确而形象的剖析。

他说，我们教育儿童，第一步就要承认儿童是活的，要按照儿童的心理进行。比方"儿童爱合群"，"普通儿童之特性，大多富有好奇心"等等。不仅如此，"还有一件最要紧的，教育儿童就要根据儿童的需要的力量为转移"，比如"吃两碗的定要他吃五碗才及格，这一定就要使人生病了"。因此，"教育儿童和承认儿童是活的，首先就要能揣摩儿童的心理"。

既然"活的教育"承认儿童是活的,那么一个教育者怎样才能做到对活的儿童进行活的教育呢?

陶行知认为,"要用活的人教活的人;拿活的东西教活的学生;要拿活的书籍,去教小孩子。"他说,"学生向前进,教员也要向前进,若徒以学生前进而教员不动,或者学生要进而教员反加以阻碍,这可谓之死的人教活的人,不能谓之活的人教活的人。"他认为,"文化进步,是没有止境的,世界环境和物质的变化,也是没有一定的。活的教育,就是要与时俱进。"陶行知痛斥有的人只知道闭着眼睛教死书,而不顾那书适用不适用。他们没有新的东西供给学生,"只是年年爬起来卖旧货!这种教育中的败类,真不知害了多少青年。"

陶行知"活的教育"还包括"活的教育"的方法。他说,新教育的方法应该注意符合目的,依据经验,共同生活,积极设施,注重启发,鼓励自治,全部发育,唤起兴味,责成效率。

陶行知的话让我心惊,让我心痛,让我心急!

我常常感到现在的孩子可怜,他们每天坐在教室七八个小时,不准讲话,不准动弹,张着小嘴巴硬被塞进很多东西。这些东西有的没用,有的不能消化。一回到家里就得做作业,一个"一"字要写两张纸(手写麻了,后面的并不比前面的好)。好不容易盼到双休日,星期六,要补课,星期天,要练功(练书法,学画画,弹钢琴……)。好不容易溜出去玩一会,很快就被揪了回来,被骂"你就知道玩"。他们是装书的机器、挣分的机器、挣面子的机器。

我常常为我们的一些教师感到悲哀。教书,教书,只管教不管学,备课照搬别人的教案,备课笔记一用几十年。上课时,眼睛盯着教本,唯独不看看学生,想想学生。教不好(这是必然),就要求补课(好一个名利双收)。补不好,就说:"这是差生!"于是放之,甚而逐之。上课只需一支粉笔一张嘴，生吞活剥教材，反训斥学生不能融会贯通……不仅不管学生学，也不管自己学，只是"拿从前所学的抄袭过来，传给学生"。一句话，他眼里只有一个"教"字，他的心里只有一个"教"字，他似乎除了教之外，便没有别的本领。除了书之外，便没有别的事教。他的人生职责只是"死教书""教死书"，最后只能落得个"教书死"。

我常常为有些同志推行的"素质教育"感到心急。挂着素质教育的幌子，用的还是过去的法子，配出"应试教育"的方子。或者，不是搞素质教育吗？好！多开几节体育课、美术课、音乐课、劳动课、手工课、计算机课等，谓之全面发展；多搞一些课外活动、参观、访问、郊游，谓之"走出校门"；教材内容减少，难度降低，作业不批（或只批不改），取消考试，谓之减轻学生负担，等等。以为这样就是素质教育了，没有目的，不管效果，热热闹闹，煞是好看。

如果我把现实的教育说成是"不死不活的教育"，很多人肯定要说你在危言耸听。然而，我们确实感到难受。我们背着传统教育的桎梏，又套上"应试教育"的枷锁；我们明确了素质教育的方向，却把握不住它的真正内涵，找寻不到推行它的有效途径；我们以为寻到新的航道，却又回到了老路。我们在痛苦中挣扎。

在这个时刻，陶行知先生的"活的教育"，给了我们很多有益的启示。我想，素质教育应该是"活"的教育，应该是"活"的教师用"活"的方法教"活"的学生。它的本质全在一个"活"字。我在《语文教育要活起来》一文中写道：所谓"活"，在于它符合教育各因素之间内在的运动规律。它是全面的，而不是片面的；它是发展的，而不是静止的；它符合社会发展的需要，也符合人自身发展的规律，特别是每个个体的不同的发展规律。它是对"教育力"的一种解放，它使教育资源得到合理配置,它使教育者感到高尚充实,使受教育者感到愉快满足。它是"动"的、"通"的、"新"的……"活"的意义在于它有永不衰竭的生命力。

"活的教育"与素质教育是息息相通的,同时,它们又都具有鲜明的时代特色。因此,我们不能把"活的教育"等同于素质教育,正确的态度是借鉴。真正意义上的"活的教育"是教育的至高境界,是教育者的共同理想。

探求"活的教育"思想,使我们清醒地看到,现在教育改革的当务之急在于尊重受教育者,遵循教育规律,其核心是提高教师的素质。教师的素质是多方面的,教师素质的提高是一项复杂而艰巨的工程,但最重要的是要让我们的教师有一股活的精神,就像陶行知先生那样"爱国第一,人民第一,创造第一,实践第一,求真第一,奉献第一"。

"捧着一颗心来,不带半根草去。"只要我们有了这样的情怀和决心,就一定能够成就素质教育的大事,一定能使我们的教育成为"活的教育"。

我们相信陶先生说的:"死的教育,我们就索性把它埋下去,没有指望了。不死不活的教育,我们希望它渐渐地趋于活。活的教育,我们希望更活。"

(二)教育的境界与智慧

2009年上半年我参加教育部举办的全国初中校长培训班。有天晚上举行"今天怎样当校长"教育沙龙,我有感而发写了一篇日记,题目叫《提升教育的境界首先要提升人生的境界》。那天晚上,校长们用自己经历的人生故事叙说他们对教育的真情和感悟,大家谈的大都是怎样做人做事,都是做人方面最基本的一些事情。十几年的校长经历,我也深深感受到怎样做教育工作最根本的就是怎样做人!

我确信:人生的境界有多高,教育的境界就有多高,提升教育的境界首先要提升人生的境界。

1

境界是什么?境界是事物呈现出的情况和所达到的程度。我们的教育人生应该呈现什么样的情况,达到什么样的程度,是我们每个人不得不面对和思考的问题。

哲学家冯友兰把人生境界划分为四个等级:自然境界、功利境界、道德境界、天地境界。教师职业的特性要求我们不断超越自然境界、功利境界,进入道德境界,走向天地境界。《易经》里有句很著名的话:"天行健,君子以自强不息;地势坤,君子以厚德载物。"它告诉我们,天地境界应是积极进取,包容万物的境界。"为天地立心,为生民立命,为往世继绝学,为万世开太平",中国教书人历来就有以天下为己任的传统,正因为有了这样的境界,中华民族才能薪火相传,英才辈出。北师大的校训是"学为人师,行为世范",对教师提出了很高的学识和道德要求。然而,这又是我们做好教育工作必须追求的人生境界。我们合肥市阳光中学的校训是"止于至善",就是要求大家做有益的事,而且要做到最好。做人做事如果有了这样的境界,我们的素质才能不断提高,我们的事业才能不断发展。

我的理解是:如果你把教育当作职业,那它只是你谋生的手段,那你处在功利境界(这也无可厚非);如果你把教育当作事业,按照教育规律去做事,坚守信念,无私奉献,那么你就进入很了不起的道德境界了;如果你怀着天地良心,在教育的过程中体验到生命的欢快,如同鸟儿放飞于自然,鱼儿游戏于水中,那你就进入了天地境界。

当然，每个人对教育境界的理解是不同的。在境界提升的生命历程中有很多东西在羁绊着我们，比如享乐主义、拜金主义、个人主义……我认为，如果你要成为一个得到别人尊重、认可的教书人，那么你就必须拥有这样的境界：

教育的境界应该像山那样的高远。教育者不能没有高度，否则你的教育对象只能是个矮子；教育者不能没有远见，否则你的教育对象也会"近视"。

教育的境界应该像山那样的宁静。宁静才能致远，只有静下心来，才能教好书，育好人。

教育的境界应该像山那样的坚定。自然的、功利的东西，无时不在，无处不在地诱惑着我们，守住心中的道德准则，坚定地往前走。既然选择了地平线，留给世界的只能是背影。

"仁"是儒家的最高境界，于是孔子说"仁者乐山"。

2

如果说教育的境界如山，那么教育的智慧就应该似水。

老子说："上善若水，水善利万物而不争。"意思是说，最好的善行就像水的品性一样，泽被万物而不争名利。

水的智慧具体表现在"居善地，心善渊，与善仁，言善信，政善治，事善能，动善时"。意思是说拥有最高善境的人处世要像水那样择善而居，心地要像水那样深沉静默，交友要像水那样相亲相爱，言语要像水那样真诚有信，为政要像水那样井然有序，办事要像水那样发挥所长，行为要像水那样相机而动。

所以"以其善下之，故能为百谷王"。"天下莫柔弱于水，而攻坚强者莫之能胜"。由此可知"不言之教，无为之益也"。

这些古老的智慧对于我们做人，做教育工作有着莫大的启迪。

水的智慧在于宽容。教育部校长培训中心张俊华博士写过一篇文章叫《教育宽容的四种境界》。他在文中说到，宽容是做人的一种美德和处理人际关系的重要原则，也是提升做人文化品格和精神境界的一种范式。宽容是教育的一门艺术、一种智慧、一种信仰和一种境界。

人生拥有宽容的心境是很重要的。宽容是一种理解，宽容是一种尊重，宽容才能共存，宽容才能和谐。我们要宽容他人，有时我们也要宽容自己。人总会犯些错误，宽容自己就是要对自己所做的事进行理性的思考，从宽容自己中，开辟另一条人生之路。人生有一种宽容的心境是很难得的。拥有宽容的心境，就会对生活充满信心，人生道路就会变得更加开阔。

水的智慧在于柔韧，"天下莫柔弱于水，而攻坚强莫之能先"。俗话说：十年树木，百年树人。育人的事业不是一朝一夕可以完成的。育好一个人，需要我们"润物细无声"那样持久的浸润；办好一所学校需要我们有"水滴石穿"般的耐心。

水的智慧在于变化。我们现在做事往往是"习惯成自然"了，教师上课是这样，管理学校也是这样。创新其表现形式就是变化。变化并不等于没有方向，相反水是有自己的原则和方向的，它追求的是顺势而为。在水看来，世上并没有真正意义上的障碍，有的只是不同的途径，所以它总是主动找寻前进的方向。

有人说，教育不是工业，而是农业。这句话说得好。我补充一句："做好农业，关键是水。"毛主席就曾说过，水是农业的命脉。

诸如水的智慧可以说出千千万万，难怪孔子说"智者乐水"。

3

教育境界的提升需要一个过程。王国维在《人间词话》里谈道："古之成大事业，大学问者，必经过三种之境界。"

第一种境界：昨夜西风凋碧树。独上高楼，望尽天涯路。当我们跨进教育大门的时候，我们会有很多不适应，我们会困惑，会孤独，会感到无助。我们会问我的目标在哪？这就是我的理想吗？

第二种境界：衣带渐宽终不悔，为伊消得人憔悴。为了我们心中一直怀有的教育梦想，长期苦行以致心力交瘁，但历尽艰辛仍不言弃！

第三种境界：众里寻他千百度，蓦然回首，那人却在，灯火阑珊处。终有一天，我们会发现自己苦苦追寻的东西原来就在身边。你会顿悟，生命的意义并不在于目标的实现，而在追寻目标的过程。

不管是什么原因，我们既然选择了教书，就应当拥有"会当凌绝顶，一览众山小"的远见卓识，"家事国事天下事，事事关心"的责任意识，"梅花香自苦寒来"的坚韧执着，"润物细无声"的爱心情怀……真正用爱与责任去影响我们的学生，从而拥有伟大崇高的教育境界！

4

教育智慧的获得同样也需要一个过程。

我从事教育工作二十多年了，当过老师、班主任、教研组长、教务员、团委书记、教导主任、校长助理、副校长、校长，也做过教育行政工作。成功的经验和失败的教训都很多，总结起来主要有这样几条：

态度决定一切。所谓态度，一是要有爱心，热爱本职工作。不热爱自己从事的工作是很难受的，是职业倦怠的重要原因。二是要有责任心，学校把工作交给我们，我们就要负责任，没有责任心，工作就会出问题。三是要有进取心，不甘落后，不甘平庸。

学习决定发展。这是我体会最深的，也是在学校讲得最多、做得最多的工作。如果说教师（包括学校管理者）的专业发展是学校发展的关键,那么学习便是促进专业发展的必然之路。读万卷书,行万里路,交天下友,其目的都是学习。

细节决定成败。我们阳光中学的校训是"止于至善",就是要求我们把工作做细。品质的提升主要是细节上的完善。

5

《论语》里有这样一段:"子曰:予欲无言。子贡曰:子如不言,则小子何述焉?子曰:天何言哉?四时行焉,百物生焉,天何言哉?"老子也说"行不言之教"。我是很认同这个观点的,或许这就是教育境界和智慧的真正所在吧!

(三)等待很美

2016年暑假刚开始,有位朋友要请我到一个好地方喝茶,时至今日,三月有余,因为这样那样的原因都未去成。虽未成行,闲暇之余就会想起朋友说的那个好地方,有崇山峻岭,茂林修竹。置身于芳草萋萋之中,午后暖阳之下,清茶一杯,谈笑风生……时间越久,期意越浓,慢慢等待,竟也觉得很美。

信息时代已经让我们感受不到"世界上最遥远的距离了",所谓"鸿雁传书"只在指尖轻轻一点之间,信息就会飞越万水千山。那种"家书抵万金"长久的等待,深沉的相思,急切的期盼,收信时的惊喜,已然不再。有位朋友说,我们已经上了没有车刹的高速列车,想停都停不下来了,全然没有了在等待中慢慢咀嚼的况味和美好。

和整个社会一样,教育也急功近利了。一个著名的伪命题"不能让孩子输在起跑线上",让无数家长迷信而疯狂,各种各样的特长学习排满了孩子们的课余时间。白天黑夜,像打仗一样转战于各个培训班,幼小的孩子竟然也和我们成人一样感叹时光飞逝,不知怎地就长大了。浑然不知"池塘边的榕树上,知了在声声叫着夏天,操场边的秋千上,只有蝴蝶停在上面……"也不会有"一天又一天,一年又一年，盼望长大的童年"的心理感受，金色的童年哪儿去了？

在这种浮躁气氛和急功近利心理的影响下，一些教师也失去了耐心，变得焦躁，想出各种各样的办法强化学习。一些专家更是研究出各种各样的高效学习方法，有的教师就用各种各样野蛮的方式催化学生"茁壮成长"，搞得师生关系紧张，家校关系紧张，师生都苦不堪言，校园里哪还有诗意和远方。

我们学校附近有所规模不大的小学，他们不看重分数，学生成绩报告册里看不到分数，多是行为习惯的分析和评价，他们看重学生的吃、睡、练、读、弹（乐器）。学生们上初中一开始分数普遍不高，家长就抱怨，着急。但后来成绩呼呼地上来了，今年居然出了四所名校的中考状元，其中一位还是合肥市的状元。

我有个学生，她的孩子学习成绩不好，很着急，我让她带给我瞧瞧。我一看就很喜欢这个孩子，聪敏伶俐，喜欢看课外书，还喜欢研究天文地理，但学习不专心，做事毛糙。我对学生说："不着急，这孩子天资不错，还没到拔节的时辰。"在了解一些家庭和孩子情况后，我给她开了个药方，名曰养正——吃富有营养的主食，修端庄整洁的仪表，怀简单高尚的志趣，读有意义的经典好书，交品学兼优的益友。两个月下来孩子的学习成绩已经是名列前茅了。

张文质先生说，教育是慢的艺术。人的成长有其自身的生理节点，每个人成长的方向、方式和节奏也各不相同。人生是一次百年长跑，而不是百米短跑，倘若急功近利，不仅会失去童年，也会失去未来。对孩子的教育既不能拔苗助长，也不能比对统一，无论是家长，还是教师，对于孩子的教育都需要有等待的心态。

等待不仅很重要，而且很美好。静观拔节的姿态，聆听花开的声音，每天进步一点点，每一点都会给我们惊喜。即使是一些"错误"，比如分数低，比如早恋，如果我们有等待的心态，就不会相见成仇，就能够心平气和，领略生命自我完善过程的美妙。

近些年来，我参加了不少关于阅读的活动，比如由谢云、张文质等人发起的"教育行走教师公益研修"活动，香港陈一心基金会资助的合肥市包河区"石头汤读书联盟"等。我和几位有志于阅读推广的校长也组建了一个"心阅四方读书联盟"。我们心里清楚阅读不可能立刻带来"分数"，但我们相信阅读的力量能把我们带进未知的世界。阅读也是心灵的归宿，可以带来情感的慰藉。阅读是一辈子的事，阅读是人生最美的姿态，我们愿意静静等待。

因为，等待很美……

(四) 看教育的三种眼光

2016年10月30日上午，在北京师范大学图书馆报告厅举行了"北京明远教育书院"成立大会暨2016年明远教育论坛。我有幸现场聆听了顾明远先生和日本著名教育专家佐藤学先生围绕"从教到学，学校需要哪些改变"进行的长达一个半小时的高端对话。其中关于教育问题的三种眼光让我印象深刻，对我启发很大。

看教育问题有哪三种眼光呢？佐藤学先生打了一个比喻：一是蚂蚁的眼，看得非常仔细；二是蜻蜓的眼（复眼），从不同的角度去看；三是鸟的眼，飞得高，看得远。这三种眼光，我的理解就是现实的眼光、国际的眼光和历史的眼光。

教育改革的起因往往都是现实问题的逼迫，顾明远先生回忆在20世纪50年代担任中学教导主任时，通过仔细观察，发现了学生学习上一个现实的问题："学生愿意学就学的好；不愿意学，就很难学好。"正是这样一个简单的却又是根本的问题，他结合自己的实际的教学经验，明确提出要把学生放在更重要的位置，学生是教育的客体，但他们是学习的主体。

当前教育的问题很多，解决问题的办法往往又脱离现实。因为我们没有像蚂蚁那样认真地看，仔细地看，没有看到真相，胡乱开药方。还有一点，每所学校、每个班级、每位学生以及每种教育因素的问题是各不相同的，我们更要像蚂蚁那样仔细地看，发现问题的真正所在，寻找有针对性、有效的解决办法。

"只在此山中，云深不知处。"问题往往是在比较中被发现的，好坏也往往是在比较中得到甄别。中国教育需要我们通过"面向世界"发现问题，了解差距，寻找路径。顾先生1974年作为中国代表出席联合国教科文组织第18届大会，发展中国家多提扫除文盲议题，西方国家则提出了"终身学习"理念。如果没有"东张西望"的"复眼"，则看不到我们的差距。即使我们在某些方面有优势，也要看看别人在哪里，在干什么，干得怎么样。不能关门办学，历史的教训是很深刻的。

"站得高，看得远。"这个高度就是历史的高度，这个高度就是哲学的高度，这个高度还是教育者个人的阅历。两位大家通晓人类教育发展的历史进程，不断地从以往的教育理论中汲取营养。顾先生出生于1929年，经历了中国教育发展的不同时期，是当代中国教育的"百科全书"，佐藤学先生熟知世界教育的发展，跑了数千所学校，这些阅历让他们用长镜头、全景式眼光审视当下的教育，进而成为教育进程的向导。

看教育的三种眼光，能给我们从事教育很多有益的启示，最重要的是不能跟风走。当前教育发展日新月异，各种教育思潮风起云涌，各种教育模式眼花缭乱，各种新技术应接不暇，我们就要用三种眼光认真地审视，深沉地思考。一句话：想好了再做！

二、生命价值

只要热爱生命，一切都在意料之中——汪国真。

现实总是不完美的，有时候还会是丑恶的。当教师的生命价值定义为"牺牲"，当一群学生对老师毫无顾忌地群殴，当我们的教育忘记了生命中最需要的东西，当一个年轻的生命消失在春天里……面对这些，我们无奈、痛心，但不能喑哑无语，要发声表态，用行动去改变我们能够改变的。

教育应该让生命更美好，诗人汪国真说："只要热爱生命，一切都在意料之中。"

(一)有感于教师的牺牲

过去，每年的教师节都要召开优秀教师先进事迹报告会。报告会上，报告人自我牺牲的精神令人感动，也令人心痛。每次听完报告心情都很沉重，很压抑。我在思考教师职业的价值是什么，教师的生命状态应该是什么样子的。

2004年，我刚到教育局工作。教师节这天，在安徽大剧院听完合肥市优秀教师先进事迹报告会，我匆忙赶到省立医院住院部看望我五十六中一位同事，她因吐血动了手术。走出医院，我的心情很沉重，我想起了这位年轻的老师曾经在学校运动会上的矫健的步伐，在教室里忙碌的身影。我又想起了今天的报告会上，六位教师的事迹感人至深，他们为了情之所系的教育事业作出了巨大的牺牲——牺牲了健康，牺牲了亲情，牺牲了名利……他们"为有牺牲多壮志"，敢教"教育"换新天的精神境界让我十分地感动和佩服。

回来的路上，我却莫名地怅然。我在思考，我们的教师应该有怎样的形象、怎样的生活、怎样的情感、怎样的追求？难道病魔缠身、憔悴万般就是教师的形象？对不起父母，对不起爱人，对不起孩子，却无怨无悔，就是教师的情感？只有耕耘，莫问收获，就是教师的人生追求？

诚然，爱与奉献是教师职业的需要，我们应该倡导这种高尚的精神追求。但我们确也需要重新审视教师的"牺牲观"，它不应该作为一种追求，更不能作为一种号召——我们的师德教育应该更加富有人性！

"为天地立心，为生民立命，为往圣继绝学，为万世开太平"，社会赋予了教书人崇高而沉重的责任，这就需要全社会来关心教师，让他们能少作一点牺牲，多做一点贡献。日前，合肥市人大常委会副主任何炳章在包河区教师节表彰会上真切地说："我们的教师身体透支太多，请老师们一定要保重身体健康。"在这里，我也想把自己做校长时引用的教师节祝福语送给老师们：

希望每一位教师都有一个健康的身体，吃得香，睡得下；希望每一位教师每天都有一个愉快心情，夜晚有一个甜美的梦境；希望每一位教师爱情如意，家庭幸福；希望每一个教师都能得到人生的最高境界——事业成功，并能从平凡的工作中获得幸福的体验；希望每一位教师走在大街上都能扬眉吐气，真正为自己的职业而自豪，并由此而使自己的每一天都是快乐的教师节……

(二)让生命焕发出光彩

教育对生命的关注是社会进步的表现，或者也可以说是残酷现实的逼迫。近些年来，青少年残害生命事件屡见不鲜，自杀轻生事件时有报道，生命当中阴暗的东西像潘多拉的盒子一样被打开。

2014年9月1日，新的学期又开始了。那几天我一直在想开学典礼我该讲些什么？很长一段时间以来，我的脑海中一直萦绕着关于生命的一系列问题：生命的本质、生命的价值、生命中的痛苦与欢乐、生命的承载与解脱……于是我讲了关于生命的话题。

一提到生命，我就会想到在我的生命历程中，无数次激励过我的那段名言："人最宝贵的是生命，生命属于人只有一次。人的一生应当这样度过：当他回首往事时，不会因虚度年华而悔恨，也不会因碌碌无为而羞耻。这样，临终前他就可以自豪地说：'我已经把自己整个生命和全部精力都献给了世界上最壮丽的事业——为人类的解放而奋斗。'"

我想，人生的本质就是要让生活更美好，让生命更有价值！

今天，我们站在这里，每个人都在感受着生命脉搏的跳动，我们的生命沐浴着自然的恩泽、亲情的恩泽、社会的恩泽，我们的生命同样承载着生命自身获得快乐的希望、家庭的希望、社会的希望。珍爱生命我们才能体验到快乐，珍爱生命我们才能感恩，珍爱生命我们才能有希望！

然而，生命又是如此的脆弱，不良的心态、习惯总是在悄悄地侵蚀生命的健康，甚至刹那间的冲动会摧残生命，乃至失去生命！

因此，我们的教育应该更加关注师生员工的生命状态，我们的教育就是要让生命焕发出光彩，从而能使我们快乐地感受到：活着真好！

所以，今天，新的学期，我给大家的祝福和希望是：让我们活得更健康，更快乐，更光彩！

（三）教师尊严与民族希望

这两天看到两则消息，闷了很长时间，心痛得难受，堵得难受。

一则是：某职业中专发生了惊人的一跪。该校男生公寓的寝管老师，在学生家长的逼迫下，经学校领导做工作，由校级领导带领，夫妻双双下跪，向学生家长"谢罪"。原因是两天前，男生公寓一名学生，因不满公寓管理而跳楼自杀。（微信公众号"八点语录"）

另一则是：据《安徽商报》消息，2016年4月15日，某中学的晚自习期间，该校初中一班级的老师要学生们交试卷，但几名学生不仅不交卷，反而对老师进行辱骂和殴打。（《中国教育报》官方微信）

在扼腕痛惜的同时，我不由得深思和追问：这社会怎么了？有网友说：令人心寒的一跪，跪出了中国教育的悲哀。这何止是教育的悲哀，更是整个民族的悲哀。这也许只是个别现象，不是社会主流，但却反映了社会上的一部分人对教育的一种轻视，对教师的一种蔑视，反映了教师普遍存在的心态：没有安全感和尊严感！有网友说，当师道没有了尊严，当讲台不再神圣，当教育可以随意践踏，蒙羞的是知识，是文化，随水流去的则将是一个民族的未来！

教师的尊严来自于教师职业本身在社会分工系统中的地位，也来自于教师自身的道德、学识和修养上的不断提升。教师工作的性质必须使教师享有尊严，否则，教育行为无法进行。如果教师长期没有获得应有的尊严，那么，一方面社会会逐步在心理上矮化教师的价值，另一方面教师也会逐步放弃追求，放松自律。当这两方面相互交织，恶性循环，形成负面的心态和行为，必然会导致极端的悲剧发生。

应该说，我们国家在大政方针上已经确立了教育和教师的崇高地位，但实际上并没有达到。很多优秀毕业生不愿报考师范学校和从事教师职业，国家还需要通过免学费来鼓励。

还有，现在校园安全成了悬在教育工作者头上的一把利剑，教师整天战战兢兢地过日子。由于责任主体、责任边界、社会舆论和处理事件的习惯性偏差，导致很多教育活动该做的不敢做，该管的不敢管，长此以往教育将不成教育！

国将兴，必贵师而重傅；国将衰，必轻师而贱傅。所以，一方面我们要对教师提出高要求，另一方面我们要给教师高地位。让教师有尊严地活着，这不是小事，是关乎民族兴衰的大事。

这两件事目前已产生较大的社会反响，所以处理一定要慎重，事实真相及处理结果也要告之于众。要基于正义的价值，形成正确的导向，让不幸不再发生，把不幸扭转为社会进步有意义的推动力量！

（四）生命中最需要的

早就知道合肥市包河区有几所最美的乡村学校，但一直没有去过。直到 6 月 17 日应合肥市青年路小学徐翠银校长的约请，去参加她们鲍岗校区六年级学生的毕业活动，才得以亲见。

鲍岗地处高楼林立的滨湖新区西南，虽然离金融街南端只有二三里地，但城市和乡村泾渭分明。从云谷路向西行驶不远再往南一拐就进入了乡村水泥路，两旁都是田野岗地，不久就会看见一大片杨树林。车子在树林边停下来后，才发现旁边掩映在树木之中的学校。

学校大门正对着茂密的树林。当天气温是 33℃，早晨出门的时候被毒花花的太阳晒得浑身冒汗，但这里却很凉爽，空气很清新，站在树荫下禁不住大口地吸气。迎接我们的鲍校长说，早晨的时候他会组织学生到树林里早读。试想晨曦映照，鸟鸣声声，书声琅琅，多么富有朝气的画面啊！

一进校门就看见一畦畦菜地，收拾得停停当当。西红柿长得肥嘟嘟，红彤彤的；还有黄瓜，看上去非常青翠，咬一口一定甜脆；地上还有"地菜皮"，这种藻类植物需要在湿润、无污染的环境下才能生长；还有紫色的茄子、红色的辣椒、挂在竹竿上油绿的四季豆……几乎应有尽有！

第四章 "美的教育"之思

徐校长告诉我说，这个菜园地是学校老师和学生一起打理的，平时学校还组织师生参加插秧、割稻子等农活，这里的老师和学生对菜园和农田特别有感情，干起活来也特别有感觉，和城里的孩子陶醉在舒缓的音乐中跳着芭蕾一样，得知于心，应之于手！

菜园地的旁边是一片开得很艳丽的格桑花，藏语里"格桑"是幸福的意思。这里孩子是幸福的，他们在菜园地里捉迷藏，在墙根下面玩倒立，脸红扑扑的，身体很健康。一脸的纯真，可见心理也很健康。这里的老师也是幸福的，没有呛人的雾霾和刺耳的喧嚣，每天都能吃上新鲜的蔬菜，与朴实的孩子们相伴，好多来支教的老师来了就不想走了。听说有位女教师在城里好几年都怀不上孩子，后来到这里来支教，很快就有了，这就是大自然对自己的孩子——人类最贴心的疼爱和呵护！

看到这一切，我很是感慨。今天我本来应《新安晚报》的刘高伟君之约去侯店小学参加"绿色校园联盟论坛"的，据说这所学校边上有个生态园，孩子们经常去体验农村生活。我一直鼓吹呼吁中小学生应该掌握一些基本的生活技能，这不仅因为我在农村长大，对农村有感情，而是我觉得农业生产是人类最基本的生存需要，生活技能更是我们生活所必需的。

我在华东师范大学学习的时候，解放军艺术学院周荫昌教授给我们讲了一个故事，至今难忘。他说，"文化大革命"期间，他被流放到一个林场干活，没有房子住，他就拿起斧头、锯子自己盖房子。看到盖好的小木屋，他就想起了在小学二年级时候（应该是在民国时期）的一位老师曾给他们开设的木工课。周教授说，这位老师是他一生中最感激的，让他在最艰难的时候能有活下去的本领，这是他生命中最需要的。

现在的孩子大都衣来伸手，饭来张口，什么都不想做，什么都不会做。一位化学老师对我说，有个学生做实验，不敢擦火柴，因为她从来没有擦过火柴。擦火柴时，手直抖，居然吓哭了。这些孩子以后该怎样独立生活，又怎能经得起生活的风风雨雨呢？真是令人担忧！现在中小学有很多投入巨大的各种活动和"研究项目"，在各种大赛上可谓光彩夺目，却很少考虑教孩子们一些基本的生活技能，这笔债总有一天要还的。

生命中最需要的是什么呢？现在，科技发展日新月异，不断地改变我们的生活，我们似乎离不开手机，离不开汽车，离不开空调……事实上，这些我们都可以不要，但我们却不能不会种植庄稼，烧饭做菜，不能不会纺棉织布，遮羞御寒，不能不会锯木盖瓦，搭建栖身之所……这些，才是我们生命最需要的！

回来的时候，我问同车一位搞建筑设计的朋友，我们国家的城市建设和国外有何不同。她说，国外往往着眼于保护，把很多古老的村庄完整地保存下来，这是一代代人情感的纽带，也是他们的文化自信。而我们现在却喜欢大拆大建，搞得全国各地基本都是一个样子。割断了历史，我们就不知道在哪里了。

根据目前建设的速度，鲍岗小学不久也会被拆掉了。那片树林，那片菜地，那摇曳的幸福之花——格桑花，以及老师们呼吸新鲜空气时的畅快，孩子们在树林里的欢笑都会随之消失……

能否把这块地保留下来作为青少年生活实践基地？我们心中充满着快乐的遐想和沉重的疑虑。据了解，在北京、上海、杭州等地已经重视并且建立起各种类型的生活实践基地了。合肥也开始研讨了，我们打算在四川路校区开设生活技能课程。但学校毕竟条件有限，建立区域性青少年校外生活实践基地应该是效果最好、性价比最高的选项。

希望能早日见到这样的基地，孩子们在那里体验、学习最基本的生产、生活技能。我相信这些一定会让孩子们终身受益，孩子们也一定会记住，会感激的。因为这是他们生命中最需要的！

（五）春天的悼念

昨天还是春意盎然，温暖得让人不适应，甚至要穿上夏装，今天就陡然降温。在妻子的一再要求下，我又换上了冬装。一出门就打了一个寒战，这天真冷啊！到了学校，走廊上的绿植被前些日子的一股寒流打蔫了，看上去毫无生机。

微信里突然有人发来这样一则消息：2017年2月14日（情人节）的夜晚，合肥某知名高中的一名高二学生下自习离校后，深夜未回，学校老师们四处寻找未果。2月15日，在合肥政务区匡河小树林里发现一男孩死亡。经证实，正是这名走失的高二学生。

青春是这样脆弱，脆弱得一点风吹草动就会被压垮。一个鲜活的生命就这样消失了，我们悲伤、惋惜、沉思、警醒，抑或还有无奈。

班主任深情撰文，哀悼孩子没有熬过"生命的寒冬"。生命注定是会有寒冬的，犹如一年四季，冬去春来。即使是春天，也会有寒流。但是，我们的孩子却不知道怎样度过"生命的寒冬"。在孩子们遭遇"生命的寒冬"的时候，我们给了他们多少生命的温度？正如班主任所说："也许，一个笑容、一个拥抱、一点理解和尊重，我们都可以紧紧拉住孩子们的手。"

我注意到，这名学生因患有心肌炎休学后刚刚复学，或许这是他"生命的寒冬"的一部分。疾病对生命的折磨，正常人很难体会，也很难理解。就像我们不能理解多病的林黛玉，她"眼中能有多少泪珠儿，怎禁得秋流到冬尽，春流到夏"。谁不喜欢美丽的鲜花，谁又会在意那些枯萎的小草？

一位学生在留言中这样写道："我今年刚上高一，觉得高中生活无论是学习还是精神上都很累,也想过放弃……"还有多少人也有这样的念头,我们在青春年少的时候是否也有过这样的念头?青春的生命里不仅有学习的压力,也会有情感上的迷茫,也可能遭遇校园暴力的欺凌,还有生理缺陷、家庭变故、留守儿童等问题,这些都会给孩子的生命带来创伤。青春并不都是幸福得像花儿一样,春天也会有暴风雪。

我们会不自觉地追问,那个晚上到底发生了什么?夺走孩子"生命的寒冬"是怎么一步一步形成的?我们是不是已经习惯了"寒冬"的存在,甚至还是"寒流天气"的始作俑者?

能否度过"生命的寒冬"最终取决于生命自身的坚强,我们应该让孩子有这样的认知:生命是至高无上的,没有什么比生命更重要。一位网友说:"你都可以选择死亡,还有什么可怕的?"我们还要让孩子有这样的认知:生命不仅属于自己,还属于家人和社会。从某种意义上说,我们没有对生命的自决权。

一个生命的离去如能真正唤起我们对生命给予更多的关注、更高的敬畏,也是给活着的人们带来一点沉痛的价值。可能大家会无奈地说:"我做不了什么。"是的,或许我们不能改变"生命的寒冬",但我们可以"营造局部的春天"。

下午正好召开毕业班家长会,我走进九(1)班对家长们说:"临近毕业,我们更加关注孩子的学业成绩,这可以理解。但教育最根本的任务是生命的健康成长,没有生命的健康成长最终也不会有好的学业,更不会有好的人生。在这样的时刻,我们更要多多关注孩子们的身体和心理状况,多陪伴孩子,多听听孩子的倾诉……"

在几年前的一次开学典礼中我这样说道:

> 我们站在这里(操场上),每个人都能感受到生命脉搏的跳动,我们的生命沐浴着自然的恩泽、亲情的恩泽、社

会的恩泽，我们的生命同样承载着获得自己的希望、家庭的希望、社会的希望。珍爱生命我们才能体验到快乐，珍爱生命我们才能感恩，珍爱生命我们才能有希望！诗人汪国真说，只要热爱生命，一切都在意料之中。

我们的教育应该更加关注师生员工的生命状态，我们的教育就是要让生命焕发出光彩，从而能使我们快乐地感受到：活着真好！

三、青春意义

青春是播种的季节。

青春是人生的春天，春天是播种的季节。在青春时节播什么样的种子，大家的想法却是不一致的。由于升学的压力，家长和老师都很关注学生的学业成绩，我觉得没有什么比让进入青春期的孩子了解身体的变化、懂得青春的意义、正确处理萌动的情感更重要的了。而我们的孩子往往会在这个阶段出事，走了弯路，甚至是绝路。我总是提心吊胆，总是利用一切机会对孩子们讲"青春的意义"。

青春是播种的季节，播种广博知识、强健体魄、美丽心灵、醇厚品德、坚忍意志、开放胸怀……

（一）初中这三年

一位家长到学校咨询孩子上学的事，要我对她快小学毕业的孩子讲几句话，于是我写了这封信。

> 小晖同学：
> 你好！前几天，你和妈妈一起来阳光中学咨询上学的事，看得出你是一个聪明、懂事、有上进心的孩子，我也

看出你的兴奋和紧张，对即将到来的初中生活很向往，但也很迷茫，是吗？

如果把人的一生看成是一次登山，整个路程有一百里左右，你大概已走过十二里路了。不知不觉中，你长大了，你对很多事有了自己的想法，就是我们大人讲的"思想"。世界那么大，你想去看看。可是，即将到来的初中生活到底是什么样子，该怎样走，你心里没底。

和你一样，在很久很久以前，我也在这条路上走过。后来，就到这条路上来当志愿者，现在已经有三十年了，专门等着你们来问路呢。嘿，你就来了！今天先跟你说说这条路的大概情况。

初中是人生道路当中最关键的一段，和其他同龄人一样，你的身体和心理会发生奇妙的，也是正常的变化，这就是"青春期"。我觉得过好"青春期"是初中生活的头等大事。怎样才能过好青春期呢，我会在以后专门和你交流讨论的。

初中是人一生中接受力和记忆力最强的时期。我们准备了丰盛，也是登山必备的"主食"，有语文、数学、英语、思想品德、历史、地理、物理、化学、体育、音乐、美术、信息技术等。是不是有点多？可我觉得还不够你们吃，你们的胃口会变得很大，消化能力也很强。所以，还准备了一些你们喜欢吃的小点心，如篮球、手球、唱歌、乐器、科技创新、森林课堂等，由你们自己选。还会有一些临时加餐，像军训、运动会、艺术节、远足等。我猜想这些你一定会喜欢的。

初中是一次充满挑战的"青春旅行"。大概你也听说了，三年后要进行一次，也是你人生第一次全面的、严格的"体检"。根据你的体力、能力和对好坏判断能力编入不同的团队，选择不同的道路。这条路比你过去走的路陡且险，你身上背的东西也比过去多且重，唯有意志坚忍，才能到达终点！

现在，我要特别告诉你的是，初中也是人生道路当中最危险的一段。这条路岔路很多，一不小心就会迷路。这条路有各种各样好看的花草，但是，有的花草是有毒的，你们往往很难辨别。所以上山之前，你一定要认真阅读上山指南。以后每周的升旗仪式我们也会及时告诉你们一些注意事项，碰到难以解决的困难和问题一定要告诉老师和爸爸妈妈！

不过，这些你都不要害怕，每一年，我们"美丽阳光团"会有三百多名队员和你一起出发，有80多名和我一样的志愿者给你们提供各种各样的帮助，我们爬山的工具都是现代化的（今天你看到了一小部分）。更重要的是，你会在不断的磨炼中变得越来越强大和有力。小晖同学，有没有信心？"有！"——我好像听到你响亮的回应了。

"青春是生命的春天，青春又是一本太仓促的书。"珍惜青春，莫负春光，从现在开始，每天前进一点点，就一定能登上理想之巅！

今天就跟你说这么多了，还有很多上山秘籍，我会一步一步告诉你的。现在，你要安心地走好小学最后几个月的路。最后，祝你圆满完成小学学业，我在阳光中学等着你的到来！

阳光向导001号
2016年3月14日

(二)青春的含义

在 2017 年的开学典礼上,我对全体师生说:

今天想和大家聊聊"青春"这个话题。尽管这个话题有点老套,每个人都会说出一大堆道理来。但有多少走过青春的人可以说"我没有辜负过青春"? 有多少正值青春年华的人,真正懂得青春的意义?

如果把人的一生看作是一年四季,那么青春无疑就是人生的春天了。

立春过后,天气逐渐回暖,我们尽可以去享受春天,迷恋春光,做着美梦,然而大自然赋予春天的意义却是播种和耕耘。

生物学告诉我们,万物的生长都需要适宜的温度,这是大自然馈赠给我们春天的本意。"天意"难违,没有播种与耕耘就没有花开,更不会有果实,你的美梦最终只是黄粱一梦。那么,在这个季节我们每一个人都要问问自己,我播种了吗? 耕耘了吗?

青春常会迷茫,因为春天是妖娆的,妖娆得"乱花渐欲迷人眼"。你会在百花争艳中不知所措,你会迷醉于花香,忘却了播种与耕耘。懒洋洋的什么事也不想做,每天睡意沉沉,迷迷糊糊。

在青春时节你还会对异性有一种萌动,朦朦胧胧的,让你不知所措,这也是正常的生理和心理现象,也是"天意"。但是生物学、心理学和社会学告诉我们,这种懵懵懂懂的情感还不成熟,不能采摘。你不要紧张,也不能沉沦。青春的意义应该在于把这样一种最美好的情愫深藏于心，化作实现人生理想的力量，这才是伟大的情感，美好就在这里。

春天也会有寒流，这是个多变的季节，就像我们面临的世界一样。我们的一生中有谁不会遇到风雨挫折？如果你迷茫过，失败过，不要紧，生命的春天可以再来，就从你奋发的那一天开始。

今天这些话，主要是讲给九年级的同学们的。我们经常说不忘初心，还记得你们刚进入学校时的心愿和誓言吗？人生的道路是漫长的，但关键就那么几步。你们初中学习生涯所剩不多了，到了最关键的几步了。这几步可能出现奇迹，也可能功亏一篑。我年轻的朋友们，我期待着你们青春的梦想在及时播种和辛勤耕耘中绽放出美丽阳光。

我也想和老师们说几句。青春是一个相对的概念，我经常听到一些三四十岁的人说我老了，我年轻的时候怎样怎样。可在我的眼里，三四十岁是多么美好的年华啊，我是多么羡慕你们啊！我经常想，如果能回到三四十岁我会怎样地去珍惜。然而岁月不在，唯有对过去的虚度和无知而后悔。塞涅卡说，青春不是人生的一段时期，而是心灵的一种状态。如果你孜孜于播种与耕耘，人生的每个时节都会散发青春的魅力。

四季有更替，人生无轮回，青春是短暂的。"如果说青春也是有缺点的，那就是它消逝得太快"了。我们总是感觉不到青春正在消逝，当你感觉到了，青春已经消逝。

让我们莫负春光，莫负青春，在播种的时候播种，在耕耘的时候耕耘，从而让自己人生四季的每一个时节都是绚烂多彩的春天。

(三)什么是洪荒之力

2016年9月1日，开学第一天，我早晨七点一刻到校，远远地听见从学校传来那首深情、激越的 Memory。按照惯例，开学第一天在学校大门迎接师生。九时许，四川路校区的141名学生列队而至，悄无声息，秩序井然。经过几天的入学教育，孩子们的进步真不小。北京中科云巢科技信息公司李宏宇总裁来了，他是我邀请参加开学典礼的嘉宾，也是我的第一届学生。

典礼开始，升旗仪式、两个校区的学生代表讲话、全体师生宣誓、李宏宇励志演讲、篮球队颁奖和手球队授勋……以下是我的开学典礼讲话。

今年的开学典礼和过去相比有所不同，就在我们操场上站着536名新生，包括141名四川路校区的阳光学子，还有今年来到我校工作的18名新教师。看到这样的场面，我想起很多。

9年前的今天，在这个操场上站着256位阳光中学的第一届学生和17位第一批老师。从此，在这块土地上就埋下了阳光的种子，在我们的性格中里就有了一种阳光精神，在我们的感情中就有了一份阳光情结，在我们的血液里有了一种阳光基因，在我们的心里也多了一份责任。那就是你们的一言一行，不仅代表自己，也代表整个阳光中学。9年来，阳光人正是以"止于至善"的价值追求，以"奉献、执着、超越"的阳光精神，成就了一个"大阳光"（阳光学子在网络上的自称）！

四川路中学作为合肥市阳光中学分校,既是对学校办学业绩的肯定,也有利于两个校区优势互补,共生发展,共创辉煌。我要对四川路的师生说,你们的根在这里,这里也是你们的家,你们也是这里的主人。现在,四川路校区的师生暂居在四十六中南校区,每一个人都要有阳光意识,不给阳光丢脸,只为阳光增光。你们要手拉着手,心贴着心,不抛弃,不放弃,一起走向新校区!

29年前的今天,李宏宇先生也如你们一样站在合肥市五十六中的泥巴操场上。他今天之所以能够成为我国IT行业的精英,是因为他有志向,是因为他能坚持,还因为他有个性。现在我们经常错误地理解个性,以为个性就是搞怪言行,就是故作惊人之语,就是和你"左"着来,你让我朝东我偏往西,就像阿凡提的那头小毛驴。而我以为所谓的个性就是我的志向比你远大,我的意志比你坚强,我追求的价值比你好,最后我对社会的贡献比你大。真正的个性是拥有向上的力量!

陈单就是一位有个性的老师。两年前她来学校应聘,对我们说:"给我两年时间,我给你们一个冠军。"当时我们面面相觑,很是怀疑。但是现在她做到了,这背后浸透了她多少眼泪和汗水啊!我刚刚收到了我校刚毕业的才女郭卫冉父亲的信息,他说:"郭卫冉是从阳光走出去的。目前,她一路阳光,有幸考入了八中的实验班,还被选为班长,这很令我们感到意外。我们非常感激阳光中学的领导和老师们对郭卫冉的栽培与照顾,我认为阳光中学迟早会成为教育行业的翘楚。"这才是阳光人的个性、阳光的力量啊!

10天前,我从清华参加培训回来,心里就装着四个字,这四个字刻在清华大学古建筑群的日晷上。这四个字就是"行胜于言",就是让行动说话,让成绩说话。行动才有力量,到下个学期开学典礼的时候,我们每个人都问一问自己,这个学期我做了什么?

　　现在,网络上有个热词叫"洪荒之力"。今天,我在七(1)班教室黑板上看到了一句话:"什么是洪荒之力?不过是勤奋、坚持和向上的力量!"是啊,阳光中学的发展、李宏宇的成功、手球队的夺冠、郭卫冉的成绩正是因为有这样的一种力量。

　　各位老师、同学,在新的学期,朝着一个有价值的目标,发出你的洪荒之力吧!

(四)守望青春

　　给孩子最好的教育,这是每个父母的愿望,每个人对"最好的教育"理解也不相同。当我们面对悄然走进青春岁月的孩子时,家长会感觉到越来越无能为力。在这样的一个特殊而又重要的时期,我们怎样才能做一个合格的青春守望者。在四川路校区的一次家长会上,我和家长们聊了这个话题。

　　各位乡亲,请允许我这样称呼你们,因为阳光中学四川路校区正好覆盖我外婆家的村庄。小时候我在这里生活过,吃过"百家饭",叙起来说不准我们还是亲戚。这次上级要我到这里来办学正好成全了我的反哺之愿。

　　应该说,孩子们是幸运的。你们把祖祖辈辈生活的土地让出来给国家搞建设,国家也是想尽办法让你们的孩子享受最好的教育。就拿阳光中学四川路校区来说,仅土地就价值十几亿元,还有四万平方米的建筑，建筑材料不仅高档而且都是经过环评检测的，比如卫生间的隔断就是和高铁列车上的材料一模一样的。

新建成的六所学校都由城里的名校来办，阳光中学四川路校区将汲取阳光精华，发挥新校优势。追求高起点、高品位、高质量办学。实行小班化、走班制教学，与高考对接、与国际接轨。以最先进的办学理念，最强大的名师队伍，打造滨湖新区又一亮丽的教育品牌！

今年来到四川路校区工作的教师有20位，具有硕士学位的有6位，市区两级骨干教师有14位，占了70%，6个新招考的老师也是百里挑一。没有金刚钻，我们也不会来揽这个瓷器活。我们的目标是不仅要让孩子们考出高分，还要让孩子学会怎样做人，从怎样走路，怎样说话这些小事做起。

所以说，政府也好，学校也罢，都尽力要给孩子们最好的教育。但这还不够，教育是离不开家庭的。我们不少家长认为孩子上学了，教育的责任就全部交给学校了，其实不然。

最好的教育在家庭。既然我们把孩子生下来，就有把孩子教育好的责任。这是天职，也是本性！家庭是孩子的第一所学校，父母是孩子的第一任老师。我这样说并不是要推辞学校的教育责任，而是说，在整个教育的路程中，家庭始终处于最重要的位置。父母和孩子血脉相连，朝夕相伴，言传身教，耳濡目染，家庭教育影响深远，是整个教育的起点和基础。

最好的教育是榜样。我们经常说"长大后就成了你"，也就是父母怎么做，孩子就怎么学。有的家长抽烟让孩子抽两口，喝酒让孩子喝几杯，打麻将也让孩子顶一会，刚会说话就教孩子学骂人。长期下去，孩子就会沾染不良习惯，甚至恶习。父母的一言一行都是孩子学习的榜样。所以，做最好的自己就是对孩子最好的教育。

最好的教育是陪伴。上次我校邀请著名家庭教育专家张文质先生来做报告，有位老师问怎样教育孩子，张先生说了两个字——陪伴。现在你们工作都很忙，往往把孩子交给爷爷奶奶，我们管这些孩子叫"留守儿童"。事实证明这些孩子在性格和习惯上往往会有缺陷。去年就发生一件事，有对父母因为工作忙，把孩子交给保姆，后来这个孩子遇到事想不开就跳楼自杀身亡了。陪伴孩子，孩子才有安全感，才有自信心，才能安心学习，孩子也会因此有约束，不会接触到不好的东西。经常关注孩子的学习，和孩子一起学习，会给孩子非常大的激励。

最好的教育要严格。严是爱，松是害，现在家庭孩子少，父母溺爱多。孩子普遍没有目标和意志力，极容易被不好的东西影响。好吃懒做，贪玩厌学，没有目标，不能坚持。我们再也不能向孩子妥协了。有的家长认为我孩子聪明，学习自然会好。再聪明，如果不勤奋、不能坚持也是不行的。有些孩子正事不足，邪事有余，这就需要养中正之气，吃有营养的"主食"，修端庄整洁的仪表，怀简单高尚的志趣，读有意义的经典好书，交品学兼优的益友。

今年我们招了141位新生，我们有信心把孩子们教好。我们在座几位老师的孩子的教育都很成功。我们既然能把自己的孩子教育好，就一定能把你们的孩子教育好，因为你们的孩子也是我们的孩子！

四、人生智慧

我的未来不是梦！

阳光中学太湖路校区有个地方叫梦想广场，这个名字来自于校歌《阳光之歌》中的歌词：阳光是力量的源泉，阳光是温暖的地方，阳光指引人生的方向，阳光点燃心中的梦想……让学生拥有阳光性格，获得生活能力，树立正确目标，焕发生命激情，从而拥有美丽的人生是教育的责任和使命。

我的未来不是梦，我认真地过好每一分钟……

(一)拥有美丽阳光的人生

2012年9月1日，合肥市阳光中学在北京师范大学学校文化建设项目组的指导下，完成了学校文化建设的策划及实施方案，提出将"美丽阳光教育"作为学校办学的基本方针。这些最终要落实到教师的专业发展和学生的成长上。于是，我利用开学典礼的机会向全校师生宣讲"美丽阳光教育"对师生人生的意义。

> 刚才全校师生穿着整齐的校服宣誓，用洪亮的声音表达出建设美丽阳光校园的信心和决心。在开学典礼上用宣誓的方式凝聚人心，鼓舞士气，我觉得很好，建议成为学校的文化传统。
>
> 在今天的开学典礼上，我给大家讲两个词：第一个词是美。美是人类生活最重要的因素之一，对美的追求是人的本性，是生命的内在需要。俗话说：爱美之心，人皆有之。从2007年起，我来到这个地方，就心存一个教育理想，那就是实践美的教育，塑造美的生活，成就美的人生。现在经过5年多的建设，我们已经建成一个比较美的校园，但更重要的是我们还需要努力让每一个阳光人拥有一颗美的心灵。人的心灵塑造是一个漫长的过程，这是我们未来5年乃至更长一段时间，甚至是永远都需要完成的光荣而艰巨的任务。但我坚信，我们应该，也一定能够拥有一颗美丽的心灵，从而使自己拥有美好生活，美丽人生！

我讲的第二个词是阳光。阳光是我们特有的名称，阳光的文化内涵是丰富的。阳光是力量的源泉，如果你想拥有阳光一样的人生，你就需要有广博的知识；阳光是温暖的地方，阳光总是把热量慷慨无私地奉献给大地，如果你想拥有阳光一样的人生，就需要把这种博爱精神贯穿教育、生活、人生的整个过程；阳光指引人生的方向，当我们在迷路的时候，我们可以通过阳光辨别方向，如果你想拥有阳光一样的人生，就需要树立正确的人生目标；阳光点燃心中的梦想，人活着不能没有理想，如果你想拥有阳光一样的人生，就需要立大志，担大任，吃大苦，创大业。

老师们、同学们，让我们携手共建美丽阳光校园，让我们一起拥有美丽阳光的人生！

(二) 最重要的是选择

作家柳青说，人生的道路是漫长的，但关键就那么几步。初中三年正是人的一生最关键的时期。身体发育，情感萌芽，价值观形成，在纷繁复杂的世界中，最重要的是学会选择——今天的选择决定了你的未来。

今天，我们在这里举行2014—2015学年度第二学期开学典礼暨2015届毕业生誓师大会。刚才听了同学们的誓言和家长语重心长的话语，我很振奋，也很感动。

初中三年是人生最关键的时期，你们从一个懵懂的少年成长为充满朝气的青年。青春是美好的，青春也是迷茫的，一不小心就会走丢了。我给大家讲个故事。

有三个来自不同国家的少年到一个神庙用三年的时间

寻找人生的幸福。神父说，我答应每人一个幸福的愿望。俄国人说，给我一屋美酒；美国人说，给我一部电话；以色列人说，给我一本圣经。三年以后，这个俄国人成了酒鬼，美国人成了富翁，以色列人成了神父。这个故事告诉我们，决定自己命运最重要的是你自己选择的道路。

当你们走进阳光中学的时候，你们并没有什么大的不同，可现在却发生了变化。因为今天的生活是我们过去选择的结果，而今天的选择也将决定我们的未来！你选择了勤奋，你就有收获；你选择了阳光大道，你就有光明未来。相反，你选择了懒惰，忘记了耕耘，选择了一时迷醉，偏离人间正道，不仅会失去今天，也必将失去将来！

刚才九年级同学的誓词中说：三年春华（美好），百日流芳（关键）；争分夺秒（资源），百炼成钢（自信）。奋战一百天，给父母一个惊喜（良心），给母校一个奇迹（光荣），给自己一片阳光（幸福）。一百天以后的结局，当然不是你们人生的全部，但要做到青春无悔！

同学们，老师们，时不我待，只争朝夕！我想看到阳光人奋发有为的身影，在人间正道上阔步前行！我期待着分享你们的光荣与梦想，我愿做你们的同路人！

（三）人生三问

华东师大教授陈玉琨在《一流学校建设》一书中谈到，改变一所学校首先要改变校园精神，改变一名教师首先要改变他的价值追求，改变一位学生首先要改变他的人生目标。

2014年9月，开学不久，学校召开"树立正确的人生目标"动员大会。在会上我问了学生三个问题，每个问题都写在一个纸板上。

我向学生出示第一块纸板：我要去哪？学生看后一脸茫然。

我给学生讲了一个故事，有一个孩子在沙滩上用沙子堆城堡。一位长者走过来问："你在玩沙子吗？"孩子说："不，我是设计师，在建一座美丽的城堡。"多年后，这个孩子果真成了一名著名的建筑设计师。

这个故事给我们的启示是：有了目标，内心的力量才会找到方向。漫无目标地飘荡终归会迷路，而你心中那一座无价的金矿，也因没被开采而与平庸的尘土无异。

故事中的孩子从小就对自己的将来有一个很明确的规划，确定目标，从而实现自己的人生梦想。

接着，我向学生出示第二张纸板：我是谁？

我对学生们说，只有正确地充分地认识自己，才能够挖掘自己的潜能，确定正确的、切合实际的人生目标。认识自己首先要认识什么是真善美，什么是假恶丑。其次是要认真地审视自己，了解自己的优点和缺点，了解自己现在的学习状况，了解自己的行为习惯，了解自己的兴趣特长……

我对学生们说，学校门口有个穿衣镜，上面镌刻着"以铜为镜，可以正衣冠；以史为镜，可以知兴替；以人为镜，可以明得失"。这三句话可以帮助我们正确地认识自己。第一，要多用镜子照照自己，看看自己的衣着外表哪些地方好看，哪些地方不好看；第二，多读一些历史书，历史使人明智，明白哪些事可以做，哪些事不可以做；第三，多读一些名人传记，和他们对照，找出自己的不足，激励自己奋斗。

我给学生出示的第三张纸板：我怎样才能到达那里？

一是要给自己的人生做一个规划。规划好自己的人生之路，首先要怀着一颗感恩的心，意识到自己身上的责任。建议大家阅读 1

到2本伟人传记，并在班会上交流体会，听听老师、同学、家长的评价，用伟人的人生志向、智慧和毅力激励自己。人生规划既要有远期的，也要有近期的。

二是要行动。行胜于言。关键在于行动，千里之行，始于足下；关键在于坚持，每天进步一点点。

有一首歌这样唱道："我知道我的未来不是梦，我认真地过每一分钟……"

（四）人生的三把钥匙

时常有人要我给他们的孩子说几句话或题几个字。我写的最多的就是"读万卷书，行万里路，交天下友"。读书、行走、交友可谓"人生的三把钥匙"。

先说读书，当然，我说的是读好书。从古到今，说读书好处的话很多，但多为功名利禄，如"万般皆下品，唯有读书高"，"书中自有颜如玉，书中自有黄金屋"等。现在，我们的家长，也有我们的老师，给孩子们强调的也多是"读书就是为了考大学"，读书的功利性窄化和矮化了读书的意义，也让读书变得索然无味。

读书固然可以助我们建功立业，但读书更是人生的必需品，如同吃饭睡觉一样，甚至"饭可以一日不吃，觉可以一日不睡，书不可以一日不读"（毛泽东语）。我们的身体成长需要养料，精神成长也需要养料，这个养料的来源最主要的就是读书，小的时候书读不好，精神就会发育不良。

书也是我们人生最可靠、最持久的精神伴侣，我们可以从书中获得快乐和慰藉。有了书，我们的人生就不会孤独。

还有，中国人向来喜欢为后人积累财富。但"古今来许多世家，无非积德。天地间第一人品，还是读书。"留给后人的财富再多，倘若不能把持，一夜之间就可能败得精光。所以，过去我给亲朋好友写春联，经常会写"道德传家久，诗书继世长"。

再说行走，当然，我说的是走正道。光读书也是不行的，陶行知说："死读书，读死书，最后就会读书死。"知行合一，才是正道。现在中小学生大部分时间是关在学校、关在家里死读教科书。因为应试，因为怕出安全事故，家长怕孩子玩疯了，学校也不愿开展社会实践活动。再加上这一代大多是独生子女，家长对孩子捧在手里怕飞了，含在嘴里怕化了，也不愿让孩子在风雨中磨炼。造成现在不少孩子目光短浅、心胸狭隘、意志薄弱、感情脆弱、生活能力差。这样的孩子长大了，不仅成不了大事，还容易出问题。

让孩子们出去看看外面的世界，名山大川，风土人情，开阔眼界，了解社会。孩子能做的事尽量让他们自己做决定，自己去做，不要包办代替。做不好，吃了苦头，下次才会做得更好。一句话，经风雨，见世面，生命力才顽强。关在房子里的花是长不好的。

交天下友，当然，我说的是交益友。每个人都是一本生动的教材，我们可以从中汲取有益的养料，广交朋友，以人之长，补己所短。有歌云：朋友多了路好走。人生路上有善良、忠诚、智慧的朋友相伴，是人生的幸事。

朋友的意义不仅在于帮助，还在于影响，所谓"与善人居，如入芝兰之室久而自芳也"，但"与恶人居，如入鲍鱼之肆久而自臭也"。青少年是一张白纸，谁都有可能在上面涂上一点颜色，交友不慎是人生大忌。

青少年成长从空间上看有三个重要场所，一个是家庭，一个是学校，还有就是社会。有不少孩子家庭和学校都很好，但学业和行为表现却有问题，有时候问题出得很突然，家长和老师莫名其妙，那很大可能是在社会上结交了不好的伙伴。即便是学校，也不是一潭清水，也会受到一些学生的不良行为的影响。即便是在家里，亲朋好友、街坊邻居的同龄人对孩子也会有影响。特别是上了初中，孩子们的独立意识渐强，同伴的影响也会更大。我们的家长、我们的老师，要时刻关注孩子和哪些人在一起。

读书、行走和交友是伴随我们一生的事，人生的每个阶段都离不开这三把钥匙，缺一个你都可能会遇到"此路不通"。有了这三样随身宝贝，人生的路会走得越来越宽，越来越远，越走越顺畅。

（五）自信的力量

2016年9月，四川路校区来了141名孩子，这些孩子大都是拆迁进城的农民子女。他们纯朴、勤劳、聪明，但却不够自信。一个学期以后，他们变得阳光了，洋气了。看到他们的变化，我非常高兴。2017年第二学期开学的那一天，我从太湖路校区赶到四川路校区，和老师们、孩子们一起分享新学期的快乐，和他们聊起了"自信"这个话题。

今天非常高兴在美丽的新校区和老师们、同学们一起分享新学期开学的喜悦。刚才我在用手机拍照的时候，有位同学在我的镜头前打着胜利的手势，脸上洋溢着快乐和自信。

一个学期虽然很短暂，但我看到了四川路校区巨大而深刻的变化。这种变化是环境越来越美了，一座现代化的、富有朝气的、充满活力的校园出现在我们面前；你们的行为越来越文明了，走路有走路的样子，吃饭有吃饭的样子；你们的学习越来越进步了，仅数学成绩就提高了10分；特别是，你们的精神气质越来越美丽阳光了，对自己、对未来有了信心。这些变化，也让我对四川路校区充满了信心，对学校教育在一个人成长过程中能发挥重要作用充满信心。

我们应该自信，事实上，我们每个人都曾经是爸爸妈妈几万个基因中最好的一个，在一次奔跑大赛中获得过第一名，在几万个奔跑者中你最有力量和智慧,你是最强大的。这一个学期的进步,也用事实说明了你们行。我去过北京光明小学,他们的口号就是"我能行",如果你的心里坚守"我能行"的信念,就会迸发出惊人的力量。

对学生而言,如果你有自信,当你坐在教室的时候,就会专心学习而不会心有旁骛。在夜晚的灯光下,攻克一个个难题就不会退缩。当你走上舞台的时候,就会傲视全场而不会胆怯。当有人诱惑你去逃课、打游戏,你就会毫不犹豫地拒绝。

对教师而言,如果你有自信,走上讲台,就会信心满满,每节课都会迸发教育的精彩。就会不知疲倦地耕耘,如饥似渴地学习。

对学校管理者而言,如果你有自信,就会高屋建瓴,深思熟虑,指挥若定……

如果你们都自信了,那么我也就自信了。我们就会在心里树立这样一个信念,我们阳光中学四川路校区一定会屹立于滨湖名校之林。

当然,我们和名校之间仍然有差距,这种差距表面上看是分数,但从深层次去追根究源,或许是掩藏在我们内心深处的自卑感。因为有这样的自卑感,我们可能就把自己定位成一个教不好的老师和学不好的学生,进而就会形成一种念头,我就是这个样子,我不行。

如果说,我们有差距,这种差距可能源于我们过去的环境。现在这种环境改变了,经过一个学期的沟通交流,我感到家长更加重视孩子的成长,而且更加专业了。学校也改变了,阳光中学是一所有信念的学校,而且有了十年办学经验。我们的教师从一开始就在安徽教育第一强区和合肥市首批素质教育示范校这样一个高地上。因此,我觉得四川路校区的每一个人都应该信心满满,奋起直追,成为时代的强者。我相信,每个同学都能成为最好的自己,每个教师都学行天下,德惠四方。

合肥一中的校训是"怀天下抱负，做未来主人"。而今天，你们正"筑梦阳光，扬帆起航"，我相信你们会"长风破浪会有时，直挂云帆济沧海"。我每时每刻都在关注你们的消息，等待着你们满载而归。

第五章 "美的教育"之境

一个书生的诗意栖居

书生，现在已然成了一个不懂人情世故偏贬义的词，时常就会听到有人善意地提醒我："你啊，书生气太重！"我不知道身上是不是真的有书生气，如果有，我倒是窃喜。教书之人当然会，也需要有书生气，没有书生气，那肯定是教不好书。

诗意，也常被解读为"不切实际"，而我倒觉得是有理想、有个性、有创新和不盲从、不势利、不僵化的品性。"诗意栖居"是一种生活态度，也是追随"美的教育"应有的心境。

一、山水之乐

得之心而寓之"美"也。

课余，只要得空我就会来一场说走就走的旅行。我去的地方大都人迹罕至，可以感受那里的宁静和神秘，常有物我两忘之感。身处闹市，我也常会闭门谢客，品茶下棋，鼓琴自娱……并不是刻意要"大隐隐于市"，只是觉得教书人需要，也快意于超然物外的心境。

（一）爱情隧道

从繁华的包河大道一路向东，大约十二三公里，驶过刚修好的泚河大桥，再行驶七八公里上105省道，四五公里后便到了桥头集。左拐往东北方向进入石长路（双拥路），往前走不远，就能看见一条柏油路，右拐。

不多远你会见到路边有一个印有火车标志的三角牌子，牌子旁边有几户人家，门前有场地可以停车。铁道就在边上。

附近的村民说这是一段废弃的铁路（有时晚上会有列车驶过），大约有 20 公里，北边到王铁，南边到京浦线。我们选择往南走，不远，有一个花朵一样的牌子提醒你，你已进入"爱情隧道"景区。

铁路的路基非常完好，两旁都是自然生长的杂树，路基的石子里也钻出一些杂草。刚刚下过雨，草木青翠，空气清新，弥漫着一阵阵青草的味儿。

有好几处，两边大树的枝叶交错汇合，远远地看去就像是一个绿色的隧道。

有几对情侣，手挽手，摇摇晃晃地走在铁轨上；也有一前一后保持不远不近距离的，应该是初恋吧；有摄影爱好者，用各种姿势很专业地在拍摄；有美女抱着狗在漫不经心地散步……一切都是宁静的、自然的。

走了四五百米，有两道铁轨蜿蜒流畅地延伸，在不远处浓密的绿荫下交汇——就像爱情，从不同的地方因为同样的心愿走到了一起。

站在这里，我们一起凝视，回忆，沉思，向往……

周边都是很原始的田野，有油菜田，有麦田，有未开垦的荒地，到处都是一片葱茏。路基旁边有水沟，水很清亮，轻轻地流淌着，上面是很简单的水泥板桥，长满了青苔。远处有隐约散落的村庄，再远处有青山，那应该是龙泉山。

这里真是一个好地方，自然宁静，绿树成荫，空气清新。石子路基、乌黑枕木、悠长铁轨总是给人奇妙的时空感，你的心会静下来，你还会沉思，你们的爱情会显得优雅。穿越"爱情隧道"，带着一种自然和悠闲，走向远方……

(二)浮槎烟雨

你去过浮槎山吗？她，静如处子，古朴自然，"藏在深闺人未识"，离合肥城区不过半小时路程。

浮槎山，有来头。槎，传说中来往于海上和天河之间的木筏。相传在很久很久以前，人间与天上，凡人为了与仙人亲密来往，在每年的八月，乘槎从海上至天河。原来，上天的交通工具就在身边，我们却浑然不知。

浮槎山，有灵气。有资料记载，浮槎山海拔418米（一直是老合肥最高的山）。山顶有二泉并立，一方一圆，一清一白。北池水深而清，名"合泉"；南池水浅而浊，名"巢泉"。清泉自方池流出，经过一尺多宽的石堤，变成白色进入圆池。圆池的水位高出方池时，也不倒流。两眼泉水大雨不涨，久旱不枯，始终保持一尺来深的水位。

浮槎山，有文化。北宋大文豪欧阳修得友人千里相送浮槎山泉，饮用后，撰写了著名的《浮槎山水记》。自此，文人墨客，纷至沓来，吟诗作赋，绵绵不绝。

或因觅登天之木筏，尝清白之甘泉，附文豪之风雅，自2010年3月27日第一次登临浮槎山起，至2016年5月28日已是第五次来此寻访游历。这次正赶上雾雨天气，正好见识一下传说中的浮槎云雾。

从包河大道上高速往巢湖芜湖方向行驶，40多公里到王铁下，交15元，过收费站，往左朝东走，不远见到一个加油站，从这里左拐上石长路，有几公里的乡村公路，两旁是很美的乡村风光。远远地能看到东北方向云雾中的浮槎山，若隐若现。不久，到了一个小集镇，叫作王铁乡。右转往东，向山的方向行驶，不远能看到右手边有烈士纪念塔，前边有个村庄。村前有岔道——注意，此时，如果继续往东，穿过村庄，顺盘山公路，至半山腰是军事管理区（据说附近有军用机场），只能原路返回。事实上岔道边有个牌子，上面有"浮槎山森林公园"字样，指示你左拐往北行驶。不远，看到一个往"大山寺"的标牌，100米后到了进山土路，路边是个养鸡场。

我第一次来的时候，没有准备午餐，到下午三点多钟下山，已经饿得不行，便到养鸡场"讨饭"。养鸡场的一位老大姐，用土锅灶现煮了一小锅饭，蒸了几块咸肉，炒了一点青菜。饭菜很香，还有很焦的锅巴。很感激，也很不好意思，遂花两百元买了她家两只土母鸡。养鸡场门前的土路，一直通向大山庙，有四五公里。把车子停在养鸡场附近，徒步登山（当然，你也可以开车上山，那就失去了健身、寻幽探秘的乐趣。不过四五公里的往返山路，也是很需要体力的）。

行不远，闻水声，有瀑布。拐进通往瀑布的小路，有水塘一方，水漫过低矮堤坝，顺山而下，近看是溪流，远观是瀑布。溪边有空地，坐下，小憩，喝茶，听泉，用手机播放音乐，用溪水洗脸……身边有各种各样的野花，色彩鲜艳，摇曳多姿。蝴蝶翩翩起舞，不时偷偷地亲吻一下花蕊，又惊慌地飞走……

回到盘山道路，继续前行，路边会遇见一小潭，前几年去的时候水绿得像一块翡翠，这次去有点浑浊了。可以在潭边拍照，把你的倩影倒映在水中，题名为"有位佳人，在水一方"。有形状各异的巨石，或立于路边，或悬于峭壁，或藏在树木草丛里面……据说有讲究的有三十多处，全凭你自己想象了。继续前行，路边不时有不知名的野花，向你点头示意，路边的野花你不要采哦。

走了六七里路，峰回路转，旁有小道，有低矮的水泥砖墙，有一块平坦的草地，便支上便携式帆布桌椅，在这里野炊。又累又饿，饭特别的香。这里可观四周山峦起伏，山下田畴辽阔，有登高望远之豪迈，有微风吹拂之畅快。向下可见山坳里有半圆形深潭，可从小路下去探秘。2013年5月2日去的时候，我们下到潭边，前方无路，又不想走回头路，于是披荆斩棘，斜着爬回盘山土路。

终于到了山顶，路两边都是茶园。竟然下起小雨，茶树上方水雾蒸腾，茶叶青翠欲滴，浮槎云雾茶或由此而来。上次来，正是采茶时节，便跟着茶农学采茶，三瓣的嫩叶尖最好，一股清香扑鼻。回家烹制，味苦，但喝得津津有味。不禁想起了小时候用柳叶做的茶，同样的滋味，同样的感受。

从茶园往东缓缓下山，两旁树木茂密，仿佛无路可走。一转身，却豁然开朗，大山庙就在眼前，庙正在翻建，碎石瓦砾遍地。入内看规划图，规模宏大，大山庙要华丽转身了。2010年，我第一次来的时候，只是几间普通的民房，供着几尊佛像。那次可巧遇见一位老者正在打拳，鹤发童颜，精神矍铄，腾挪跳跃，身轻如猿。一问，老者已八十有五，从九华山下来在此修炼化缘。便问："何以能如此长生不老？"老人家哈哈一笑，在我耳边悄悄说了二字。后来，一位朋友官场失意，我把这两字也送给他，他的脸慢慢由阴转晴。

进入庭院，旧房子还在，看到一只很漂亮的大公鸡，不紧不慢地踱着步子，很有明星范儿，在我的镜头前摆出各种姿势，一点都不紧张。试想每天清晨，这位"美人"引吭高歌，为你叫早，不亦乐乎！

大山庙前，有一个菜园，菜园边上有个水塘，水清可饮。塘里有个横卧的大石头，貌似观音，又称观音石。山坡上是密密的茶树园。——这里真是一个世外桃源。欧阳修在《浮槎山水记》中提到，人生有"富贵之乐"和"山林之乐"。"山林之乐"者，虽有富贵，或"不一动其心"，或"有欲于心，顾力不可得而止者"，今人大都属于后者吧。

至此，你可原路返回了，因为你车子还停在开始进山的养鸡场附近呢。但如果你要去看浮槎山双泉，你就得从另一条道下山，或者看完双泉后再原路返回，这样你要多走好几里路。问题是你未必能看到双泉，据说浮槎泉原在龙严寺内，1952年寺庙拆毁，泉池还在。1963年当地村民在此盖房两进，泉池仍在院中，乡邻游人常年取之食用。我第一次来的时候，用手捧泉水饮，的确清凉甘甜。第二次去的时候，门就锁上了，以后一直未能进去。

这次去浮槎山，还有一个目的就是采艾草。民谚说："清明插柳，端午插艾。"上次来的时候，发现浮槎山艾草多而壮实，棵棵精神抖擞，香气浓郁，采了不少回家。还有十来天就是端午节了，所以返回的时候，一路采艾，直到抱不动为止。不一会，满身都是艾香，再后来满车都是艾香，再再后来满屋都是艾香。

沿途也会偶尔遇到游人，大家都很热情地打招呼，说几句话。也有年轻人骑着山地车上山，腿上肌肉鼓鼓的。远远的山坡上，还能看见露营的帐篷……

浮槎山四周乡野，还保持着原始的耕作方法。沿途可见水牛拉着犁耙在秧田里蹚地，有三三两两的农妇弯腰栽秧，仿佛是回到过去，回到小时候的情景。

晚上回来，在网上搜浮槎山资料，看到有"引资百亿投资浮槎山"等开发消息，不禁叹惜，合肥地区最后一片原始山野恐怕就要消失了！

（三）探寻神秘的"石头部落"

生命的全部的意义在于无穷地探索尚未知道的东西。一个偶然的机会我得知在巢湖与含山交接处有一处神秘的"石头部落",终于在2016年的最后一天得空前去看个究竟。

只知道这个部落有一个很怪的名字叫"六衖"。有报道说,"衖",音"横"四声。但我在手机和电脑里用拼音输入法却找不到这个字。灵机一动,用手机上的手写输入法试了试,果然有此字。在百度里搜,音义同"巷"或"弄",有点蹊跷。管不着这么多了,用高德地图搜索,终于在巢湖与含山边界找到一个叫"六衖林场"的位置,估计就在那附近。

跟着导航,迎着2016年最后一天特别给力的阳光,急不可耐地钻出都市雾霾。半小时左右从柘皋下高速,经夏阁至姚庙,路还好,天渐蓝。拐进一条乡间小路,几公里后,看见一个小桥,桥上一个牌子,果然是这里。

远处隐约有山,沿一条小路(正在拓宽)向山驶去,路边有溪水潺潺,田野有绿绿的青菜,静谧安静。不一会又看到一个指示牌。

进山不远,狠命地加油上了一个斜坡,坡上是一个水库。水库两边山峦起伏,有好几座山没有树,全是草,这大概就是春夏时节的"六衖草原"吧。无心留恋水库美景,继续探寻"石头部落"。

水库渐渐变窄,沿途还看到石头垒起的一块块田地里种上了蔬菜,也有用石头砌起的渠道。尽头可见几间石头堆砌的房屋,有的房屋只有石墙,没有屋顶。石屋四周是荒草、乱石、枯树,这里不像是一个村庄,倒像是战乱留下的遗迹。

我看见一只母羊刚生了一只小羊,血迹斑斑,小羊咩咩地叫,母羊似乎没有感觉到身上还在滴血,不停地舔小羊,一会小羊趔趔趄趄地站起来了。近处有好多鸡在溜达,远处有几只狗在叫。如此的自然、野性,仿佛一下子进入原始社会。

前方依然有路,山还在那一边,于是继续往前走。看见一个很简易的石桥，桥面斑驳陆离，石头犬牙交错，看上去就是纯手工建造。桥下溪水潺潺，清澈见底。桥边有几户人家。给一位美女在此桥拍了很多照片，但都不满意，皆因桥太古朴，拿捏不好其中的意蕴。

继续前行，乡间的水泥路忽然变成了黝黑锃亮的柏油路，看上去是刚修好的（心想这里准备开发了），蜿蜒伸向远方，似乎没有尽头。路两边不时散落着石头屋子。见一老妇正在门前，于是向她招手问路。老妇很热情地走来，但她口齿不清，听不懂我们的话，我们也听不清她在说什么，她只是指着伸向大山的路，恍然隔世。

又继续往前走，终于到了柏油路的尽头。车子停在一户山民家门前，见一老人扛着一根棍子，棍子一头拴着一条绳子。下车，和老人攀谈。老人说，他们祖辈在这里生活有近两百年了，是从桐城那边过来的，老人说"桐城"为"疼沉"，一听就是桐城口音。百年不变，好强大的乡音啊！

从有关报道中得知，清咸丰年间，现在桐城市的一些农民在太平军的策动下，聚众起义，很快被清兵剿杀，四处逃散。有六户人家来到含山县姚庙集北面一大片荒山野岭躲避战乱，后来安顿下来。为了给村子起个名字，他们就造了一个字，在"行"中间加一个"共"，也就是"衖"，"六衖村"也就是六户人家共同走到这里的意思。

山路旁裸露的山石一片一片的，用铁锹往石头里面一铲就起来一片。当时这六户人家就用这些片石垒成房子。如今这些石头房子一般都有百年历史，"六衖村360洼，洼洼有人家"，但老人说，现在年轻人都走出大山，在城里安家了，村子里只有七八个老人了。忽有"山中无岁月，寒尽不知年"之感慨。

走进一山民家，房子周围有一只猫、几条狗、一群鸡，还有一口井、一棵杏树,还有两只不知是什么鸟,羽毛很艳丽。堂屋迎面的墙上挂着《毛主席去安源》的画像。

从山民家出来,回到那个小石桥边。石桥边有块平地,这里小桥、流水、人家,还有阳光、大树和青菜——就在这做午餐了。从路边的菜地,顺手摘了几棵青菜,在溪水里洗净,和带来的盐鸭放在一起烧,味道真是好极了。

吃完饭,在车上小憩。忽闻一股清香,寻香而去,见一株很大的蜡梅,花虽不大,但晶莹剔透。当下城市公园也种植很多蜡梅,虽肥多花大,但香气总觉不纯,再加上雾霾,哪还敢呼吸?全然不像这株蜡梅,自有一股香气,清清的、纯纯的、甜甜的,随着山野的清风,丝丝渗入你的全身,眼睛和心都变得清亮,感觉脱掉了一身的俗气。

再拄杖登山,披荆斩棘。见一山石,嶙峋状,有青苔,四面皆可观。发到朋友圈,有朋友说:"喜得巧石,新年大吉。"

再返回水库,在水边流连,天蓝、水清、草荒、石乱。看见一只小船漂在那里,想起"野渡无人舟自横"的诗句……

已而夕阳西下,远望石头部落笼罩在暮色里,弥漫着神秘的气息。这里人烟稀少,似乎不能久留。于是匆匆顺原路返回,一轮大大的、红红的太阳一路追随着,穿梭在密林间……

(四)打油诗六首

有人说:要么旅行,要么读书,身体和灵魂总有一个在路上。对于我,还有身体和灵魂同时在路上的时候,这就是教书。我很享受这样的生活。

山水之间

山水之间,草木之间;

天地之间，今昔之间；
你我之间，方寸之间……

夜雨
夜雨淅沥沥，梦里声依稀；
蕉叶切切语，声声似有期！

清泉
尘世多雾霾，窒息难忍耐；
涓涓细流水，忽然入梦来。
一夜不成眠，喜忧都入怀；
清泉送甘甜，又恐染尘埃。

栀子
栀子比玉洁，芬芳满天涯；
冬孕夏始开，厚积却薄发；
不把红装裹，朴实著风华；
此花有深意，人生亦如她！

白马山
骑行白马山，此地秋色稠；
稻黍黄灿灿，红花满树头；
最喜鹅鹅鹅，自作逍遥游。

冬日抒怀
目送学子归，天色已苍茫；
冬寒何所惧，当归羊肉汤；
琴声伴入眠，夜读有书香；
晨走沐阳光，淋漓却欢畅；
喜闻书声朗，又闻笛声扬；
翠竹挺且直，栀子蕴芬芳；
人生能如是，何须入庙堂。

二、亲人之情

我心里有满满的爱……

亲情基于血缘，你是无法改变的。亲情永远和你相伴，包容你的缺点和失败，让你感受甜蜜的爱。可在生活中，我们对亲情习以为常，反而体会不到它的存在。或者就像一首歌里唱的：我心里有满满的爱，只是说不出……

(一)父亲

父亲去世已有六个年头了，一直觉得要写点什么，可每次都写不下去。父爱是这样的沉重和复杂，让我至今无法释怀，也很难理清。前几天，父亲又走到我梦里，花白的头发、浅蓝色的裤子、熟悉的神情……一切都是那样的逼真，似乎他一直不曾离去，也不会离去！

也许一直以来我与父亲总是聚少离多，他没有陪我长大，我也没有伴他老去；也许我们总是习以为常地躲在树荫下，而忽略树的存在；也许每代人都有自己的人生态度、生活方式和情感表达，我们都无法理解和参透彼此的心灵世界……总之，父亲在世时很长一段时间里，我和他总是保持着不远不近的距离、不冷不热的温度。

然而，2010年3月19日21时，当父亲粗糙僵硬的手在我手里慢慢冰冷的时候，我却忍不住放声长久地痛哭，一切不能表达的感情都只能化作泪水滴在他的脸上。可是，父亲，他已经感受不到这眼泪的温度了。

小时候，父亲对我来说是陌生的，甚至是恐惧的。记得有一次，我看到在我们家"支锅"的瓦匠师傅碗里有两个鸡蛋，我也想要，结果挨了父亲好几个"捆榴"。我也很不能接受他没有一点耐心和艺术性的教育，上初中的时候我就因为刻意留着长发，并且在洗脸的时候总把头发搞得湿漉漉的遭到父亲的训斥和嘲笑……我怕他，甚至恨他，但又无法离开他。上学了，我要等着他回来给我"两块五毛钱"的学费。在春天很馋的时候，总是盼着他拎着一个猪头回来，一家人围坐在一起"杀馋"。父亲也会撕一点肉一个人喝很长时间的酒——父亲嗜酒，我们也希望他喝酒，因为只有在这个时候，他的话会慢慢多起来，而且还能听到他毫无顾忌的嘹亮的笑声。

父母育有五个孩子，那时我们最大的期盼就是每天能吃饱肚子，在过年的时候能穿上新衣服。因此，父亲必须常年在外"出劳力"，农忙时他必定会回来干一些重活。我们家的田多在四五里远的圩里，路阻且长。我常会想起他拉稻把子上坡时的情形，佝着身子，紧咬牙关，汗水流入眼里，脸上肌肉扭曲，背上被绳子勒出一道道血印……年少的我惊异于父亲"力拔山兮气盖世"的狠劲，不知道他怎么会有那么大的力气，那么能忍受疼痛，现在想起来却是忍不住的心酸。

我两个姐姐说父亲最惯我，一个重要的佐证就是家里五个孩子就只有我一直在念书，因为我是男孩，又是长子。但我觉得父亲并未看好我，小时候的我很瘦弱，性格孤僻，似乎很难撑起门楼。书倒念得还不差，能在"公社会考中取得优异成绩"。还有一些不中用的歪才，比如写门对子，每到春节父亲会帮我裁纸研墨，很专注地看我泼墨挥毫，还小心地用嘴吹红纸上未干的墨汁。

恢复高考制度后，他突然对我的学习关心起来。一天夜里，他从几十里远的大圩供销社走回家给我带回一套"数理化自学丛书"，那时这类书奇缺，需要从内部才能搞到。这套书对我影响很大，不是因为书，而是因为父亲的期望总是威严和神圣的，你不得不很庄重地去完成。当时倒也真的受到莫大的鼓舞，还有发自内心的感动。

考完试，我就去打工了。当我在建筑工地的脚手架上得到考上的消息时，并没有想到这会给父亲带来那么大的慰藉和荣耀。不久，乡邻亲戚陆续来到家里祝贺我"中举"，家里连日摆了好多桌饭，父亲整天醉醺醺的，远远地就能听到他的笑声。

青春就像一只不知天高地厚的风筝，总想挣脱那根拴住它的线。我告别了家门前那棵苍翠的桂花树，走得那样义无反顾。不知为什么，我并不想家，以至于后来，寒暑假都泡在学校，或在城里城外游荡。是躲避烈日下农活的劳苦，还是躲避见到父亲没有什么话可讲难堪的沉默？总之，我有一百个父母听不懂的理由可以不回家。然而，四年很快就结束了。尽管城里某著名学校出了公函让我留校，但当年的分配政策是"从哪里来到哪里去"，我是农村户口，只能回农村。父亲为我的工作很是着急，白天四处求人，晚上唉声叹气，终于我被分配到远郊的一所中学。父亲把我在集体宿舍的床铺好后，讲了一句很悲凉、很刺激我的话："我们家没什么人，我也老了，以后就靠你自己了！"

是的，从小到大，家里家外，甚至于我自己的事，我什么都不想，什么都不管。今天，父亲终于要把我撂下不管了，我感到从未有过的重压、恐慌和茫然。于是，我投入到一段长达二十多年的"激情燃烧"的岁月，成了工作上的"狂人"，忘记了家，忘记了妻儿，忘记了父母……

不知不觉中父亲就已经老了，他50多岁的时候从供销社退下来，那时他还很强壮，农活和家务都收拾得停停当当。后来，田被征收了，他闲不住，60多岁的时候又去城里一个机关大院看门。

70岁了,他说,我现在还在外面干活,对你们名声不好,于是就"告老还乡"了。

也许是"无所事事"后的茫然和失落,也许是老之将至,不想孤单,也许是觉得过去对孩子们太狠,想给我们一点补偿……父亲时常从老家转好几趟车花几个小时带一点新鲜的蔬菜给我们。我们搞房子,他也会来帮着干一些粗活。那时儿子在城里上学,我们在附近租房子陪读,工作学习都很紧张,每次都说不了几句话,他往往一个人蹒跚而来,又独自落寞而去。但临走的时候总是要交代我们:"一定要把儿子搞好啊!"

后来几年,他步履日渐缓慢沉重,爬楼都喘不过来气。我们叫他不要来了,他嘿嘿地说:"我慢慢走行,我七十多了,坐公交车不要钱了。"每次回老家,吃完午饭,他都要把我们拢到一块"聒聒"。离开的时候,他常会把我送上大路,总是念叨"我们家比上不足,比下有余",似乎是要阐明他的人生使命完成得还不错,至少是尽力了。

转眼,我也到了不惑之年,透过人世浮华渐知骨肉亲情,加上父亲越来越"迂"的牵挂,我们竟心照不宣地亲近起来。

2009年春节前,教育局通知我参加教育部在华东师范大学举办的全国校长高级研修班。大年三十回家吃年饭,把这个消息告诉父亲,他很高兴,在他的眼里我的工作是全家人的希望和荣耀。尽管他气色不好,满脸倦容,但三杯下肚,话依然很多,依然能听到他毫无顾忌的嘹亮的笑声。听母亲说,近些日子他晚上叫胃疼,有天早晨还爬不起来。我想父母年纪大了,应该做一次全面的体检。2月14日,我去医院拿CT报告,报告上赫然写着"肝脏多发占位,考虑为转移瘤(癌)"。医生说,父亲的生命只有几个月了……太突然了!和父亲在一起的日子竟然进入了倒计时,真是"子欲养而亲不待"啊！我心里全是自责和愧疚，想不去参加培训，可父亲正色道，你不去，我就不去医院看病了。

  2009年的每一天对我和父亲来说都是那么珍贵。每天都会想着给父亲打电话，周末也会从上海回来看他。培训一回来，我陪他第一次去了北京，第一次坐了飞机。我的儿子在这一年考入川大，便特意在城里举办了一个有里有面的答谢酒宴，我知道父亲是要面子的人。又叫父亲母亲和我们一道送儿子到成都，父亲看着我为儿子忙来忙去，笑着感叹："父亲为儿子都是甘心苦胆的！"这一年弟弟也有了儿子，当我看到衰弱的父亲在那里逗小孙子笑时，不禁感慨上人的苦心和生命的轮回！

  但是，时间并不会因为你开始懂得感恩，就会为你增加一分一秒。2010年3月9日，突然接到母亲的电话，说父亲很不好，让我赶紧回去。我连忙从学校赶回家，父亲踉跄地扶着门前那棵苍老的桂花树吐了满地的血。我连忙送父亲去医院，没想到，父亲从此永远离开了故土，离开了家。那天，也很是奇怪，虽是春天，却漫天飞雪……

  所有药都不能弥补病魔无情的侵蚀，插在父亲鼻子里的导流管每天都喷出很多酱油一般的血。有一天，他突然很清醒的样子，没有血色的脸上居然有一丝难得的笑意，父亲说："有两万元的存折钉在箱盖的夹板里，应该够办丧事的。你们要对母亲好一点，她一生跟着我后面吃了不少苦。你们兄弟俩要团结啊……"

  3月19日傍晚，窗外，春风依然温暖，霞光异样绚丽。可父亲连说话的力气都没有了，只是不停地指着南边的窗户——那是家的方向，至今我也不知道那时他想说什么。他一只手紧紧地拉着我，一会儿，好像睡着了。我掰开他的手，准备送一下来看望父亲的表哥，刚下楼就接到电话，说父亲心脏停止了跳动。抢救了一个小时，医生要我在死亡确认书上签字。我，他的儿子，长子，要宣布自己父亲生命的结束，那笔是何其的沉重，那是何其巨大的悲哀啊！

每年的清明节，那个埋葬祖辈的桃树园都是桃红柳绿，草长莺飞。老人们照样年复一年地重复着陈年往事。

听长辈说，父亲很小的时候祖父就死了。正值壮年的祖父带病从三河挑米回来，遇到了坏人，舍不得扔下米，挑着担子拼命奔逃，回家后竟吐血而死。我常常揣测一个年幼的孩子见到倒在血泊中父亲，心里是怎样的惊恐。也体会不到一个没有父亲的孩子的生活是怎么过的，但我知道祖父过早的离世是父亲一生的痛！20世纪50年代农田基本改造，祖父的坟墓一夜之间竟不知去向。从我记事起，每到清明，父亲总是带着我们来到一片白茫茫的水田边，说祖父大概就葬在这里，在附近找个十字路口烧纸，那时的父亲总是神情凝重，沉默不语……

父亲去世后不久，老家退耕还林，在那片地里挖出一口棺材，据村里一位九十多岁的老人说，那就是我祖父的坟墓。除了位置相当，还有一个明显的证据就是当时年纪轻的人死了，棺材用的是不刷漆的生料。我们重又隆起祖父的坟，盖上坟帽，插上柳枝，可惜父亲没有看到。去年，老家又征地迁坟，我们终于把祖父、祖母和父亲的灵位安放在一起，愿父亲在天堂能得到他失却太久的父爱！

如今，我也为人之父，儿子在万里之遥的异国他乡，我不知道自己是否也犹如父亲那样给儿子的感觉是陌生与恐惧。从小到大，我和儿子确也是很少交流。然而，现在，看到和儿子有关的每一条信息都会让我惊喜而且琢磨半天。前些日子，儿子发了一条关于身居海外的游子对父母担心的微信，我回复说："孩子，别担心，尽量不给你添麻烦，是我们在人生终老之时，能够给予你们最后的爱了！"

　　我常常思考父亲对于我们人生的意义，真是说不尽，也道不明。但至少，没有父亲，就没有我们，没有父亲，心就没有着落。或许父亲的意义就在于：在我们心里，在别人眼里——我，有父亲！

　　我也常常思考父爱给予我们的感受。冰心说，父爱是沉默的。因为沉默，我们往往不想亲近，选择逃离，甚至对立。当父亲不在的时候，或许我们才会懂得，世界上最遥远的距离，不是生与死的距离，而是父亲就站在你面前，你却不知道他爱你！

　　六年了，春去春又来，父亲在我心里也像春风一样，一天天亲切、温暖起来，深埋已久的感情在心田里早已破土萌芽……又是一年的清明节，在淅淅沥沥的春雨中，我朝着家的方向，在心里默念：父亲，感谢命运，感谢有你。花开花落，我一样会珍惜！

（二）你在他乡还好吗

　　儿子读大学是在远隔千里的成都。临别的时候，我用双手重重地拍在他的肩上，"汪镇霖，你长大了，以后的路就靠你自己走了！"

　　和很多家长不同，我们都希望走远一点。记得当时选择的城市还有大连、北京和兰州。虽然远，我们倒也不怎么担心，因为担心也没有用，总有一天，他是要远走高飞的，总要一天他要有自己的生活。

　　第一个学期回来的时候，他头发很长很乱，比在家里的时候更瘦了，像是一个逃难的囚犯。我和他妈妈都笑了，觉得这样的生活总是要去体验的，艰苦的生活才会炼成坚毅的性格。理是这个理，但时常会有"情何以堪"的不适。

　　孩子上大学后，生活和感情的重心也偏到了孩子上大学的地方，就会有一种失重的感觉。我时而会到外地出差，一家三口，三地，我们也就只能用文字诉说思念和惆怅。

他乡过中秋

郭士应

天灰蒙蒙的，飘着细细的雨丝，中秋的脚步近了，好像就在眼前了。这个小街上，一家一家挨着早点铺，卖早点的多是外乡人，吃早点的也多是外乡人。这样的天，这样的环境，对于一个平时就无端伤感忧郁的人，无论如何也要感慨一下。

"雨日，雨中行。起风，行风里"——已故日本诗人相田光男的诗。同样的境地，不同的人有不同的感受吧。

本来想不打电话，给他个惊喜，可还是忍不住；也许这是打电话的一个理由，不忍错过，电话里很嘈杂。

"……给你寄几块月饼。"

"我在车上，我现在到望江校区去，参加那个比赛，星期一回来。我不吃月饼，别寄！"

"星期一是中秋节。"

"噢……"

我想着中秋节在异乡，在途中，在车上，自己感慨起来。他还不识乡愁吧，也不应该识。

他一心向往外面，那天傍晚，我们坐在草地上，暮霭笼罩着远方的山，他仰着脸，微微地笑着，很向往的：

"你想啊，一头撞在陌生的环境里，睁开眼，多新奇啊！"

"人不能没有梦想啊，不能不改变啊。"

为了梦想，为了改变，今天有多少家庭，父母在一地，孩子在一地。而家，一年，两年，三年……留在记忆里，渐渐地淡去，也许某个时候，某一天又清晰起来。（2011年中秋前夕）

四年过得很快，大学毕业后，他申请去了美国。临走那天，我正好在上海出差，就到浦东机场给他送行。中午在机场特意点了几样地道的中国菜，心想，到国外肯定会怀念中国味道的。他似乎无心吃饭，看得出他有向往，也有不安。到了安检口："爸爸，我走了！"一转眼，就看不见了。这远隔万里的分别，还没把离别情绪准备好，就匆匆谢幕了。大厅里熙熙攘攘，却觉得空荡荡的，什么都没有。

从浦东飞底特律需要13小时，我和他妈妈一直在等待遥不可及的回音。我们预计早上六点会有消息，国内的手机到了美国不能打电话，不能发短信。和他相约用QQ给我们发信息，七点过去了没有信息，八点过去了还是没有任何信息，他妈妈给我打电话，就要哭了。到了九点，终于有了回信，他已经到了安娜堡，一个人待在一个叫COPE的地方。

COPE是研究生自助宿舍，厨房免费提供面包、牛奶、水果等。价格虽然比较便宜，但一切事务都是由学生自己管理，每个居住者每星期必须在厨房帮忙，干三个小时的活。汪镇霖先被安排去刷碗，后来升级为切菜。

我很庆幸儿子一开始能在此居住，我觉得学会做饭、刷锅和学会做学问一样重要，在这里得到生活锻炼，不至于饿肚子，生活也有规律。除此，他还帮教授给本科生批改作业。第二年，他去帮导师做项目，导师给他提供相当于全额奖学金的报酬。他还坚持在餐厅打工。他非常节俭，现在读博有奖学金，他说如果节省点，还会有结余。

汪镇霖从不跟我们讲学习和生活上的困难，但他在QQ空间发了一些文字，流露出一个游子内心的孤独、对未知世界的探索、对故土的眷念。

孤单的房子

孤单的房子
右边是门，左边是床。
我坐在中间，
看着夜晚的窗。

温暖的黄昏

暖的黄昏，
别让脚步停下。

此刻没有日出，
就不需等待黎明。
此刻在行走，
就一直行走。

"究竟什么时候才能结束，
你的旅行到哪才是终点呢？"

是一只有美丽双脚的飞鸟，
在找寻。

将被拆掉的老房子

我来看你，
也来和你道别：
再见！与我童年的种子，
你在这里成长。
我也愿在这里安葬，
童年，在红砖绿树之间。

灰色的流沙将要湮没你，
湮没田埂，池塘，凶人的鹅与吃麻雀的猫——
它们没有墓。

再见，
当腐烂的叶子还掺着你的咸味，
当我还认识你颠倒的影子，
当你还能如约伸出绿意，在你看见我时。

每周妻和他都会在固定的时间聊天，给他发家里的照片和视频，说这样可以消解孤独，加强对家国的认知。而我是对美国，特别是对美国的大学发生了兴趣，我买了几十本关于美国地理、历史、政治、人情、风俗以及与大学有关的书。美国前一百多所大学的专业设置、排名等，如数家珍，乐此不疲。在谷歌地图上，搜寻他说过的密歇根大学的植物园、休伦河、伯顿塔、波浪地，想象那里免费的蓝色巴士和满地跑的小松鼠……

但毕竟太遥远，无法把握，常常就会觉得无助。每每想起他，就会在心里念叨：你在他乡还好吗？

（三）过年杂记

一个普通人过年的经历和滋味，却也如一坛陈年老酒，香气氤氲而悠长。

腊月二十三

今天是年头，但还没放假。四川路校区 2016 年 12 月 28 日交付之后，老师们都迫不及待地想去看看，所以学期结束会议就在那里召开。大家指指点点，满脸喜悦，像是在看自己的新居。后在报告厅开会，报告厅建得很高大上，我坐在主席台上还有点不习惯。我和老师们一起回顾了阳光中学十年的办学历程，套用了《红楼梦》

里的一句话：十年辛苦不寻常。而我最想说的，就是感谢阳光的每一个人，因为他们的默默付出，才有今天收获的喜悦。

腊月二十四

去外地办一件事，这事拖了几个月，一直没时间去办。跑了一百多公里却没办成，还被交通电子眼瞄上了，郁闷。好在有夫人陪着，还从家里带来了饭菜，吃得很香。

腊月二十五

按照年俗，本来应该腊月二十四扫尘土，因为去外地耽搁了。不知从何时起被夫人培养成为打扫卫生爱好者，夫人从老家带来的鸡毛掸正好派上用场。于是收拾物件、掸灰、拖地、抹桌、刷锅……中午去大圩"小森林庄园"吃饭，儿时伙伴年前在此一聚。这里是闹市中的世外桃源，老家拆迁，那棵阅尽沧桑、有很多故事的桂花树就移植在这里，老树尚在，家园已毁，物是人非。

腊月二十六

继续去外地办事。回来在高速包河大道出口堵了一个小时。真实地感受了一把什么叫返乡潮。每一辆车都是那么的急切，满载着对家的热望，见空就钻。

腊月二十七

今年夫人决定在家办饭，她说："在家热闹些。"我猜主要是嫌外面贵，也是，工资太低，只能节衣缩食。可对于平时每天吃食堂，几乎不烧饭，也几乎不在家招待来客的我们，却是一次严峻的挑战。于是日夜盘算，列出清单，去超市购买，大包小包、生的熟的、锅碗瓢盆，连提带拖。回来挤公交，引来众多好奇的眼光。唉，不容易啊！

腊月二十八

本来准备去见每年都会拜望的一位忘年交老友,但打电话发短信一直没有回音。于是到两个校区"巡山",发现厕所水箱漏水,找来梯子,旋紧水龙头。晚上老友依然未回信,怎么不回信?失眠。

腊月二十九

一直等老友信息,等到傍晚还是没有等到,何故?心神不宁。于是去老家贴门对,回来车子却打不着火,情急之中想起一个学生玩过车子,于是拨打电话求助。他刚从北京回来,立马驱车三十多公里前来救援,但毕竟不是在修理厂,没有工具,最终未能修好。最后他索性把自己的车借给我过年时候用。我把这事发在学生们的朋友圈里,有同学说:"老师,你感动吧?!"是啊,教师的满足感或在于此。

晚上终于等到老友回信,他说:"我住院了。"我说:"我去看你。"他说:"不用了,我现在需要安静。"想他原是何等的强大,感叹生命的不易与脆弱,我们真地要过好每一天。

大年三十

吃过早饭,先回夫人老家贴春联。周边已被拆得面目全非。贴好春联,把家里"共产党员户"匾牌(岳母是20世纪50年代的老党员,已过世)挂在门边,这个大门曾被日本兵踩坏,后来铆上的四个铁钉,清晰可见。

又赶回老母住处吃年饭,然后去公祭堂祭祖,买几枝黄白菊花插在故去亲人的灵前,恭敬地行礼。尽管三令五申不许烧纸和放鞭炮,但还是有不少人虔诚地烧纸,浓烟滚滚,城管用高压水车把烧的纸钱冲得稀里哗啦。不知天堂里的老祖宗们看到了会怎么想。

带老母来我家过年。春晚开始,倒水给老母泡脚,细心地调节水温。一年到头无以尽孝,老母八十有五。我对老母说:"等我退休,择一山居,与你种菜养鸡。"老母笑曰:"我还 mang(合肥方言音,意即不知道)活个到那一天。"夫人说:"你看春晚节目里的那个老奶奶都 105 岁了,还硬朗得很。"母亲眼睛一亮,说:"那我也来争取。"

夫人满脑子都是菜,拉我去准备正月初二的大家庭团圆饭。开烧红烧肉,查菜谱,曰:五花肉切成麻将状,姜五片,干辣椒少许,浸泡,煸炒,小火炖……于是如法炮制,但肉切的太多,煸炒环节不充分,上不了色。小火炖环节水也放多了,赶紧改大火收水,居然慢慢飘出香味。母亲说,她也闻到香了。浸泡一小时,小火炖两小时,再加上切肉配料,煸炒收水,整个过程需四小时。想起前人说过:治大国如烹小鲜。烧好时春晚已结束,沐浴,更衣,等待新年第一天的到来。

正月初一

五点被鞭炮炸醒,想睡,但鞭炮如故。于是起床,抹脸,小时候父亲说,不能说"洗脸",合肥话"洗"和"死"音同,最忌讳说"你先洗"。抹过脸,水不能直接倒掉,油水不能外流,要先倒入水桶,年过才能倒。然后,烧香祈福,这一切都做得神圣庄严,不是做给别人看的,满心里想的都是家人的幸福。

八点走出家门,到学校值班。上午在太湖路校区,下午去四川路校区。阳光终于从雾霾中突围,拍几张照片,题曰:沐浴在阳光中的阳光中学。

正月初二

每年的这一天都是大家族聚会的日子,因为老母在我这,所以就由我张罗。八点后,门铃响个不停,陆陆续续,老老小小,三十多人,说说笑笑。四世同堂,老母自然高兴。意外惊喜,堂姐把新女婿也带来了。按老规矩这属于接生亲,新人要坐首席(上席右侧）。酒过三巡后，几位平辈女眷就密谋"抹红"，因为没有预备，就用口红替代，加上猪油，很难擦掉。此为旧俗，新人毫无防备，被轻易抹遍两腮。几位老姐妹乘机把几位年过半百的老女婿辈也抹了红，拉拉扯扯，大呼小叫。有滑稽者，趁酒劲，唱起老戏，大家笑得前仰后合，好不热闹！

正月初三

访亲拜友，去老舅家，见到姨娘（就是舅妈，因为从小与我母亲姐妹相称，从小我们就叫姨娘）。她看到我，拉着我的手说："伢啦，你差点儿看不到姨娘了。"年前她因多年哮喘，病情突发，去医院抢救。姨娘比我大两轮，经常跟我说，我出生的时候正是盛夏，她光着脚在滚烫的路上走了好几里路去给我父亲送信。过年，给亲情打上一个解不开的结，平时大家都在为生计忙碌，亲戚们一年往往就是在过年的时候见一面，不走就生了。

正月初四

今年因为车子缘故，没有出游。这几天吃得太多，肚子鼓鼓的，难以消化，需要运动运动。一直有环巢湖骑行的计划，于是昨天下午买了打气筒，准备给放置很久的自行车打气。可捣鼓了很长时间却打不上气，上网一查，原来自行车气嘴分为英式、美式和法式，中高档自行车气嘴一般是法式。我买的气筒英式和美式都可以用，而我的自行车是法式。好在是新车，还有不少气。晚上思来想去，还是决定骑到中庙，来回也有七十多公里，毕竟是第一次长距离骑行，而且自行车气也不足。

早上一出门就遇见几个全副武装的骑行者正在给自行车打气，于是借他们气筒给自己的车打气。这几位陌生人好心地告诉我，骑行一定要戴头盔和面巾，这样安全、防风、防尘、保暖。

一路风清气爽，阳光明媚。看见关键路标，拍照，发到朋友圈，引来众多朋友围观、鼓励。两个多小时就到了中庙，体力尚可，但膝盖疼痛(老毛病，每次登山时间长了，膝盖就会疼痛)。返回途中。遇到上坡，推车而行，这样调节运动方式，减少疼痛，节省体力。来回七十多公里，体力消耗很大，感觉过年吃的都消耗掉了。给夫人打电话说，中午赶回来吃饭，我要吃红烧肉。

……

过年，也就是这样的平常而又平淡。有人说，现在的年味淡了，而我觉得深藏在我们内心的亲情依然是浓烈的。人生易老，岁月不待，"光阴的眼中你我只是一段插曲，当相逢成为再见，再见成为遥远的思念，内心的平安那才是永远"。

(四)母亲在，我们才不会走散

母亲今年八十有四，俗话说是个"坎"，平时我们都说八十五了。虽说是迷信，母亲和我们还是提心吊胆，惴惴不安。

前天，母亲突发脑梗死，连夜送至医院，呕吐不止，全身出现黄疸。苦痛至极之时，她对我们说："我恐怕不行了。"言毕，一行老泪从眼角流出。

因为有母亲在，逢年过节兄弟姐妹才能聚在母亲身旁膝下承欢，说说笑笑，享受天伦之乐。母亲高兴之余，常也哀叹："我不在了，你们也就散了。"

我外祖父是旧时读书人，母亲是他唯一的女儿，虽家贫如洗，但也贵为千金，乡里人都称呼母亲为小姐。母亲嫁给父亲后，舅舅们还经常过来帮忙料理家务农活。

母亲育有我们五个孩子，在那个物质极其匮乏的年代，其艰辛现在是很难想象的。母亲性格和善温顺，小时候，我们与人争吵，她总是责怪我们的不是。父亲脾气不好，常会看见母亲躲在门拐哭泣。母亲常对我们说，为了这个家，她苦吃的有腰深。

自从父亲去世后，我才真正懂得什么叫"子欲养而亲不待"。母亲虽然高龄，却喜外出看看热闹，我就尽力抽出时间带母亲出去转转。无奈工作事务缠身，不能尽孝于母亲身旁。我常对母亲说："等我退休，寻一山居，与你种菜养鸡。"母亲说："我不知道能不能活到那一天。"

前天晚上，学生聚会，约我吃饭。久别重逢，谈笑甚欢，突然弟打来电话，说母亲头晕、呕吐，准备明天一早去医院。放下电话，无心吃饭，想起有不少人头晕，以为无事，但瞬间突发脑出血，危及生命。于是对学生们说："与你们聚时长，与老母聚时少，虽二十多年没有见面，我还是要告辞。"

及至家中，兄弟姐妹已聚了不少人。走到床头，母亲蜷缩在被窝里，一月未见，母亲瘦了很多，双眼凹陷，嘴巴干瘪，头发凌乱，鼻涕和口水顺着蜡黄斑驳的脸流下来，我心里咯噔一下……母亲低声地说："现在晚了，明天再去医院吧。"我知道母亲一生不愿给人添麻烦，对孩子也是这样，虽八十多高龄，仍自己料理饮食起居。母亲也能忍，有苦有痛总是不愿说。

我对母亲说："没什么大问题，但不能拖，必须立刻去医院。"父亲去世后，大家就不约而同地听我的意见。我这么一说，大家就一起拿东西，弟弟把母亲背到我车上。

夜色阑珊，灯火点点，整个世界看上去和平常一样，不平常的是有一辆车载着母亲的痛苦和我们的焦虑，载着我们对亲情的理解、依赖和渴望在夜色里疾驰。

急症室。血压，正常；心电图，正常；脑CT，双侧腔隙性脑梗死，拿药，吊水……一会儿，母亲说心发慌，头冒虚汗，于是说起开头讲的那句难过话……

第一天过去，不见好转，还是吐；第二天一早，我带了一点鸡汤，母亲一口都没喝；第三天终于有点好转，呕吐也止住了。

第五章 "美的教育"之境

回到家,我倒了一点热水给母亲洗脸,母亲很"乖",一动不动,像个孩子。我说:"小时候你帮我们洗脸,现在轮到我们帮你洗脸了。"

母亲依然黯然神伤,说是寿命已到,生病给我们带来好多麻烦,影响了我们生活工作。我安慰她说:"你没什么大问题,我包你活到一百岁。你生病我们服侍是法律规定的义务,不管你我们就犯错误了。你在,家才在。不然,我们真地就散了。"说到这我心里一酸。

很喜欢罗大佑的《母亲》:母亲的怀中是个蓝蓝的海洋,抚育了你,终于成青春的脸庞;挥挥手告别的光阴不再回头,抬头看看那苍老的目光依旧温柔……

"父母在,吾身尚有来处;父母去,此生只剩归途。"是的,母亲在,家才在,我们才不会走散。盼望母亲早点儿康复,期待能有和她一起种菜养鸡的时候。

三、生活之味

人生就是一场修行。

其实人生就是一场修行,只是每一个人修行的方式不一样罢了。对教育者来说,教书育人就是我们修行的方式。当然,平常的生活也是很重要的修行,往往是一个人的真性情、真味道。

(一)含山讲学记

近些年,我也时而受邀去外地做所谓的"讲学"。对于我这样水平不高,又想讲好的人来说,这活很是累人。基本上是从接到任务的那一刻起,我就"陶醉"其中,不能自拔,一直到上讲台前,我都一直在修改我的讲稿和PPT。但我又乐在其中,现场无数眼睛的凝望，课后老师的点赞，让我有"自我实现"的满足感。

这次含山讲学，在公众号发布后得到较好的反响。网友"逍遥神仙"：汪校长的特点是接地气；网友"满朝朱紫"：汪老师你的讲座让我们这些农村教师第一次零距离接触到名师；网友"盆景园主"：我是在饭桌上听同学说到汪校长的精彩讲座的，读您的文章受益匪浅（含山的华阳洞值得一游）；网友"小莲"：汪老师，这个清晨，我被你的文字深深感动着；网友"马头琴"：说句老实话，两天的培训，以汪老师的讲学最精彩！网友"冬阳"：其实人生就是一场修行，对教育者来说，教书育人就是我们修行的方式，汪老师讲得太好了！……

2016年7月1日，在去金寨的路上，接到去含山县教师研修班讲学的邀请，主题是："互联网＋"信息化教学能力和教师素养提升。

我在省内外也有过多次所谓的"讲学"，但大都是面向学校管理者，可讲的东西很多，几乎不需要准备。现在要给老师们讲，讲什么，怎样讲呢？老师们平时很辛苦，大家都想利用假期好好休息，现在冒着酷暑来研修，如果修不出一点"正果"，岂不失望？

从金寨回来，举办方就向我要讲题，后来也是隔三岔五地催促。"讲什么，怎样讲"总是利用一切机会钻到我脑子里。于是向当老师的夫人请教，她说，最重要的是让学习者有收获。我也向学校的老师们请教，老师们说多讲一些案例。而我想，当前教育的主要问题是复杂的社会背景下教师的价值取向，这个问题不解决，其他问题很难解决。解决这个问题需要全社会一起努力，也需要教师的自我修炼。一个星期后我确定了讲题：《美的教育，美的人生——新时期教师的核心素养和修炼》。

七月初，虽已放假了，但学校的事情比平时还多，年度考核、民主评议干部、招生、基建维修等样样都是重要紧迫的事情，我只能在晚上备课了。思考、查资料、写讲义、做PPT……几乎每天晚上都到12点，有时会到两三点。其中，对于教师核心素养从美学和中国传统文化结合的视角用四个字来概括，就耗费一个星期的时间。那段时间，整天沉浸在思考之中，想象着三四百双老师的眼睛在望着我。由于长时间看电脑屏幕，每天眼睛都是红红的，流泪不止。有同事说："你这阵子怎么这么疲惫啊，瘦了好多。"就这样，PPT和讲义终于在讲学的前一天完成了（事实上，如果时间还没到，就永远完成不了）。

7月19日上午终于驱车前往含山，一会儿烈日炎炎，一会儿又是暴雨倾盆，沿途看到不少村庄和农田都被水淹没了，江淮大地正处在"水深火热"之中。听含山的同志说，来听讲座的都是乡镇教师，有不少教师家离县城有近一百里路程，有的教师家被水淹了，还是坐船蹚水过来的。

我提前半个小时来到报告厅调试设备。看到不少老师姿态扭曲地趴在桌子上睡觉，也有老师带着孩子来学习。19日下午是老师们这次研修的最后一天，能够看出大家的疲倦和心神不宁。

"各位老师，大家辛苦了！"这是我的开场第一句话，看着下面老师突然就有点心疼，老师们面容多是憔悴，也看不出师者的尊贵，老师们的生活或许并不舒展。于是在开讲之前，我提议一起朗诵汪国真的诗《假如生活还不够快乐》。

  假如你不够快乐
  也不要把眉头深锁
  人生本来短暂
  为什么　还要栽培苦涩
  打开尘封的门窗

让阳光雨露洒遍每个角落……

接下来,我讲了《教师的尊严和民族希望》《有感于教师的牺牲》两个值得深思的案例,引发老师们对当前教育的反思,对教师生活的反思。紧接着我又讲述了《一位名师的成长之路》(我校省教坛新星宋国侠老师的成长案例),《在辛苦和快乐中成就美丽人生》(我校名优班主任孔群老师的成长案例),讲述了《我的一堂作文讲评课——兼谈如何上好语文公开课》以及感人至深的《泰迪的故事》……

当我讲完这些故事,老师的表情开始凝重而陷入沉思,我利用"弹幕"技术,开展了"新时期教师核心素养大家谈"的网聚互动(为了做好这次互动,我自学了好几天"弹幕")。老师们利用手机,在大屏幕上开展了热烈的讨论。

对于教师的核心素养,我也有自己的思考。从美的角度,从中国传统文化的角度,提炼出教师核心素养的四个维度:心、意、气、象。心之美在"善",意之美在"坚",气之美在"静",象之美在"适"。这些思考都能从教师的现实生活找到佐证。最后以我的一篇"力作"《教育的境界与智慧》作结。

知道了核心素养是什么固然重要,但更重要的是如何获得这些素养。其实人生就是一场修行,对于教育者来说,教书育人就是我们修行的方式。那么教师的修炼有哪些途径?

我讲了三个方面:行走拓宽世界,读写重建心灵,艺术润泽生命。这些都是我自己的切身体验,有大量的图片展示,当播放"心阅四方读书联盟会"会歌《阅四方》时,老师们比开始时显得安静和专注……

最后,需要一个富有哲理和诗意的、鼓舞人的、感染人的总结。于是我和大家一起朗诵了汪国真的《山高路远》(第二天朗诵的是《热爱生命》),其用意在于这两句:"没有比脚更长的路,没有比人更高的山","既然目标是地平线,留给世界的只能是背影"。

三个小时就这样在不知不觉中过去了,老师们走上讲台和我交流,不少老师通过短信、微信等方式交流感想和收获。没有什么比这更重要的了,老师的收获就是我的收获。每一次的讲学(我习惯用讲学,意即"边讲边学")对自己都是一次历练和提升,含山讲学亦如是。

含山县城群山环绕,整齐干净,空气清新。想去附近的"昭关"(一个很有历史的景点)看看,但事情实在太多,20日中午匆匆吃饭,就匆匆赶回。

(二)你鼓舞了我

> 题词:此曲此文,特别送给离开故土,漂泊海外的游子们!

音乐对于我似乎有种魔力,因为每当音乐声起,我就会立刻沉浸在旋律和节奏中而不能自拔。因此,我常常会幻想,如果小时候有条件去学音乐,或许能成为大师什么的。

贝多芬说,音乐有比一切智慧、一切哲学更高的启示。有时,音乐犹如一股清泉,滋养我们的精神世界;有时,音乐又是我们灵魂的避难所,在我们痛苦失意的时候给我们心灵以抚慰;有时,音乐就是诗意和远方,让我们不断超越自己……比如,《你鼓舞了我》这首歌。

在众多的演唱者中,最能打动我的还是马丁·赫肯斯(Martin Hurkens)的街头演唱。

那是一个寒冷的季节,时有雪花飞落,世界是一如既往的忙碌而冷漠。演唱者站在街头中央，神色坚毅，路人不时投来奇怪的目光。这时，歌声响起，"每当我情绪低落，我的灵魂如此疲惫。每当麻烦接踵而来，我的内心苦不堪言"。是啊，我们每一个人都会有这样的时候，此时此刻最需要的就是鼓舞。而我坚信鼓舞我的人一定会到来，所以"在这里静静等待，直到你出现陪我坐在一起……"

"你鼓舞了我，所以我能站在群山之巅。你鼓舞了我，让我能越过狂风暴雨的海。当我靠在你的肩上，我是如此坚强。你鼓舞了我，让我能超越自己……"一次比一次高亢激越，我们的情绪随之一次比一次高涨振奋。那充满感恩自信、温暖有力的声音，触及人们心中最柔软的部分，街上的人陆续驻足倾听。那一刻，空气被融化，人心被拉近，整个世界温暖起来，充满着希望。

这不是普通的街头表演！演唱者马丁·赫肯斯，生于1953年12月16日，一生热爱演唱，但直到2010年57岁的时候才完成人生的一次真正跨越——以祖父级的年龄参赛，并夺得冠军。马丁·赫肯斯追求梦想的勇气令人佩服不已，他深沉、真挚的演唱同样鼓舞人心，让我们在黑暗中看到了光明，在绝望中看到了希望，在寒冷中感到了温暖，在寂寞时感到了慰藉……

你鼓舞了我，这里面的"你"是谁？这首歌是一首赞美诗，是歌颂上帝的。但我们可以把"你"理解成亲人、爱人、朋友，抑或一棵坚毅的大树，一只翱翔蓝天的海燕……一切给我们带来温暖和力量的人和事物！

就像歌中唱的那样，没有任何人的人生不经历苦痛。当我们身处逆境，情绪低落的时候，一定要静静等待，等待鼓舞你的人到来。或许，这就是 *You Raise Me Up* 的真谛！

(三)为你们的幸福干杯

给教师主婚或证婚是校长一份很重要的工作，是荣誉，也是责任。站在神圣的婚礼现场，和大家说爱情、婚姻、人生、忠诚、陪伴、希望……心里就会涌起庄严、圣洁和温暖的感觉。

在张琴老师婚礼上的致辞

（2001 年 10 月 22 日）

今天，我们怀着喜悦的心情参加张琴、张俊一两位老师的婚礼，所不同的是我还有代表合肥市第五十六中学讲话的任务。尽管大家期待我有精彩的致辞，但再精致的语言也比不上他们的爱情故事令人感动，比不上今晚新娘的美丽，比不上今晚新郎的英俊，比不上他们婚礼的喜庆带来的愉悦，比不上今晚的美味佳肴带给我们的口福，以及这些给还没经历过的、年轻的朋友们带来的美好遐想，给我们这些"过来人"带来的甜蜜回忆。我只能用最平常，但也是最真挚的话说：合肥市第五十六中学千名师生员工向你们表示深深的祝福！

爱情的成功总是和事业的成功紧密相连。张琴老师以她的勤奋与聪颖成为一名大学生、一名优秀教师。此时此刻，我要以最诚挚的心意感谢两位新人的父母，你们为国家培养了优秀的人才，为我们学校培养了优秀的教师。养育儿女有时比干事业更艰辛，但今天你们从儿女的幸福中得到了回报。我还要感谢新郎新娘的亲朋好友，他们的成长，一定得到了你们很多的关怀与支持。

今晚的婚礼还是教育的联姻、学校的联姻，这使今晚的婚礼有了更多共同的语言。共同的语言不仅已经使张琴、张俊一两位老师走到了一起，而且将使我们合肥市第五十六中学与肥西长安中学建成了一座友谊的桥梁，使我们两所学校亲如一家，我们也会由此而产生"爱情"。

爱是不变的诺言，平凡的故事要用一生来讲完。我们相信张琴、张俊一老师能在未来的新生活中互爱互助，携手共进，辛勤耕耘并开花结果。

同志们，朋友们，让我们举杯，为新郎新娘的相亲相爱，为他们父母的热情好客，为各位来宾的深情厚谊，干杯！

在杨雪梅老师婚礼上的致辞

（2002年4月10日）

来自家乡乂城的乡亲父老们，各位来宾、女士们、先生们：

非常高兴接受新郎、新娘的邀请，作为他们的证婚人。这并不仅是因为我是新娘单位的领导，更是因为新娘与我来自同一个家乡——乂城，新娘是我尊敬的薛校长的女儿，而且她一直待我以兄长。所以，给他们证婚不仅是我的荣誉，更是我的责任。

杨雪梅老师是在当今社会中依然保持着中国传统文化精神的女子，保持着一颗古朴、善良、天真的童心。我想，这是八百里巢湖水的滋养，是乡亲们的熏陶，更是她具有深厚文化底蕴的父亲薛家伍校长的感染。这些是她之所以能成为一个优秀的语文教师和深受学校老师、学生喜爱的重要原因。我想，这也是王家明先生钟情于她的主要缘由。

王家明先生来自我们安徽的文化古城——桐城。这里曾产生领一代风骚的文学流派桐城派，造就方苞、姚鼐等一代文学宗师。在和他不多的接触中，我已感受到王家明先生的文化之深厚、待人之实在。这与我们杨老师正是珠联璧合。薛校长给了他很高的评价：学历本科，为人本分，简称"双本"。我想这就是他赢得杨雪梅芳心的原因。

如果说感情是婚姻的基础，那么结婚证就是婚姻的"绿卡"，我了解到他们已拿到了"绿卡"。现在，我宣布：杨雪梅、王家明从即日起结为夫妻。从今以后，无论贫富与环境的变化，你们都要一生相知相守、忠贞不渝。我们祈愿上苍既然造就了你们的婚姻，还要造就你们聪明美丽的孩子，造就你们美好幸福的未来。你们的幸福安康就是你们所有亲人朋友最大的心愿。

在这里我要感谢，给两位新人以关爱的亲人、朋友，特别是在他们相识与相爱过程中给他们以帮助的李金梅老师和她的爱人，谢谢你们！

最后，让我们举杯，一起分享新郎新娘给我们带来的美味佳肴，谢谢大家！

在许艳梅老师婚礼上的致辞

（2011年5月2日）

非常高兴地来参加我们阳光中学许艳梅老师和肥东一中汪毅先生的婚礼，很荣幸接受两位新人的邀请成为他们的证婚人。

每一次参加学校老师的婚礼我都想从中找出一些特别的东西。今天的婚礼，我感觉与众不同的是两位新人都是光荣的人民教师，所以我想他们能走到一起不仅有情感之缘，也一定有教育之缘，而且我相信在未来漫长的人生道路上，共同的事业会让他们有更多共同的话题，更多的相互理解，更多的关心支持，从而使他们的婚姻生活更加的美满幸福！

我注意到新郎和我同姓，所以今天的婚宴我觉得就像是我自己家的喜事，格外高兴。但同时，我也有一点压力。因为许艳梅老师是阳光中学最优秀的老师之一，工作非常敬业，认真负责，五一放假前还依然坚守工作岗位。来校时间虽然不长，但工作成绩突出，得到学生们的喜爱、老师们的赞誉、家长们的肯定，是一位秀外慧中的好姑娘。那么，她的那个汪姓新郎如何？今天一见，我放心了，新郎不仅伟岸魁梧，气宇不凡，而且慈眉善目，温文尔雅。我想，在未来的生活中，他一定会，而且有能力给我们许艳梅老师一生的安全、一世的关怀。有一件事告诉汪先生，阳光中学定期举办贤内助大赛,所以在这里先预祝汪先生能够取得优异成绩,为许艳梅老师争光,为我们汪家争光!

各位来宾,今天我们共同见证了两位新人的婚礼,感谢两位新人父母对他们的养育之恩,感谢亲朋好友的扶助之情。我想,他们在享受快乐的婚姻生活的同时,会深刻地理解婚姻所带来的爱和责任。现在我们唯一需要做的就是:让我们共同举杯,为许艳梅老师和汪毅先生迈进婚姻殿堂给予深深的祝福!

(四)我是一个幸福的人

2017年5月20日,我的第一届学生相约来学校看我,说是祝贺我从教三十年。

尽管现在很多眼前的事都会想不起来,但我居然还能叫出他们的名字,想起三十年前他们的模样。三十年了,他们也已是人到中年,岁月的沧桑照样刻在每一张曾经稚嫩的脸上。现在他们有企业家、工程师、商场主管、教师、家庭主妇……每个人都是社会的中坚力量。

看着他们,想起三十年教育生涯的点点滴滴,感到为师者的崇高、责任和幸福。于是我对他们说:"今天我是世界上最幸福的人!"

今天,我是一个幸福的人。人生的每一次遇见都是一场值得珍视的缘分。三十年前,我与你们一次幸福的遇见,一晃,我已经幸福了三十年。

今天,我是一个幸福的人。为什么我在这里坚守了三十年,特别是我曾经踏上"庙堂"的台阶,但三年之后,我又回到了这里,就是因为我要在今天,在老地方,等着你们回来。

今天，我是一个幸福的人。小的时候，我们生活在向往中，到了年老的时候就生活在回忆里。今天，见到了你们，让我想起三十年前与你们相遇的那一瞬间，想起三年中1000多个幸福的日日夜夜。

今天，我是一个幸福的人。你们是我的第一届学生，是我的处女作。第一次的记忆总是深刻而难忘的，第一次也总有点不成熟，留有遗憾。如果今天，你们已经理解了当年我对你们的"破口大骂"，甚至"体罚"，那我一定会觉得自己是一个幸福的人。

今天，我是一个幸福的人。这是一个感情荒芜或者说混乱的时代，物质欲望湮没了人性中最珍贵的东西，那就是感情。而今天，我们在这里收获了一份深沉、绵长的同学情、师生情。

今天，我是一个幸福的人。520，我爱你。每一次，当我们说出"我爱你"的时候，心里就会涌出抑制不住的幸福。三十年，岁月没有稀释我对你们的感情，相反，却是与日俱增。今天，我憋不住要说出来——我爱你们！

今天，我是一个幸福的人。三十年，尽管你们走的道路并不相同，但是你们在我心里的分量都是相同的。人生最大的成功并不在于你拥有多少的权力和财富，而在于你是不是活得幸福。而我，永远都是幸福着你们幸福的人。

今天，我是一个幸福的人。三十年，人生之路尽管坎坷不平，但我们最为宝贵的东西——生命还在。二十几天前，黄先来同学已英年早逝，离我们而去。如果他能够参加今天的聚会，我会是怎样的幸福啊！他也许会对我们说："珍惜生命，做一个幸福的人。"

今天，我是一个幸福的人。三十年后，你们是承上启下的社会中坚，人类薪火相传，生生不息。今天，你们的到来，让我更坚信教育的意义、教师的价值，觉得自己是世界上最富有的人。

今天，我是一个幸福的人。尽管我已是"知天命"的人了，但我仍然有向往，有期待。我最大的期待就是，三十年后，我们还能相聚，一个都不能少。如果真的有那么一天，那我一定是这个世界上最最最幸福的人！

后　记

终于写后记了。

这是我的第一本书。虽然一直在书籍中汲取人生的养料，却没有真正体会到出书过程的艰辛，也不知道一本书的出版关乎那么多的人和事。

包河区教体局为推动校长职业成长，评选名校长，成立工作室，开办学实践研讨会，其中一个不成文的要求就是要有一本专著。本以为出书对我来说不是难事，甚至是我的强项。因为平时工作需要或是有感而发，陆陆续续写了不少东西，整理出来、自我感觉有点样子的就有200多篇。近三年开通了个人微信公众号"汪昌兵笔记"，也写了80余篇。把这些文章编在一起不就是一本书嘛。

然而，在一次"校长办学思想凝练与传播学术研讨会"上，有位专家说："现在出书容易，但要出一本能够卖的书就不那么容易了。"确实，一本书如果没有价值，谁愿意花钱买，花时间去读啊。这次出书，尽管是一本受命之作，但我也希望能是一本可读之作、有益之作，甚至还奢望以此满足"立言"的企望。可心里一点底都没有，因此就一直处在焦虑之中。

2015年年底，我开始把整理出来的文章一篇一篇地读了一遍，觉得每篇都不错，但又觉得未必有人愿意看。于是，删掉恢复，恢复删掉，删了这篇，加上那篇，反反复复，断断续续，时间就过了大半年了。终于确定了百十来篇，又觉得有的文章写作时间较久远，为了让读者看得明白，便给大多数文章都写了事件交代。按照写作的时间顺序分成章节，其意在为阅读者展现一个教育者的生命历程，书名取为《教育撷美三十年》。这样居然耗了一年多的时间。

2017年3月，我把初稿拿给时任包河区教体局局长的陈雪梅女士审阅。陈局长做事向来认真讲究，她说基础不错，但需要提炼完善，关键是要有人愿意去读，建议我听听出版社专家的意见，还推荐了胡平平的《挑战》让我参考，这是推倒重来的节奏。研讨会按惯例在年底前召开，书最迟10月份要出来，真是"压力山大"啊。

情急之中，就想起了中国学校文化共同体，这是一个充满智慧而又温暖的民间学术组织，是我近年来专业成长的救生艇。每当自己处于困境的时候，就会向共同体的专家、伙伴们求救。我联系到北师大出版社的郭兴举老师，4月6日下午，在北师大橡树湾咖啡馆里，我和郭老师聊了一个下午，确定书名为《美的教育》，简洁明了而有主张。内容要在可读性基础上增强学术性，需要增添一些内容，结构按照教育专业图书体系编排……郭老师说，要想今年出版，必须在6月底交付完整书稿。

只有两个多月的时间。那段时间，每天晚上把自己关在书房里熬到两三点。爱人说："你现在是真用功啊！"为了满足可读性、学术性和完整性的要求，我删了不少文章，又增写了不少文章，每章每节都写了导语和引言，每篇文章的标题和位置都反复斟酌、修改、调整……自我感觉确实好多了，但心里还是没底。

2017年6月9日，学校举办建校十周年发展研讨会，邀请北京师范大学余清臣和郭兴举两位老师来校把脉阳光中学未来发展。会议期间，把两位老师单独请到会议室，我问："这里也没有别人，你们说真话，这本书到底有没有出版的价值？"两位老师说："当然有价值，文笔也不错。"起先我信以为真，后来又觉得他们是在鼓励我，安慰我。所以又接着焦虑起来。

唉，真是为"书"消得人憔悴啊！

后 记

终于交稿了，期待而又忐忑不安。不久，北师大出版社初审稿反馈给我，校对得非常细心，非常专业，对文意的理解甚至超过了我自己。后来，由于一些原因，研讨会没有开，书不急于出版。出书也是"慢的艺术"，我和出版社心照不宣，不紧不慢又"大修"了两次，小修小补不计其数。这样，一晃又过了一年。

2018年6月，所有的工作都在按部就班中完成，《美的教育》即将付梓。对于我来说，人生五十余，从教三十年，在生命与事业接近尾声的时候，心里总是在盘算要有个交代，这本《美的教育》或如是。因此，感恩之情自始至终萦绕于心。

我也终于明白，为什么在很多书的后记中会看到大段的感谢之语，这些不是套话，而是每一位写作者发自内心的感恩，我也是。

感谢父母给我生命，让我读书，他们希望我求得功名、光宗耀祖的朴素愿望成了我一生庄严的使命。

感谢爱人和孩子，让我的身心能有归宿以及在美好而又艰难的岁月中互相取暖和鼓励。我心里对妻子和儿子满是愧疚，没有尽到丈夫和父亲的责任，此生无法补偿。

感谢合肥市第五十六中学、合肥市阳光中学等学校的老师和孩子们，你们是"美的教育"的主角，这本书因为你们而存在。

感谢包河区教体局近些年对校长的栽培和成全，不这样"逼"一下，《美的教育》的出版估计不大可能或是遥遥无期。

感谢杭州师范大学汪刘生教授、北京师范大学教育基本原理研究院余清臣院长、合肥本土教育家何炳章先生，你们是我探索"美的教育"之路的向导，你们不仅给我指路，还给我加油。

感谢北师大出版社郭兴举、郭翔以及没有见过面的编辑，因为你们很专业的指导，很温暖的鼓励，对基层教育工作者的怜惜，使《美的教育》出版的整个过程给我留下了美好而温馨的回忆。

写作是一场心灵的洗礼，也是一门令人遗憾的艺术。时间匆促，很多错误只能以"遗憾也是一种美"求得自我安慰。好在美与生命同在，生命不息，寻美不止。"因为美，我们便可以继续前行"。

2018年6月8日于滨湖春天